2020年度国家社科基金一般项目"央地立法权的事权配置思路与行使限度研究"（20BFX033）的结项成果

中国立法权纵向配置研究

谭 波 等著

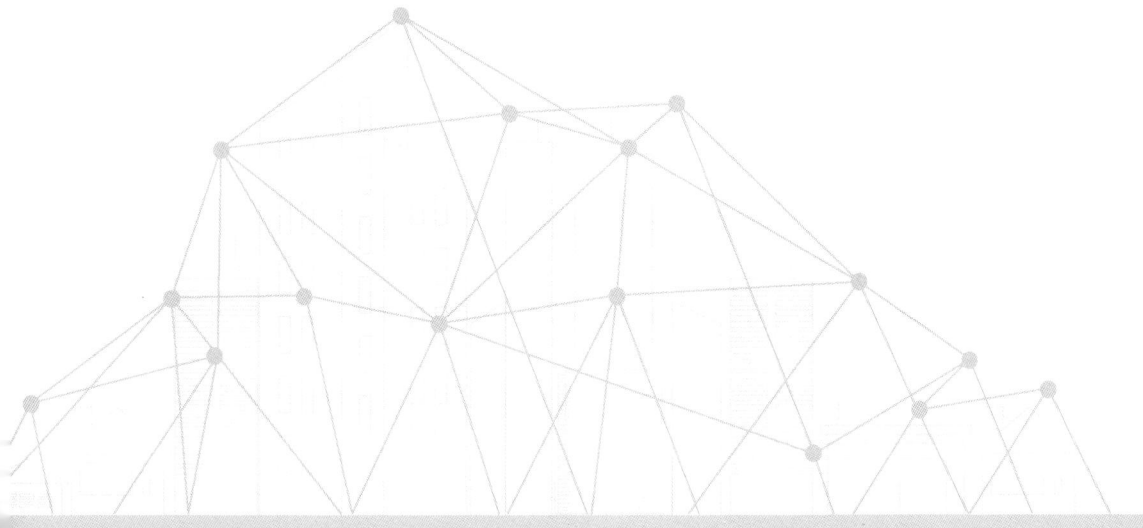

中国社会科学出版社

图书在版编目（CIP）数据

中国立法权纵向配置研究／谭波等著．—北京：中国社会科学出版社，2024.3

ISBN 978-7-5227-3484-2

Ⅰ.①中⋯　Ⅱ.①谭⋯　Ⅲ.①立法—研究—中国　Ⅳ.①D920.0

中国国家版本馆 CIP 数据核字（2024）第 082192 号

出 版 人	赵剑英
责任编辑	许　琳
责任校对	苏　颖
责任印制	郝美娜

出　　版	中国社会科学出版社
社　　址	北京鼓楼西大街甲 158 号
邮　　编	100720
网　　址	http://www.csspw.cn
发 行 部	010-84083685
门 市 部	010-84029450
经　　销	新华书店及其他书店
印　　刷	北京君升印刷有限公司
装　　订	廊坊市广阳区广增装订厂
版　　次	2024 年 3 月第 1 版
印　　次	2024 年 3 月第 1 次印刷
开　　本	710×1000　1/16
印　　张	18.75
插　　页	2
字　　数	267 千字
定　　价	108.00 元

凡购买中国社会科学出版社图书，如有质量问题请与本社营销中心联系调换
电话：010-84083683
版权所有　侵权必究

序：为央地关系的研究再助力

莫纪宏[*]

谭波教授与他的研究团队的这本关系央地立法权配置的新书，是他们的国家社科基金项目成果，原成果名称为"央地立法权的事权配置思路与行使限度研究"，为了配合出版的需要，现改书名为《中国立法权纵向配置研究》。这一"改名"的过程，反映了当下央地立法权配置在整个中国立法权纵向配置中所占的地位和所起的作用。当然，对中国立法权的纵向配置，还可以进一步关注地方立法机关上下级之间的立法权配置，尤其是省级地方立法权主体与设区的市级地方立法权主体之间的权力划定。

总体来说，这本专著能够抓住当下我国立法权在纵向配置方面的主要问题，并通过收集、分析各级立法主体的权力行使特点与趋势，给出了相对较为完整的配置改革思路与完善对策，这也是谭波教授在央地关系领域的又一次探索，同时很好地结合了2023年《中华人民共和国立法法》的修改，可谓是恰逢其时。

对于立法权行使及其行使限度的研究，实际上是当前中国经济社会发展过程中不可回避的一个理论焦点，尤其是在目前需要构建以宪法为核心的中国特色社会主义法律体系这一总体任务的存在，就更反

---

[*] 莫纪宏，中国法学会宪法学研究会常务副会长，中国社会科学院法学研究所所长，中国社会科学院大学法学院院长，博士生导师。

衬出开展此类研究的紧迫性。不管是国家法律、行政法规，还是地方性法规、地方政府规章，都在科学立法、民主立法、依宪立法的总体要求上不断实现体量的增加，但如何保证其在体量增大的同时，兼顾质量的提升，这既是立法工作者应关注的问题，也是立法（学）研究者要关注的问题。

我愿意向大家推荐这本新书，也希望这本书的出版能为当前的央地立法关系研究再助一臂之力。

是为序。

于北京东城沙滩

甲辰年二月四日

目 录

引 言 ·· 1

第一章 我国央地立法权的配置思路 ································ 11
一 对立法权的定性与反思 ·· 11
二 中央立法权与地方立法权的关系 ······························ 17
三 "立法事权"体系化的必要性及其总体思路 ············· 25

第二章 我国立法权运行中的事权矛盾 ······························ 41
一 纵向立法事权矛盾 ·· 43
二 地方立法事权横向矛盾 ·· 107

第三章 国内外央地立法权配置与行使限度的制度
演变与对比 ··· 111
一 我国当下中央立法权事项的形成 ······························ 112
二 改革开放以来地方立法权的扩展演变历程 ·············· 113
三 我国近代宪法中对立法事权配置的典型规定对比 ······ 131
四 国外的立法事权配置的法定模式归类 ······················ 136

第四章 我国纵向立法权配置的现实影响因素与
行使限度思路 148
  一 我国纵向立法权配置的现实影响因素 149
  二 行使限度思路——立法事权范围的反向分析 160

第五章 "立法事权"行使限度的样板分析
  ——以设区的市为例 199
  一 地方立法事权行使限度的确定机制
    ——以设区的市为例 201
  二 设区的市立法事权原有概念限度的内涵确定 240

参考文献 279

后　记 293

引　　言

　　一国中央与地方立法权的配置，实际上是该国对立法权这种重要国家权力的一种立法态度，确切地说，有时更是一种宪法态度。不管是在制宪时还是在后来的修宪过程中，这种态度都表明了这个国家在维持中央的统一领导和发挥地方的主动性和积极性方面想要达到的目标和状态。这也正如我国1982年《中华人民共和国宪法》（以下简称"现行宪法"）第三条第四款的规定所要表达的宪法意图。但这种原则性规定是否就意味着地方事权受到宪法的直接保护，[①]仍存在争议。[②]就立法权而言，地方在宪法中与在法律中所获得的授权规定也不尽相同，2000年《中华人民共和国立法法》（以下简称《立法法》）是对之前散见于宪法和宪法相关法中有关立法权规定的一次总结，有些地方立法依循"法律（依据）路径"，但没有考虑"宪法（依据）路径"。这也成为学界有些学者区分职权性立法和授权性立法的最主要依据，即前者是依据一国宪法和组织法而进行

　　[①] 有关"地方事权"与"地方事务"的区分，叶必丰教授在其论文《论地方事务》中也专门谈到，但其也同时在该篇文章中阐释了两者做同义使用的研究必要性。参见叶必丰《论地方事务》，《行政法学研究》2018年第1期。

　　[②] 参见屠凯《我国〈宪法〉第三条第四款的程序意蕴》，《政治与法律》2023年第2期。

的立法,[①] 后者是依据其他法律或授权决定而进行的立法。

2018年我国现行宪法修改时,有关设区的市地方性法规制定的制度被写入了宪法第四十条修正案,设区的市地方立法权获得了"宪法名分",比2015年《中华人民共和国地方各级人民代表大会和地方各级人民政府组织法》(以下简称《地方组织法》)第四十三条第二款和《立法法》第七十二条第二款的规定提升了一个层次,这种修正其实反映了市级立法权在经历了多年"法律认定"之后终于走进了"宪法认定"的视野,这也更进一步地说明了央地立法权配置不仅仅是一般的法律问题,更属于宪法问题。随着2023年浦东新区法规和海南自由贸易港法规分别被规定入作为宪法相关法的《立法法》第八十四条第二款和第三款,并成为和经济特区法规并列的立法形态,2022年全国人大常委会法工委将海南自由贸易港法规和浦东新区法规合称为新类型地方性法规。这就使我国对授权性立法和职权性立法的分类标准变得愈加复杂。毕竟,在此之前,海南自由贸易港法规的制定依据是2021年6月10日施行的《中华人民共和国海南自由贸易港法》(以下简称《海南自由贸易港法》)第十条,而浦东新区法规的制定依据则是2021年6月10日施行的《全国人民代表大会常务委员会关于授权上海市人民代表大会及其常务委员会制定浦东新区法规的

[①] 但这种分类本身存在问题,比如2000年《立法法》出台时,其第六十三条第二款和第七十三条规定了包括经济特区所在地的市等较大的市都有制定地方性法规和地方政府规章的权力,但根据当时的《地方各级人民代表大会和地方各级人民政府组织法》(1995年版),当时有权制定地方性法规和地方政府规章的市级立法主体并不包括经济特区所在地的市,这种情况一直到2015年8月《地方组织法》被修改时,才得以改变,表述为"设区的市",但此时《立法法》也已于2015年3月修改,有权制定地方性法规和地方政府规章的"市"已经从"较大的市"变为"设区的市",也就是说,在2000年3月至2015年8月之间,经济特区所在地的市并非所谓的职权性立法,但在2015年3月至2015年8月之间原"较大的市"之外"设区的市"也并非职权性立法,只不过在2015年8月《地方组织法》修改之后,这几类立法的性质从"授权性"转为了"职权性",但就经济特区所在地的市来说,其本身就拥有全国人大或全国人大常委会赋予的经济特区法规和经济特区规章的制定权,如果按照这种状况来对比,这种分类标准从逻辑上来说是无法自洽的。

决定》。两种"来路不同"的立法形式却被同时规定进了同一条文，而且还和"经济特区法规"保持并列，这就使我国所谓的授权性立法又一次完成了从"决定授权"到所谓的"法条授权"的转化，其与职权立法的唯一区别就变成了到底是现行宪法和《地方组织法》的规定还是源于《立法法》《海南自由贸易港法》的规定。可以说，这种所谓的职权性立法和授权性立法的分类也变得愈发难以自圆其说。这本身也是央地立法权事权配置面对的理论前提与难题。

相比中国，国外对央地立法权的配置也是各有特色。在许多联邦制国家，国会的每一部法案必须建立在宪法授权的基础之上，国会的权力是授予权（delegated powers），州的立法权则是剩余权（residual power）。[①] 对州宪法的关注实际上是为了发现对立法权的限制（find limitations on legislative power）。[②] 美国"州议会不仅拥有同其他州共同提出和批准联邦宪法修正案的权力"，"召开制宪大会表决州议会提出的本州宪法修正案的权力"，还"有权决定本州的税种、税目、课税对象、课税标准、税率、起征点、免征额、应纳税额、纳税办法、纳税程序和步骤"。[③] 可以看出，有些所谓州议会的立法权，一方面在一定程度上影响了联邦事务，另一方面也因其联邦制的国家结构形式而规制了诸多的单一制国家的"法律保留"事务。[④] 但单一制国家的法律保留事项，到底是因何而来，值得考量。有学者主张应建立区别于横向法律保留的纵向法律保留制度，"解决哪些事务归中央、哪些

[①] 需要说明的是，对于"剩余权"的态度，不同的联邦制国家也会有所区别，比如美国和加拿大就对联邦和联邦成员单位关于"剩余权"的立法态度相反。

[②] See Jack Davis, *Legislative Law and Process*（2nd Edition）（影印本），法律出版社2005年版，第205—206页。中译本相关内容可参见姜廷惠《立法法律与程序》，商务印书馆2022年版，187—188页。该中译本根据西方学术出版社（West Academic Publishing）2007年第三版译出。当然，关于"剩余权"理论，美国和加拿大的做法有所不同。

[③] 刘建兰、张文麒：《美国州议会立法程序》，中国法制出版社2005年版，第5页。

[④] 而关于这一领域即单一制国家的法律保留事项的划定，还有很大的研究空间，参见俞祺《央地关系中的法律保留》，《中国法学》2023年第2期。

事务归地方的权力配置内容问题"①，同时还要解决央地立法权由谁来分配的问题以及立法权在央地之间如何调整的问题。在有些单一制国家，也有宪法对地方事权做出规定的范例。②这说明，央地立法权的事权配置在国外也是亟待澄清的理论难题。

所谓"事权"，其实在英文中有时就被表述为 power，但是这种翻译方式的简单化，实际上忽视了"事权"背后的分权思维。事权因"事（务）"而起，是对央地管辖事务的高度抽象化与归类，但"事权"所关注的事项又必须在具体操作中能够"畅行"，这就需要对"事权"有相对明晰的可操作式的分类，并且涵盖多级多元的划分途径。从当下中国的权力下放改革中，"其具有鲜明的公权力属性，理论上包括立法事权、行政事权和司法事权三维"③。其中司法权属于典型的中央事权，而立法权和行政权都存在划分的必要与可能。事权在语境上一般对应主体的上下级别，通常有一级政府就会对应一级事权，事权也因此更显级别性、类型化，再经由法律的规定而逐渐成为规范性的权力束。④ 行政事权在世界各国都已经历漫长的制度演变，尤其是联邦制国家，必然要有相应的立法依据作为分工标准。有些联邦制国家还把立法权的配置写入了宪法，这也就有了立法事权的法定划分。有些立法事权专属于中央，其对应的事项必须由法律列举或概括，就成为"法律保留"的肇始。⑤ 我国的国家结构形式属于单一

---

① 俞祺：《央地关系中的法律保留》，《中国法学》2023 年第 2 期。
② 参见王建学《论地方政府事权的法理基础与宪法结构》，《中国法学》2017 年第 4 期。
③ 刘剑文、侯卓：《事权划分法治化的中国路径》，《中国社会科学》2017 年第 2 期。
④ 这里的"权力束"是受"权利束"（bundle of rights）理论的启发，"权利束"是美国学者霍菲尔德的观点，他认为财产权包括请求权（claim）、特权（privilege）、权力（power）和豁免（immunity），一宗财产上有多种权利汇集在一起。参见王利明《论数据权益：以"权利束"为视角》，《政治与法律》2022 年第 7 期。而对于政府尤其是地方政府而言，其对某些事务的管理也同样存在多重权力存在的需要。这些权力的汇集其实也构成了一种"权力集合"，为的是对所管辖事务实现充分治理。
⑤ 这实际上是如前述所言兼具了纵向法律保留和横向法律保留的特征。

制,但我国现行宪法也在表述中采用了各种形式来规定"法律保留"事项,① 2000年《立法法》出台,其第八条将上述事项进行了汇总。② 2015年对"税收法定"事项进行了修正,明确了"税种的设立、税率的确定和税收征收管理"等税收基本制度的立法列举项,增加了对非国有财产征用的立法保留。2023年又通过修正《立法法》将诉讼和仲裁制度的表述改为诉讼和仲裁基本制度,同时增加了对监委组织立法的法律保留属性。这也可被看作是中央与地方立法事权配置的一种典型模式。

其实在此之前,中华人民共和国中央与地方的立法分权早已存在,从1949年中华人民共和国成立后的"地方与中央分享立法权"到"中央独享立法权"再到"地方立法权的逐渐法定化",地方立法权的从无到有、时多时寡,取决于该国政治、经济、社会、文化的发展变化。③ 有些学者将当下我国立法事权的配置特点总结为四:央地事权配置的行政化倾向与政策主导与央地立法事权划分的"中央决策、地方执行"及央地立法事权构成的"全能主义"与高度同构、地方立法事权的"梯度差异"与非均等。④ 立法事权的配置除了关乎基本国情外,还在公认的价值观念和相似的制度安排上表现出自身的客观规律,前者如民主性、公正性等,后者如法律保留制度、合宪性合法性审查制度等。⑤ 就立法事权而言,其与主体级别的关联确实值得关注。除了中央的"法律保留"外,有没有"行政法规保留"的

---

① 但这种规定也存在表述不一致的情况,比如2018年修改宪法时增加了有关监察机关的规定,同时明确其"组织和职权由法律规定",但之前无论是国务院还是地方人大或政府,抑或人民法院与人民检察院,其相应表述都为"组织由法律规定",而2000年《立法法》也规定的是"产生、组织和职权"由法律规定,因此,关于"组织"与"组织和职权"在表述上的区别,仍值得关注,其背后反映的则是组织法本身所能涵盖的立法范围。
② 2023年《中华人民共和国立法法》被修改后,该条文字号已经被改为第十一条。
③ 参见董皞主编《地方立法教程》,中国政法大学出版社2020年版,第7—12页。
④ 参见封丽霞《大国立法的逻辑》,商务印书馆2022年版,第234—240页。
⑤ 参见焦洪昌主编《立法权的科学配置》,北京大学出版社2022年版,第78页。

必要?① 省一级立法主体对哪些事项是有权或必须出台地方性法规或地方政府规章的,而在法律和行政法规没有出台相应规定的情况下,省级立法能否捷足先登?如果后期中央立法又出台该如何应对?市级立法主体的权限为什么现在限于"城乡建设与管理、生态文明建设、历史文化保护、基层治理"等事项,这些事项是否充分代表了立法事权的现实需求?② 下一步"基层治理"会不会成为市级立法事权扩充的突破口?而"生态文明建设"取代"环境保护"的事权列举,是否又会对我国的立法格局尤其是地方立法格局产生一定影响?③ 就中央与地方的立法权限划分的模糊现状而言,其根本原因指向"中央与地方各级地方的事权划分不明确,由此各级事权的重叠导致了机构和职能的重叠,也导致各级立法在内容上的重复和不必要冲突"④。

立法权为何要有行使限度?这实际上是要在法理上解决的问题。正如恩格尔(Svein Eng)在其论文《立法膨胀与法律的质量》(*Legislative Inflation and the Quality of Law*)中指出的,解决"好的"立法的核心问题在于精确定位新情况以及立法要解决的问题所在。⑤ 对于法

---

① 截至2023年4月,我国现行有效的行政法规共计598部,其中包含"实施"冠名的行政法规在其中所占比例并不多。"行政法规"冠以"中华人民共和国"的场合,主要是在于其适用对象上的区分。当然,从理论上来说,除作为国家根本大法的宪法以外,法律是在整个国家法律体系中第二层级的法律规范,作为第三层级的行政法规可以规定的事项,法律应该同样可以规定。行政法规以其实施性、机动性来弥补法律的概括性、原则性,但这种不能称得上是"行政法规保留"。"保留"的本意在于独由其行使。

② 从全国人大常委会法工委国家法室主任童卫东对《立法法》内容的解读来看,增加"基层治理"立法事项实际上就是考虑到设区的市的特点和地方创新基层治理的实际需要。参见童卫东《新〈立法法〉的时代背景与内容解读》,《中国法律评论》2023年第2期。

③ 2023年经过全国人大修改的《立法法》将原有规定设区的市立法事权的第七十二条第二款改为第八十一条第二款:"设区的市的人民代表大会及其常务委员会根据本市的具体情况和实际需要,在不同宪法、法律、行政法规和本省、自治区的地方性法规相抵触的前提下,可以对城乡建设与管理、生态文明建设、历史文化保护、基层治理等方面的事项制定地方性法规……",在立法事权方面做了较大调整。相应地,《立法法》第八十二条有关规章的立法事项,也被做了相应修改。

④ 王建学:《立法法释义学专题研究》,中国社会科学出版社2022年版,第102页。

⑤ [比利时]吕克·J.温特根斯:《立法法理学:立法研究的新路径》,朱书龙译,商务印书馆2022年版,第5页。

律来说，其立法权的行使限度如何确定？对上可能主要取决于宪法规定、宪法原则和宪法精神，① 对下则主要是要尊重地方的立法自主权，不可规定过细。因此，这实际上是两个方面的限度：不违反上位法的目的、原则和精神，不侵及下位法的自主立法范围。

对同样作为中央立法的行政法规，除了不能在实施性立法明显与上位法不一致外，在自主性立法中也要注意防止侵及中央立法事权，或与现有法律规定不一致。② 截至2023年4月，除了"实施细则""实施办法"等直接是对现有法律或法令的实施性立法之外，③ 现行的行政法规（包括之前由政务院出台的尚未废止的规定和曾由国务院部门或地方人民政府出台而由国务院批准的所谓"行政立法"），④

---

① 坚持依法立法，最根本的是坚持依宪立法，坚决把宪法规定、宪法原则、宪法监审贯彻到立法中，体现到各项法律法规中。参见习近平《谱写新时代中国宪法实践新篇章——纪念现行宪法公布施行40周年》，《中国青年报》2022年12月20日第2版。

② 参见刘莘主编《国内法律冲突与立法对策》，中国政法大学出版社2003年版，第8—11页。这是时任全国人大委员会王兆国同志2012年9月在《第十八次全国地方立法研讨会上的讲话》中指出的分类，即实施性立法、自主性立法和先行先试性立法，在此之前，先行先试性立法更被称为先行性立法，可参见武志《论先行性立法的权限范围》，《行政与法》2013年第10期。有学者将先行性立法的特点总结为立法权限范围上的共有性、权利义务的创制性、先行先试的宽容性。参见高绍林主编《地方立法工作体系研究》，天津人民出版社2019年版，第61—62页。

③ 现行有效的598部行政法规之中，以"实施细则"命名的行政法规共有9部，全部是对现行有效法律的实施性立法，而以"实施办法"命名的有12部，其中6部是对现行有效法律的实施性立法，包括对《中华人民共和国学位条例》的实施性立法。以《学位条例》为代表的"法令"也是特殊时代的产物，在1982年现行宪法生效之前，全国人大常委会只有法令的制定权，这一点在1981年全国人大常委会《关于加强法律解释工作的决议》中还有所体现，很多的早期法令都已经在后续的立法修改过程中为法律所取代，如1957年《中华人民共和国人民警察条例》《中华人民共和国国境卫生检疫条例》等，还有一些"法令"继续生效，如1958年通过的《中华人民共和国户口登记条例》，另有一些"法令"则先是被"条例"类的同名立法所取代，如1957年的《中华人民共和国治安管理处罚条例》，后又变为《中华人民共和国治安管理处罚法》。但还有一些"实施办法"并不完全对应相应的法律，有些可能对应的是一些决议，如《国务院关于开展全民义务植树运动的实施办法》就是对《关于开展全民义务植树运动的决议》之实施，还有一些是直接实施国际条约的行政法规，如《实施国际著作权条约的规定》。

④ 如1993年由交通部出台并由国务院批准的《关于不满300总吨船舶及沿海运输、沿海作业船舶海事赔偿限额的规定》，1988年由北京市人民政府出台并由国务院常务会议通过的《北京市新技术产业开发试验区暂行条例》，而《全国人民代表大会常务委员会关于批准〈广东省经济特区条例〉的决议》则被归为现行有效法律。这种由批准主体级别或权限来决定批准的规范性文件法位阶与性质的做法也属于特定历史时期的权宜性选择，一方面是为了提升相应地方区域特殊功能区的政治地位，另一方面也弥补了个别地方没有相应立法权的缺憾。

是否存在对上位法权限的侵越，也值得考量。另外，在《海南自由贸易港法》中，有10处关于国务院有关部门"会同"海南省政府或海南省人民政府"会同"国务院有关部门制定有关文件的规定，① 其中涉及"具体办法"的有三处，分别涉及"货物、物品以及运输工具在海南自由贸易港和内地之间进出""市场准入承诺即入制"②"对鼓励类产业企业生产的不含进口料件或者含进口料件在海南自由贸易港加工增值达到一定比例的货物""免征关税"，这些"具体办法"是否因立法上的"协同"而有不同的性质和"品级"，这与2023年《立法法》中规定的"协同立法"又有何种区别？③

而上位法对于地方立法而言，又如何确定立法权行使的限度？规章的制定遵循"依据"原则，会影响其创制性立法权限，又如何通过规章制定保障地方的积极性和主动性？④ 关于地方人大和政府的立法权划分，是否应该遵循人大起主导作用而政府发挥辅助作用的格局定调？⑤ 作为最低一级的市级政府规章，是否不存在对下的限度？这些问题的解决，需要从现有立法中总结。尤其值得关注的是，如果某一立法事项属于中央与省级地方都可以立法的事项，那么省级地方在出台先行性立法之时，在行使立法权时应注意哪些限度？这其中是否存

---

① 其中《海南自由贸易港外商投资准入特别管理措施（负面清单）（2020年版）》是以发展改革委、商务部令的形式公布，《海南自由贸易港跨境服务贸易特别管理措施（负面清单）（2021年版）》也是以商务部令的形式公布，在中华人民共和国中央人民政府的"国家规章库"（http://www.gov.cn/zhengce/xxgk/gjgzk/ssgz.htm？=undefined&searchWord=海南自由贸易港）的"部门规章"栏目中可以被查询到。

② 2022年通过的《海南自由贸易港实施市场准入承诺即入制管理规定》是以海南省人民政府令的形式公布，在"国家规章库"的"地方政府规章"栏目中可以被查询到。

③ 目前《立法法》所规定的"协同立法"主要存在省级立法主体和市级立法主体之间，并不包含中央部门立法主体与相应的地方立法主体之间的"协同"。在《立法法》修改之前，2022年《地方组织法》第十条和第四十九条分别就设区的市、自治州和省级人大及其常委会开展协同立法进行的规定，其前提是基于区域协调发展的需要。

④ 参见门中敬《规章的"法源"地位：制度变迁、理论推演与现实关照》，《行政法学研究》2023年第2期。

⑤ 有学者认为这种由地方人大主导而政府辅助立法的格局，不仅是一种科学和行之有效的途径，而且也符合人民利益需求。参见彭振《地方立法的理论与实务——以自治区政府立法为视角》，武汉大学出版社2022年版，第18—19页。

在地方立法需要具备的"谦抑"品质,从地方立法本身的实践角度来看,不管是地方立法能力的不足,还是地方立法本身的不成熟,或是地方立法权的异化(比如在立法中增设编制、创设经费、扩充职权等现象),[1] 都在客观上要求地方立法不能无所不为,而应有所为有所不为。从世界范围来看,很多国家也都对立法专业化进行过评估指标的设定和专门的研究。比如,美国从 1954 年就开始发布关于立法机关的报告,对州立法机关的改革进行强烈呼吁,密苏里大学教授 Peverill Squire(佩维尔·斯奎尔)曾将立法人员、基本工资和会期时间作为核心变量对州立法能力予以考量。[2] 还有学者从各地法制委和法工委的编制与实际人数进行对比,总结出各地立法能力配置上的不均衡态势。[3] 但从另一个角度看,中央也应在现行《宪法》第三条第四款有关发挥主动性和积极性的规定以及《立法法》有关先行性立法的精神指导下对地方予以支持,全国人大和国务院在此时应"本着谦让精神和对地方的尊重态度"[4]。这种"互谦"也许是未来央地立法权配置中需要关注的动态平衡。

立法事权是立法权的事权配置之结果,也是立法权集成化的一种表现。行政事权是行政权类型化配置的表现,根据政府"宏观调控(经济调节)—市场监管—公共服务—社会管理—环境保护"的类型化职能表述,有些行政事权之具体事项对应的行政事务也各有归属,其对应的立法事权能否对应到位,也成为考验央地关系稳定指数的重要因素。比如,"环境保护"自 2013 年党的十八届三中全会《决定》被加进地方政府的职能序列之后,2014 年《环境保护法》被修改,

总体来说,央地立法权的事权配置,不仅需要在立法权层面完成权力划分,实现立法事权界限的明晰,还需要与行政事权、财政事权

---

[1] 参见吴玉姣《地方立法谦抑论》,知识产权出版社 2020 年版,第 188—190 页。
[2] 参见苗壮《地方立法能力评估指标体系研究》,法律出版社 2022 年版,第 71—73 页。
[3] 参见谭波《设区的市地方立法权运行现状及改进机制分析——以河南省为例》,《河南工业大学学报》(社会科学版)2018 年第 1 期。
[4] 叶必丰:《论地方事务》,《行政法学研究》2018 年第 1 期。

方面形成匹配,进而形成"立法事权—行政事权—财政事权"的统筹协调。① 在此层面上,"财政事权"更加关注权力行使的可能性,而"立法事权"也不能对权力配置的过程与结果之可行性不闻不问,而应结合"两个积极性"的原则,考虑地方立法权的"实操性"。尤其是对与中央同样有立法权的领域,如何更好地完成立法权行使过程中的分工,并不完全取决于立法事权配置的理论结果,也同时取决于立法权行使过程中的实际评估效果及其反馈。相比央地立法权的事权配置,立法权的行使限度其实是从反面对立法事权的配置给予的一种合理限制与矫正,是在立法事权配置的基础上增加的反向排除标准,也是结合法律保留原则对地方立法权之行使叠加的一种控制。立法事权行使限度也需考虑一国政策的现状与导向,而不是不顾本国实际片面考虑所谓的外国经验。

---

① 2016年《国务院关于推进中央与地方财政事权和支出责任划分改革的指导意见》提出"要逐步将义务教育、高等教育、科技研发、公共文化、基本养老保险、基本医疗和公共卫生、城乡居民基本医疗保险、就业、粮食安全、跨省(区、市)重大基础设施项目建设和环境保护与治理等体现中央战略意图、跨省(区、市)且具有地域管理信息优势的基本公共服务确定为中央与地方共同财政事权"。之后,国办发〔2018〕6号、国办发〔2018〕67号、国办发〔2019〕26号、国办发〔2019〕27号、国办发〔2020〕13号和国办发〔2020〕14号等文件分别就基本公共服务、医疗卫生、科技、教育、生态环境和公共文化央地共同财政事权和支出责任的划分提供了具体思路。这其实也是下一步在立法事权配置和行使限度方面需要关注的标准。

第一章 我国央地立法权的配置思路

一 对立法权的定性与反思

(一) 立法权的"政治—法律"二重性

立法权是一种政治资源，同时也是对国家政策回应和及时体现的重要渠道，立法权也是经由宪法或法律配置的重要国家权力，通常被置于与行政权、监察权、司法权等并列的地位，以期作为调控中央与地方关系的重要支点与抓手。对我国现行宪法而言，其第三条第四款对"两个积极性"的规定，一直是我国目前对央地权力关系配置的重要指针，立法权也不例外。立法权作为既具有较强政治属性又有法律属性的国家权力，在不同时期的国家权力配置中总是扮演着最为关键的角色。不同时代的立法权配置重点，实际上是社会政治生活需要的典型体现。这一点恰如美国学者古德诺在《政治与行政》中的论述，立法与政治相若，很大程度上是民意的体现，也是政策的决定或政策"入法"的表现。尤其相比行政权与司法权而言，立法权更具有"决策"属性，属于"规则之治"的前端，其行使也决定着立法的质量。

"法不仅是意义世界的对象，而且也阐释意义世界"。① 尤其是涉及权力配置的立法（如宪法相关法等）则更关乎整个国家权力世界的规范表达。在立法权力领域的规范逐渐细化的过程中，立法权回应政治、经济、社会管理等领域的思路也逐渐明显。立法权的政治属性偏于政策回应，与行政权和司法权的区别明显，而立法权的法律属性则更倾向于表现为权力的科学配置，立法权在这一点上与行政权又有渐近的趋势。在我国，行政权也面临着中央与地方妥善分权的问题，以此来调动"两个积极性"，这一点与仅属于中央事权的司法权不同。② 而正是在此层面上，立法权与行政权一样，事权属性不断得到强化。"事权"在英文中的"power"表述并不能完整体现其在中文语境中的语义涵摄范围，后者更利于反映出该权力的事务属性，尤其是该权力所对应的领域到底属于中央事权还是地方事权，或者到底属于中央行政事权还是地方行政事权的调控领域时，"事权"中的"事"字就显得更有层级划分意义。而就立法权而言，其配置过程与行政（事）权也联系趋紧，从法律保留延伸出的事项范围已经不足以说明央地立法权配置的事权趋势，尤其是对设区的市立法事项的列举，更成为未来立法权事权配置思路强化的一种典型表现。当然，这种"事权化"配置思路相比行政权而言，又有清晰度上的区别，毕竟，有些领域和层面的地方立法权具有自主行使的空间，所以，省级立法权在有些方面与法律的行使界限更多取决于法律保留的范围调整，这种模糊度也在一定程度上成为支持一定级别的地方立法主体独立行使相应规则制定权的前提。但事权配置思路对立法权的配置同样关键，这种配置是保证政策输入正常进行的渠道，同时有利于保证立法权能够各就其位，对于合法性审查的开展与精准化也不可或缺。

---

① 徐龙飞：《立法之路——本体形上法哲学与国家政治思想研究》，商务印书馆2020年版，第98页。
② 参见谭波《论司法权的事权属性及其启示》，《山东科技大学学报》（社会科学版）2015年第1期。

（二）立法权的国家性：中央与地方的二维视角

立法的趋向和重点随着时代的发展不断变化,①而立法（权）主体则相对稳定。立法主体之间的权力配置关系也是政治关系的表征，以法律权力的行使表达出来。按照我国现行《宪法》第五十八条的规定，全国人大和全国人大常委会行使国家立法权。2023年修改后的《立法法》第十条第四款规定，"全国人民代表大会可以授权全国人民代表大会常务委员会制定相关法律"。有学者指出，我国确定国家专属立法权的原则主要包括宪法原则、民主原则、有利于维护国家统一原则、有利于建立和维护国内统一市场原则与有利于提高效率和调动各方面积极性的原则。② 这里，可以反思的情况包括两个方面：一方面，国家立法权在这里实际上被等同于法律（含基本法律和非基本法律）的制定权。但根据全国人大常委会对现行有效法律的数量统计，290多部现行有效法律还包含决议类法律及经由之前的"法令"转化来的法律（如1957年全国人大常委会通过的《中华人民共和国户口登记条例》）。③ 这对于其他国家机关、社会组织和公民个人来

---

① 比如科技立法作为新兴领域的立法，在20世纪60年代之前并未出现，有关科技方面的法律规范大多零散地规定在宪法、民事法律、刑事法律等传统法律门类中。1965年英国制定《科学技术法》（Science and Technology Act of 1965），美国1976年通过《国家科学技术政策、组织和优先法案》（The National Science Technology Policy, Organization, and Priorities of 1976），一系列科技单行立法也相继出台。美国学者伊丽莎白·波普·伯曼（Elizabeth Popp Berman）认为从美国科技政策历史中可以看到新自由主义政策的影子。参见袁立科《美国科技创新立法：制度变迁与决策过程》，科学技术文献出版社2022年版，第4—10页。其实，不只是科技立法，科技组织的改革也是对现实需求的重要回应，我国一方面在强调科技立法的创制，如1993年的《科学技术进步法》和1996年的《促进科技成果转化法》的施行及先后修订，以及《密码法》《生物安全法》《个人信息保护法》等边缘立法的通过，另一方面也在2023年3月启动了科学技术部的重组，这可以认为是在规则创设之外从组织角度配合立法的更好策略。

② 参见冯玉军主编《新〈立法法〉条文精释与适用指引》，法律出版社2015年版，第38—39页。

③ 这种转化主要经过1982年宪法的规定，也就是全国人大常委会根据宪法规定也可以行使"国家立法权"之后，之前由全国人大常委会制定的"法令"如果尚未失效，则自动转化为"法律"。1978年宪法对全国人大常委会的权力规定的列举中，仍然表述为"制定法令"，区别于全国人大权力列举中的"制定法律"。

说，是比较难以"识别"的。① 另一方面，国家立法与中央立法是何关系，地方立法属不属于立法权行使的范畴？2018年第四十七条宪法修正案在宪法第一百条增加了一款，规定了设区的市的人大及其常委会在不同上位法相抵触的前提下制定地方性法规的权力，但这种"立法权"被认为是不完整的地方立法权，其立法结果（设区的市人大或其常委会制定的地方性法规）需要经由省级人大常委会批准后才能施行。而相比之下，现行宪法第一百条第一款在1982年就确立了省级人大及其常委会制定地方性法规的权力。因此，在宪法层面出现的地方性法规制定权，到底与国家立法权是一种什么关系，值得反思。这种与"宪法、法律、行政法规"不相抵触并报全国人大常委会备案的制度运行前提，是不是就说明了这里的地方性法规只是局部适用的立法，不属于国家立法权的范畴？② 正如有学者所言，地方法从属于中央立法，不可能也不必建立起一整套独立的法规体系。③

如果回溯1954年宪法，我们会发现"国家立法权"这一概念当时已经出现，只不过当时行使国家立法权的机关只有全国人民代表大会，其被赋予最高且唯一的立法权，这一条在1954年宪法草案审议

---

① 莫纪宏：《合宪性审查与合法性审查"制度分工"的几个尺度探寻》，《备案审查研究》2021年第1辑。2023年3月7日，全国人大常委会委员长栗战书代表第十三届全国人大常委会向全国人大做工作报告。在报告中他提出，五年来全国人大常委会制定法律47件，作出法律解释、有关法律问题和重大问题的决定决议53件，这种区分非常必要，但也进一步说明了法律与有关法律问题的决定和决议有进一步区分的必要。参见新华社《十四届全国人大一次会议举行第二次全体会议》，《现代快报》2023年3月8日第A2版。关于重大事项的决定是否具有法属性，在人大系统的判断中也还存在一定的争议，有学者认为重大事项决定主要具有宣示性、原则性，不属于立法。参见河南省人大制度理论研究会编《"小切口"立法实践与探索》，中国民主法制出版社2022年版，第19页。

② 但从全国人大常委会相应科室编写的法条释义来看，地方立法权的概念还是被普遍认可的。《立法法》根据《宪法》确定的"在中央的统一领导下，充分发挥地方主动性、积极性"的原则，确立了统一而又分层次的立法体制，全国人大及其常委会行使国家立法权，国务院根据《宪法》和法律，制定行政法规；地方人大及其常委会行使地方立法权，制定地方性法规。在地方立法权中，除了省级和设区的市级人大及其常委会的立法权外，还有自治地方的自治条例、单行条例以及经济特区法规的制定权。参见王瑞贺主编《中华人民共和国海南自由贸易港法释义》，法律出版社2021年版，第43页。2021年6月10日施行的《中华人民共和国海南自由贸易港法》又增加了海南自由贸易港法规的制定权。

③ 周振超、侯金亮：《市域社会治理法治化：理论蕴含、实践探索及路径优化》，《重庆社会科学》2021年第8期。

过程中也未出现太多争议。① 而全国人大常委会行使的是法令制定权，区别于全国人大的法律制定权。② 1975 年宪法和 1978 年宪法都规定了法令的制定权，1982 年宪法就没有再规定法令的制定权。但 1981 年全国人大常委会制定的《关于加强法律解释工作的决议》规定了对法令的解释权（含立法解释、审判解释、检察解释、行政解释），该决议仍然有效。关于"法令"，有学者将其解释为"国家机关在职务范围内规定的带有规范性、法律性的个别文书"，并认为"全国人大常委会当时没有国家立法权"。同时，全国人大常委会还具有解释法律的权力。有学者据此认为这实际上已经确立了全国人大与全国人大常委会的二元立法体制，而法令是"带有法律性质规范文件的一种变体"③。

1954 年宪法对地方立法权的规定只限于自治条例和单行条例。到 1979 年《地方组织法》制定时，才提到省级人大及其常委会对地方性法规的制定权。1982 年的《地方组织法》对省级政府规章的制定权以及省级政府所在地的市、经国务院批准的较大的市制定地方性法规和地方政府规章的权力，其间也增加了对经济特区所在地的市对经济特区法规制定的权力规定。2000 年后三种市级立法权被统合为"较大的市"之地方立法权，④ 一直到 2015 年规定"设区的市"在三

---

① 韩大元编著：《1954 年宪法与中国宪政》（第二版），武汉大学出版社 2008 年版，第 137 页。

② 参见丁伟《与改革发展同频共振：上海地方立法走过三十八年》，上海人民出版社 2018 年版，第 5 页。

③ 周宇骏：《我国国家立法权的内部配置研究》，法律出版社 2022 年版，第 32 页。

④ 这里应该看到的是经济特区所在地的市制定一般地方性法规的权力是在 2000 年《立法法》出台之时得以确认的，但对这些城市来说，其 1992 年到 1996 年期间先后获得全国人大或全国人大常委会的授权，获得了经济特区法规和经济特区规章的制定权，并且已经经过了几年的立法实践，以深圳为例，其在 2000 年 3 月 15 日《立法法》出台之前，已经制定了 79 部经济特区法规（虽然这些法规在之后有些被废止），但从 1992 年深圳被授权到 2000 年的将近八年时间里，年均接近 10 部的立法速度和立法涵盖面，已经让深圳这种立法主体中的特殊身份者感受到了经济特区立法权对于地方经济社会发展的重要促进作用。2000 年深圳获得一般地方性法规制定权之后，经济特区法规对一般地方性法规在制定上的优越性仍然明显，到 2022 年 8 月 30 日，深圳经济特区法规又新增了 96 部之多，虽然这其中经历了不断的废止和调整，目前深圳经济特区法规仍在实行的有 175 部，相比深圳一般地方性法规来说，其规模也已不可小觑，尤其是 2010 年之后深圳经济特区的范围已经扩展到全市，更是让经济特区法规的制定权相比一般地方性法规制定权来说，具有明显的"优势"，深圳经济特区法规在制定后的"善后"程序上要比一般地方性法规的报批程序大大减省。

大领域的有限立法权。2023年《立法法》修改，对全国人大和全国人大常委会行使"国家立法权"专门增加了"根据宪法规定"的要求，从法的表现形式来看，在其附则第一百一十八条增加了"监察法规"的规定，回应了2019年全国人大常委会对国家监察委员会的授权决定。① 这种演变过程以及《立法法》本身对"法"这一概念外延的框定，实际上说明了宪法中的"国家立法权"与"中央立法制定权""地方立法制定权"之间是存在衔接难题的，尤其是"国家立法权"被等同于"法律制定权"之后，其他诸如行政法规、地方性法规、规章这些在《立法法》中有专节规定内容的"立法"之地位，就略显尴尬。著名立法学家周旺生教授也认为，中央立法是以全国人大及其常委会的国家立法为主导的，以国务院及其所属部门立法相辅助的中央有关国家机关立法。② 就如同我们解释"国家"这一概念时，不能仅限于"中央"一样，地方国家权力机关及其常设机关的存在及其权力运行，很难说在权力行使结果上不被归属于"立法"或"立法权"的范畴，而只是说这些立法的适用范围相对有限，但一旦在针对具体的人和事上，这些法规或规章完全可能成为约束一定范围内人和事的具体依据，尤其是行政法规和部门规章这种适用于全国的立法，③ 更是如此。因此，在这里，我们对地方立法权的研讨，就显得非常必要，因为它也应是国家的立法权的组成部分，④ 纵然不能被

---

① 修改后的《立法法》的一百一十八条规定，"国家监察委员会根据宪法和法律、全国人民代表大会常务委员会的有关决定，制定监察法规，报全国人民代表大会常务委员会备案"。回应了2019年10月26日第十三届全国人民代表大会常务委员会第十四次会议通过的《全国人民代表大会常务委员会关于国家监察委员会制定监察法规的决定》。但从立法架构来说，监察法规在《立法法》中出现的位置并不是总则中的第二条，而是和军事法规、军事规章、司法解释共同出现于"附则"部分，这一点并不同于《法规、司法解释备案审查工作办法》中将"监察法规"置于"行政法规"与"地方性法规"之间的做法。

② 周旺生：《立法学》，法律出版社2005年版，第187页。

③ 以生态环境保护立法为例，截至2023年5月，生态环境部规章库多达86部部门规章。如果说以目前正在进行的环境法典的编纂为目标，那么这些中央部门立法也应成为《环境法典》重点考虑的一部分。

④ 正如有学者提出的，地方立法权是相对于国家或中央立法权而言，其只存在于中央与地方施行分权的国家，我国是属于这种性质的国家，即国家法治统一与适度地方分权的模式。参见刘平《立法原理、程序与技术》，学林出版社2017年版，第109页。

称为"地方行使的国家立法权",其生产出来的结果也一样是"法"产品,这就需要确定"国家的立法权""国家法律体系"与"国家立法权"这一专属概念之间的细微区别。相比规范性文件而言,法律和法规的法属性表现明显,① 而且就地方性法规而言,其在很多地方性事务的管理上有自主性立法的权力,而在法律、行政法规尚未规定的领域则有先行性立法的权力。②

二 中央立法权与地方立法权的关系

在单一制国家的我国,一方面立法体制从原来的高度集中立法体制向分权型立法体制过渡,③ 中央立法权与地方立法权之间存在多种关系模式。

(一) 宪法授予模式(中央授予模式)

有些地方行政单位的权限是宪法授予的,有的是中央政府直接授

---

① 比如2019年全国人大常委委员长会议通过的《法规、司法解释备案审查工作办法》第三十八条第一项规定,"违反立法法第八条(目前已改为第十一条,编者注),对只能制定法律的事项作出规定"属于合法性审查的情形,而在各省人大常委会参照《法规、司法解释备案审查工作办法》制定的备案审查领域的地方性法规中,有些地方提及了"地方性法规"相比"其他规范性文件"的"立法优位"问题。如2021年9月1日施行的《海南省各级人民代表大会常务委员会规范性文件备案审查条例》第二十五条第一项规定的合法性审查的情形表述为"违反《中华人民共和国立法法》,对只能制定法律、法规的事项作出规定",这里的"法规"应该包括"地方性法规",而2020年7月1日施行的《云南省各级人民代表大会常务委员会规范性文件备案审查条例》第二十七条第一项规定的相应情形表述则为"违反《中华人民共和国立法法》规定的立法事项和立法权限"。2021年1月1日施行的《青海省各级人民代表大会常务委员会规范性文件备案审查条例》第二十八条第二项则是将"未经授权,对只能制定行政法规、地方性法规的事项作出规定"做单独规定,由此可以看出,对于"地方性法规"而言,其也有相应的"保留地"或"责任田"。
② 参见《中华人民共和国立法法》第八十二条第一款第二项和第八十二条第二款的规定。
③ 参见杨临宏《立法学:原理、程序、制度与技术》,中国社会科学出版社2020年版,第30—33页。

予或委托的，这样，地方权力的大小就取决于宪法的规定或中央的授予。① 就我国目前的情况来看，一般地方立法中的省级地方性法规、设区的市地方性法规的制定权在宪法中有规定，② 但省级地方性法规的制定权实际上1979年出现在《地方组织法》之中，1982年被现行宪法肯认。2018年现行宪法被修正时确认了2015年《立法法》修正时确定的设区的市地方性法规制定权，特别是地方立法中的自治条例和单行条例制定权在宪法中的规定，这些都属于宪法中规定的权力形态，但也需要注意宪法只是规定了地方的立法权，并没有具体规定立法事项，立法事项是通过《立法法》等宪法相关法加以规定的。一般地方立法中的地方政府规章的制定权、其他特别地方法规的制定权在宪法中没有规定。③ 这就说明，立法赋权与具体授权是通过不同的法治渠道得以实现的，《立法法》是在现行宪法精神下解决具体的地方立法事权配置问题。这一点与"法律保留"制度的出现有所区别，我国《立法法》中的"法律保留"事项很大程度上源于宪法条文中"依照法律规定"等类似表述的总结。

（二）法律规定模式

有些地方立法权源自其他法律的规定。比如特别行政区的法律制定权出自特别行政区基本法，这些法律大部分属于宪法相关法；再比如地方组织法对地方政府规章制定权的规定；有的甚至还对宪法中相

---

① 许崇德、胡锦光主编：《宪法》（第七版），中国人民大学出版社2021年版，第128页。

② 设区的市立法权一度被有些学者称为"半个立法权"，比如说宓雪军（1991）曾在《半立法权探讨》中提出相应概念，夏平华、杜永昌、罗志先（1993）在《对"半立法权"概念的异议——兼与宓雪军同志商榷》中提出设区的市立法权应为"准立法权"。有些省级人大常委会对设区的市立法"全程指导"，实际上也是受这种"半立法权"或"准立法权"观念的影响。参见石佑启、朱最新《中国地方立法蓝皮书·广东省地方立法年度观察报告（2021）》，中国社会科学出版社2021年版，第128页。

③ 有学者据此认为，地方性法规制定所行使的是设定权，地方政府规章制定所行使的是规定权。地方性法规重在制度创新，除了对上位法进行细化和量化外，在立法权限范围内应当注重设定新的权利和义务；地方政府规章重在对上位法进行衔接细化，缩小上位法规定的裁量空间。参见李店标《设区的市立法权入宪的价值维度》，《学术交流》2021年第4期。

关规定做了进一步延伸，比如自治州或自治县制定的自治条例和单行条例，在经省级人大常委会批准后生效，并报全国人大常委会和国务院备案，2000年施行的《立法法》第九十八条第一款第三项和2001年修正的《民族区域自治法》第十九条的规定都不同于《宪法》第一百一十六条的备案主体规定，但1984年的《民族区域自治法》却和1982年出台的现行宪法的相关条文内容一致，这就说明，基于法制统一的需要，后期对立法备案这一立法权环节的行使标准增加了要求，这从严格意义上来说并不违反宪法精神；有的授权法律则属于经济法，比如海南自由贸易港法规的制定权一开始出自《中华人民共和国海南自由贸易港法》，凸显了这种立法权更多地强调对功能区域的立法权授予。但2023年《立法法》又通过第八十四条第三款的"追认"，使海南自由贸易港法规和经济特区法规一样，受到了《立法法》在"地位"上的同等肯定。只不过海南自由贸易港法规的先前制定依据是特殊立法，也就是说，其从依照经济法"立规"变为依照宪法相关法"立规"。这种立法权的授予过程凸显了国家对立法事权类型化的重要性关注与政治考量。同时，相比《海南自由贸易港法》，《立法法》也只是规定了海南自由贸易港法规的制定权，并没有明确海南自由贸易港法规立法事权的具体指向，只是表述为"根据法律规定"，这种立法表述是一种典型的委任性规范，而导致这种委任性规范产生的原因是多方面的，既有政治方面的原因，也有立法技术的考量，这也正如前一种分类中《立法法》之于《宪法》的关系，《海南自由贸易港法》之于《立法法》虽然是非基本法律之于基本法律，但这种立法授权之间实际上形成一种相互配合补位的关系，共同建构其立法事权的明确机制。

（三）"先授权后入法"模式

有些地方立法权最初源自授权，比如经济特区法规的制定权，而后又进入了《立法法》的规定，这种先经由"授权决定"再进入《立法法》的条文的立法实践模式，实际上与前文述及的海南自由贸易港法规类似，与2023年《立法法》第八十四条第二款规定的"浦东新区法规"在（授权）路径上则完全相同。在2000年《立法法》出台之前经济特区法规均源自全国人大或全国人大常委会的授权决定，其早期形态先是1981年全国人大常委会授权广东省、福建省人大及其常委会制定所属经济特区的各项单行经济法规。1988年4月13日全国人大《关于建立海南经济特区的决议》授权海南省人大及其常委会制定经济特区法规，1989年全国人大授权全国人大常委会，1992年全国人大常委会授权深圳制定经济特区法规和经济特区规章，全国人大又分别于1994年和1996年先后授权厦门、珠海和汕头三地的人大及其常委会和政府制定相应法规和规章的权力，但2000年《立法法》的出台改变了这一情形。2000年出台的《立法法》第六十三条第四款将经济特区所在地的市作为"较大的市"之一种，与省、自治区的人民政府所在地的市和经国务院批准的较大的市均享有一般地方立法权，即制定地方性法规的权力。这样来看，经济特区所在地的省即海南省和其他经济特区所在地的市都拥有多种立法权，只不过海南省自1988年建省后自动获得宪法中所明确的省级地方性法规的制定权，而其他四个经济特区所在地的市则是在2000年获得了一般地方立法权，同时也没有失掉原来的经济特区法规和经济特区规章的制定权。海南省人大及其常委会在此之外还有海南自由贸易港法规的制定权。[①]

[①] 但海南自由贸易港和海南经济特区的范围都是"海南岛全岛"，而深圳经济特区的范围则和深圳市的范围一致，基于此，深圳等这些经济特区所在地的市目前具有的立法权行使状态是更为典型的"一地两法"或"一市两法"，而海南省只在海南岛这一特殊地域形成了"一地三立法权"的特殊状态，这一点与上海浦东新区法规的情况不同，浦东新区相比上海市而言属于其中的一小部分，其陆地地域面积并不占绝对的主体地位，海南岛之于海南省而言，其在陆地面积上占据主要位置，成为海南省经济社会发展的主要场域，也是海南自由贸易港法规所针对的开展贸易、投资及相关管理活动的"主战场"。由于海南省三沙市的特殊地位，注定了其在海南的"三区一中心"的战略中主要是围绕国家生态文明试验区和国家重大战略服务保障区开展工作，而非贯彻全面深化改革开放试验区的战略。而海南自由贸易港作为全面深化改革开放试验区的主要阵地，与上海浦东新区作为社会主义现代化建设引领区及深圳市作为社会主义现代化建设引领区的战略用意相同，三者都需要特殊的立法权作为政治资源，因此，目前这种特殊的立法权都已经得到《立法法》的肯认，被整合入《立法法》第八十四条的三款内容之中。

但对于经济特区所在地的市来说，其一般地方性法规和规章制定权在 2015 年《立法法》修改之后收缩为"城乡建设与管理""环境保护"和"历史文化保护"等仅涉及三种事项的权力。2015 年《立法法》第六十五条明确了授权立法的规范表述，即经济特区所在地的省、市的人大及其常委会根据全国人大的授权决定制定经济特区法规，2015 年《立法法》第八十一条第二款则明确了经济特区法规对法律、行政法规等中央立法的变通权。[①] 2021 年浦东新区法规的制定权获取也是源自全国人大常委会的授权决定——《关于授权上海市人民代表大会及其常务委员会制定浦东新区法规的决定》，2023 年 3 月 15 日后其制定依据也同时囊括了《立法法》第八十四条第二款。

（四）特别法律授权模式

这种立法权的获取源自个别法律的授权，实际上也在影响着我国立法体制中地方立法权力的变化。比如《行政处罚法》第十二条、《行政许可法》第十五条和《行政强制法》第十条第三款对下位地方立法中的行政处罚、行政许可和行政强制的设定权分别做了规定，与《立法法》第七十三条第二款所谈到的在法律保留或行政法规保留事项以外缺乏上位法的情况下根据本地方的具体情况和实际需要先制定地方性法规的权力相一致。另外，2021 年修订后的《行政处罚法》第十二条第三款还专门规定了为实施法律和行政法规而获取的行政处罚补充设定权，其前提是"法律、行政法规对违法行为未作出行政处罚规定"，这与《行政处罚法》第十二条第一款的自主设定权略有区别，[②] 属于补充式的设定权，即只设定处罚而不设定情形，具有依附性，将行政处罚"补充"进入"制裁"或者"法律后果"中，并不涉及法律、行政法规对该违法行为内涵或外延的补充，地方性法规不

---

① 2023 年《立法法》修改之后，上述两条文序号分别变为第八十四条第一款和第一百零一条第二款。

② 周永龙主编：《中华人民共和国行政处罚法注释本》，法律出版社 2021 年版，第 36 页。

能假借补充设定之名,在上位法已经设定的行政处罚之外设定种类或调整幅度。① 而且这也是仅限于行政处罚的补充式规定。行政许可的设定要求就与其不尽相同。② 总体来说,该条对行政处罚的设定应当遵循"非必要不设定"的原则,并综合考虑义务内容的确定性、合理性和可履行性,以及违法行为的可认定性等多项因素。③

但上述这些都属于通过法律授权而获得的"地方立法权",与前文所提到的总体宪法赋权或总体法律赋权不同,通过法律授权而获得"地方立法权"的情形,属于地方立法权中的"专项项目",仅次于个别领域立法权力的行使。另外,《立法法》中对地方性法规和地方政府规章的制定权方面,都规定了自主立法权,其表述分别为《立法法》第八十二条第一款第二项和第九十三条第二款第二项,即"属于地方性事务需要制定地方性法规的事项"和"属于本行政区域的具体行政管理事项",与前述"行政三法"中的授权不同,这一授权基本上更倾向属于特殊的(法条)授权立法,但介于地方执行性立法与个别授权立法的程度之间。有学者在此基础上还区分了地方自主性规章与地方自主性法规之间的权限,将其归入"授权不明确"的情形。④ 当然,这里需要搞清楚的问题就是中央立法权与地方立法权的关系和中央立法与地方立法关系的区别。在很多法律的附则部分,一般规定了国务院或者地方可以制定相应的实施细则,这种类似授权的表述,实际上是实施性行政法规或实施性地方性法规出台的前提,按照有些学者的观点,这里还可以分为"明示授权条款"与"默示授权条款",默示授权条款一般采用"……按照规定……"或"依法(法

---

① 王太高:《论地方性法规行政处罚补充设定权》,《苏州大学学报》(哲学社会科学版)2021年第6期。
② 2019年的《法规、司法解释备案审查工作办法》第三十八条第三项将"违法设定行政许可、行政处罚、行政强制,或者对法律设定的行政许可、行政处罚、行政强制违法作出调整和改变"作为合法性审查的一种情形予以列示。
③ 王克稳:《地方性法规设定行政处罚的空间》,《法学研究》2022年第1期。
④ 潘波:《解词说法:机关工作词义考》,商务印书馆2021年版,第70—71页。

规)（规定）等……"，① 这两种情形均与前述"行政三法"的授权在概括性上存在不同。

（五）小结

就目前来看，我国的法律体系中已经出现了大量非以"法律"形式出现的规范性文件形态，全国人大常委会委员长会议 2019 年 12 月 16 日通过的《法规、司法解释备案审查工作办法》中，法规包括"行政法规、监察法规、地方性法规、自治州和自治县的自治条例和单行条例（自治法规）、经济特区法规"。从制定的主体来看，除行政法规和监察法规外，其他立法都是由地方通过，目前海南自由贸易港法规的制定权和浦东新区法规的制定权分别于 2021 年 6 月 10 日被授予相应地方的人大及其常委会，而后又同时进入《立法法》第八十四条的后两款。这样来看，对地方立法权的研究应该本着"两极多元"的方向进行，即以地方性法规和地方政府规章两个序列的立法为"两极"，以其他多元化的法规为辅助样板展开全方位研究。但通常所称的一般地方立法，仅指省级地方性法规、设区的市地方性法规以及省级和设区的市地方政府规章的制定，② 其与民族自治地方立法③和

---

① 参见汪全胜《立法的法理研究》，光明日报出版社 2021 年版，第 192—193 页。
② 饶艾、程馨桥、陈迎新等：《地方立法公众参与机制研究》，四川大学出版社 2020 年版，第 10 页。
③ 这里需要强调的是自治州的立法权，其依据《宪法》和《民族区域自治法》拥有的自治条例与单行条例制定权也被规定进了《立法法》，而 2015 年《立法法》修改之后自治州又取得了一般地方性法规的制定权，对自治州人大而言，其同时拥有地方性法规和自治条例、单行条例制定权，而这两类权力的行使都需要省级人大常委会批准，且由省级人大常委会报全国人大常委会和国务院备案，因此，其在行使过程中要注意适用场合及程序上的区分。两者明显的不同之处在于，根据《立法法》第一百零一条第一款，自治条例和单行条例拥有对法律、行政法规、地方性法规的变通权。同时，根据《立法法》第一百零九条第三项，"自治条例、单行条例报送备案时，应当说明对法律、行政法规、地方性法规作出变通的情况"。如果一旦发生同由自治州制定的自治条例、单行条例与地方性法规不一致的情况，则适用特别法优于一般法和新法优于旧法的原则。这一点对比前文所说的海南自由贸易港法规或海南经济特区法规以及深圳市经济特区法规区别明显，海南自由贸易港法规、海南经济特区法规、深圳经济特区法规与海南省或深圳市人大及其常委会制定的一般地方性法规出现冲突时则无相应的《立法法》明示规则可以适用。

"特区"（应含经济特区和特别行政区）[①] 地方立法共同构成地方立法的完整外延。

从一般地方立法的权限来看，省级地方性法规涉及较为全面，除了执行性法规外，有大量的自主性法规，只要在不抵触上位法的情况下行使立法权均可，而且省级地方还大可在某些方面制定先行性法规，也就是法律保留事项之外的其他事项国家尚未制定法律或者行政法规的，可以进行"设定"式立法，而非"规定"式立法。省级地方政府规章则强调"根据"原则，相对来说立法权的主动性受到一定程度限缩，但仍然分为执行性规章和管理性规章。对设区的市来说，其地方性法规和规章制定权仅限于"城乡建设与管理、生态文明建设、历史文化保护、基层治理等方面"。海南自贸港法规的制定权则仅限于"贸易、投资及相关管理活动"。经济特区法规和浦东新区法规则没有明确限制的立法事项范围，但从理论上来讲也应是限于广义的经济领域。与设区的市地方性法规制定权相似，自治条例和单行条例也需要经过相应级别的人大常委会批准才能生效，属于不完整的立法权。但在可以变通法律和行政法规、地方性法规的问题上，自治条例和单行条例又和海南自由贸易港法规、经济特区法规比较相似，但

[①] 之所以做这种划定，实际上经济特区之"特"最初主要源于经济上的功能，但慢慢及于立法权这种政治资源的配给，特别行政区之"特"则相对全面，立法权配置上的高度自治使其"特"之地位更加明显。但两者在立法权上的"特"都显示了中央在对一些特殊地方赋予特殊地位之时，立法权必不可少，而且两者都需要向全国人大常委会备案，经济特区立法中省级经济特区法规还需同时报国务院备案，市级经济特区法规还需同时报省级人大常委会备案。但特别行政区向全国人大常委会备案不影响其生效，但全国人大常委会具有发回特别行政区法律的权力，发回的法律立即失效，但一般不具有溯及力。而经济特区立法一般要经过备案审查。而《广东省各级人民代表大会常务委员会规范性文件备案审查条例》（2018年通过，2021年修订并施行）和《福建省各级人民代表大会常务委员会规范性文件备案审查条例》（2020年通过，2021年施行）经济特区法规的备案，依照《中华人民共和国立法》和全国人民代表大会及其常务委员会决定执行（备案）。但从实际的审查处理过程来看，全国人大常委会在经济特区法规的审查中也是处于"当仁不让"的"C位"，其根据《法规、司法解释备案审查工作办法》开展对经济特区法规的审查也是实至名归，而国务院对地方性法规和经济特区法规的审查则更多具有形式意义。参见郑磊、陈思言《国务院地方性法规审查活动探究——基于"组织关系势能原理"的国家组织法规范分析》，《西南政法大学学报》2023年第1期。

经济特区法规从开始的依授权变通到后来的同时依《立法法》的规定变通并报送变通理由，海南自由贸易港法规则甚至可以涉足法律保留的事项或本需由国务院制定行政法规的事项，只需在行使该项立法权时经过全国人大常委会或国务院批准即可。这里的问题在于如果海南省人大及其常委会制定的立法属于全国人大的法律保留事项，仅仅通过全国人大常委会的批准是否足够？同时，海南自由贸易港法规、经济特区法规和浦东新区法规都属于在功能区范围内实施的地方立法，与地方性法规、自治条例与单行条例这种在一般地方范围内实施的立法在空间范围内既有所不同，也可能有所交叉，在这种情况下又如何预防它们相互之间可能产生的矛盾？按照有些学者的观点，针对这种立法后法律预期冲突的立法救济，"大致可分为立法试验、立法后评估、立法监督、立法解释与修改以及立法授权五方面"[①]。但重要的决定权其实还是在于行使多种立法权的同一主体能否保持其行使权力时的谦抑，而接受备案的主体能否在各种立法的行使趋势与规律上作出总结和引导，以期规范这类拥有多种立法权的特殊立法主体规范运用各项立法权。[②]

三 "立法事权"体系化的必要性及其总体思路

当立法权的配置已经形成一定的方向性与规模之时，立法事权概念与相关制度的形成就成为一种逐渐可行的思路。在中央"立法事权"的层面，我们以法律保留原则设计的事项为基础，逐渐开展类型化，比如"税收法定"领域设计，就涵盖了税种、税率、税收征收等

---

① 谢晖:《论法律预期能力的立法预设》，《四川大学学报》（哲学社会科学版）2023年第1期。
② 根据对深圳经济特区法规和海南经济特区法规的类比总结，以"营商环境"作为行使这类特殊立法权的判断标准更为适宜，而海南自由贸易港法规的权力则侧重于"贸易、投资及其相关管理活动"。根据国务院《优化营商环境条例》，"营商环境"主要侧重于"企业等市场主体在市场经济活动中所涉及的体制机制性因素和条件"，分别强调"企业等市场主体""在市场经济活动中"以及"体制机制性因素和条件"。

各项环节，可以说已经形成相对确定的内涵与外延，而就地方尤其是设区的市而言，其在分权的趋势上也已经越来越清晰，"城乡建设与管理""历史文化保护"经由两轮《立法法》的修改及其立法实践的丰富，已经变得更为成熟和范围确定，"环境保护"经过《立法法》第二次修改被变为"生态文明建设"，说明这种事权表述正在经历范围调试，"基层治理"被纳入设区的市立法事权表述的范围，说明经由实践检验这种事权对于地方经济社会的发展尤为必要，这种权力配置其实与行政权的配置细化趋势相同，但政府职能的类型化表述一般为宏观调控（经济调节）、市场监管、公共服务、社会管理、环境保护。这两者之间如何形成有效的概念打通，是下一步立法事权制度设计需要考虑的问题。比如，"立法事权"中使用了"生态文明建设"，那么，根据目前2018年修宪的"生态文明入宪"的结果，是否行政事权的表述也应改成"生态文明建设"；政府职能表述中的"社会管理"是否应因循当下"社会治理"的职能表述而更改，"基层治理"对应的中央政府的治理和省级政府的治理事权就自然得到了证成。

就立法事权与行政事权而言，不同层级的地方政权与中央政权之间要实现各级事权（含立法事权与行政事权）和财权、预算、税基的匹配，实际上也是事权的内部协调与外部协调的综合，但就司法事权和监察事权而言，由于都倾向于中央事权的定性，则事权的主要匹配与协调还是存在于"决策—执行"领域，对监督权的行使而言则强调"全国一盘棋"。

（一）"立法事权"体系化的必要性

相比行政事权或政府事权而言，"立法事权"概念相对"晚近"，但也有学者对此提出过系统论证。[①] 总体来说，"立法事权"应该代

---

① 参见郑毅《规范视野下的地方性事务》，《中国法学》2022年第5期；封丽霞《中央与地方立法事权划分的理念、标准与中国实践——兼析我国央地立法事权法治化的基本思路》，《政治与法律》2017年第6期；代水平《建国以来我国地方立法权限变革的历程、逻辑与经验》，《深圳大学学报》（人文社会科学版）2019年第5期；陈诚《央地关系视角下区域环境协同立法的完善路径》，《理论月刊》2022年第2期。

表中央与地方等各个不同级别的人大及其常委会或政府享有的就某一事项立法的权力,在中央层面有《立法法》专门规定的"法律保留"事项,除"法律保留"之外,全国人大及其常委会通过授权国务院制定行政法规的事项,其实在某种意义上演变为"行政法规保留"的事项,通过事权思路与渠道融入立法学研究并促成立法权行使限度的明确。

1. 立法事权体系化是央地分权进一步体系化的必经路径

从目前的国家权力分置的情况来看,立法权、行政权等国家权力存在可以央地分权的空间,而司法权、监察权、军事权则是以统一中央事权的形态表现出来。行政分权已经逐渐伴随着政策的完善逐渐清晰,如2016年国务院曾经通过发出政策性文件,就央地的财政事权与支出责任的划分出台相应意见,即"49号文",2018年国办先后印发第6号文和第67号文,就基本公共服务领域和医疗卫生(含医疗保障)领域的央地事权划分发出"改革方案",2019年5月国办又印发第26号文和第27号文,就科技领域和教育领域的央地财政事权与支出责任划分给出"改革方案"。2020年5—6月,国办又印发了第13号文和第14号文,分别出台生态环境领域和公共文化领域的财政事权和支出责任的"改革方案"。对比这些文件,我们不难发现在中央与地方的行政事权划分问题上,国家的思路逐渐清晰,对"49号文"的贯彻与配套措施越来越明显。比如"49号文"提出的央地共同财政事权的规范问题,2019年科技研发领域的第26号文在基本原则的问题上提出了"中央决策、地方执行的机制",保障中央在该领域财政事权上的决定权,使央地行政事权的"决策—执行"机制更加契合国家的行政领导体制。[1] 上述有些文件之间还存在有相互配合的关系,比如2018年的6号文,对学生资助中的中等职业教育国家助学金等四个事项和义务教育方面的四个事项由中央和地方财政事权公

---

[1] 关于"中央决策—地方执行"的典型表现,可参见谭波《法治视野下的"中央政府决策—省级执行"模式研究》(法律出版社2019年版)一书的相关章节内容。

共保障，2019年国办的第27号文也提到了义务教育的经费保障和中等职业教育的补助金的具体分担问题，就该问题的解决而言，这属于政策上的持续推进，呈现一种各领域交叉地带之间问题解决的彻底性态度，而这种彻底性其实源于行政分权思路的更加具体明确。但相比行政事权的划分思路逐步明确并呈现规律化，立法事权的划分则表现出相对狭隘的特点。一方面，立法事权的划分本身需要严格以立法作为依据，这种立法涉及的内容较为敏感，争议较大，因此其通过相对较慢，不像行政事权的划分有时可以通过行政政策作为补充划分的重要标准。另一方面，立法事权划分的现有标准存在"法律保留"这种列举性的原则划分标准，但对该类原则性标准到底是以"重要程度"还是"影响范围"作为划分标准的理论基础，[1] 仍有待明确，而具体立法范围的列示上只有设区的市之立法事项在《立法法》中有规定，省级立法这一关键立法层级的立法事项在《立法法》中的表述是概括式的，只有结合"法律保留"标准之外的其他事项作出判断，因此，相比行政事权的划分而言，其无论如何不可能迅速达到条分缕析的明确程度。如果相应的行政事权在属于地方事权或央地共同事权的前提下，而其立法事权归属于中央，则可能造成的后果是"决策（权）"与"执行（权）"运行中的张力。虽然有时也存在这种特殊的"中央决策—地方执行"的事项，但是随着时代发展的需要，权力在中央与各层地方之间的分层级匹配往往会成为立法权与行政权协调行使的常态，也是央地分权进一步体系化的必经途径。

2. 立法事权的体系化划分也是多国宪法文本与实践中的重要关注事项

从世界范围看，无论是单一制国家还是联邦制国家，都在立法分权上存在着多种分权模式。在有些联邦制国家（如德国），存在联邦

---

[1] 参见封丽霞《中央与地方立法权限的划分标准："重要程度"还是"影响范围"？》，《法制与社会发展》2008年第5期；孙波《论单一制国家结构形式与立法分权》，《河北法学》2011年第8期；冯洋《论地方立法权的范围——地方分权理论与比较分析的双重视角》，《行政法学研究》2017年第2期。

专属立法权、邦专属立法权与中央—地方共同立法权的宪法规定。①其他诸如巴西、俄罗斯等国也存在类似规定。不仅是立法事权,其实行政事权在各国宪法中也有相应的划定原则,如美国和加拿大对列举权力之外的剩余权力的归属理论与实践做法,②都成为宪法重点关注的问题。在单一制国家,同样存在划分事权的立法需要。但往往以宪法规定分权的原则,而由具体法律来划分相应立法权或行政权。以我国为例,宪法第三条第四款规定了央地权力划分的一般原则,即一方面要遵循中央的集中统一领导,另一方面则要充分发挥地方的主动性和积极性,但具体到行政事权或立法事权的划分,则需要结合宪法的具体条文,比如宪法第八十九条有关国务院职权的规定以及宪法第六十二条和第六十七条关于全国人大及全国人大常委会职权的规定,这种规定虽然不是对中央与地方权力划定的直接列示,但从其对中央国家机关权力的规定上来看,已经能够为下一步具体法律的制定提供一些宪法支持。同时,在宪法典中有关"依照法律规定""由法律规定""以法律规定""在法律规定(的)范围内""法律规定的"等表述多达40余处,这实际上为"法律保留"事项的具体总结提供了宪法依据,也成为地方在行使立法事权上不能跨越的禁区。因此,我国在未来统筹国内法治和涉外法治发展的基础上,需要进一步在立法权的统摄上结合中国国情,并与国外的立法事项灵活运行"接轨",便于在不同的跨境区域经济合作和边境经济合作区的立法统合上形成地方立法与行政间的同时互动。

3. 立法事权体系化也是应对党和国家监督体系的重要举措

在我国以往的监督体系设计中,对立法行为的监督更多是采取宪法监督的方式,而采取的追责方式则为对立法的变更或撤销等权力。

---

① 专属立法在德国基本法德文版中的表述是 ausschliessliche Gesetzgebung,共同立法在德国基本法中的表述是 konkurrierende Gesetzgebung。
② 美国对联邦与州列举事项之外的剩余权力归属于各州,加拿大对联邦与省列举事项之外的剩余权力则归属于联邦。《宪法学》编写组:《宪法学》(第二版),高等教育出版社2020年版,第124页。

随着的监督方式不断拓展,"5+9"的党和国家监督体系也逐渐成形。① 立法权作为国家权力的一种,其也应在党和国家监督体系中接受各种实质性监督,承担实质性的责任,这才应是"将(所有)权力关进制度的笼子里"的完整含义。在以往的监督体系中,对有些立法权力的形式过程与结果监督力度不足,比如,在国家赔偿制度体系中,立法行为不赔偿,对行政立法不作为是否能提起行政复议或行政诉讼也存在制度障碍。这就在实际上造成了在监督方式和追责形式上对立法行为约束的不足。这些后续约束的不足,其实还有一项重要的原因,就是立法事权的范围不像行政事权那样相对明显。因此对行政不作为的追责也就变得相对直接,而对立法不作为的追责就变得较难定性。正因为立法权对受众群体造成的影响并不如行政权那样直接,所以对立法事权的范围划定和立法权必须行使的制度情形就要做更强的约束,否则这种较为隐蔽的"制度腐败"行为就容易在悄然中形成"制度性侵权"。在一个民主社会中被广泛分享的权力一定也被广泛分配,作为规则制定权行使主体的国家机关也要受到挑战,开放社会中的法律获得的公共性,使得任何国家机关都不能充当最高权威。②

事权思路一方面强调权力行使的可及性,另一方面也强调权力行使的必要性和必然性。立法其实也可以被作为一种"公共产品",而公共产品在分权的基础上行使,③ 也是一种更容易改善公共福利水平的制度渠道。相应地,这种制度渠道就不应是免责的。立法事权制度的进一步明晰,实际上也将宪法责任的追究思路与方式和行政法制监督中的追责思路与方式进一步结合,充分发挥各类监督方式的合力,也是对不作为方式行为追责理论的进一步扩展,最大限度防止权力行为责任追究的真空地带。

---

① 有些实务部门在工作中将其简称为"1+9"的党和国家监督体系,其中"1"代表作为主导的"党内监督"。

② 参见 [美] 文森特·奥斯特罗姆《美国联邦主义》,王建勋译,上海三联书店2003年版,第260页。

③ 参见 [美] 华莱士·E.奥茨《财政联邦主义》,陆符嘉译,译林出版社2012年版,第55页。

(二)"立法事权"体系化的总体思路

1. "立法事权"配合"行政事权"的下行趋势

在国家治理所涉及的领域逐渐宽泛之时,中央和地方都在不断进行着事权范围的调适,国家权力需要逐渐退出或淡出一些领域,这些退出或淡出表现在立法权上就是一些法律、法规、规章的废止,具体表现为下放或取消具体权力,权力的下行或"还权"成为典型趋势。相比行政事权不断下放的趋势,立法事权其实也在进行相应的"下调"。地方"立法事权"法律依据不仅源于《宪法》和《地方组织法》,也同样源于《立法法》,它与同样源于《地方组织法》和其他部门行政法的行政事权形成相互配合与补强的关系。尤其是作为设区的市人大及其常委会之立法权,其与本级政府获得的行政事权一样,都是本级政权政治资源的体现,而设区的市在央地政治资源的博弈就成为"立法权+行政权"双收的地方单位。以 2023 年《立法法》下放的权限为例,"基层治理"已经涵盖了非常广泛的立法权,俨然如 20 世纪 80 年代全国人大常委会对国务院的三次授权之效果。而这里的权力下放其实还伴随着另外一个趋势,就是地方分权,这也是现代国家治理的一种总体趋势,地方民众参与治理的趋势日益明显。这种趋势在法国、日本、美国等单一制国家或联邦制国家均有所体现。[①]我国"基层治理"立法权下放于设区的市,其实是这种趋势延续的另一绝佳注脚。从 2015 年的"城乡建设与管理"到"基层治理",从有形管理到无形治理,从打造"硬环境"的"环境保护"到"生态文明建设"和打造"软环境"的"基层治理",正是因为有了这样一种广义的立法权,地方能够出台更多的法来实现自我治理,这实际上有助于国家治理体系和治理能力现代化目标的快速实现。另一方面,也可以这样来理解,即经过七年多的权力下放,很多地方已经在"城

---

① 参见封丽霞《中央与地方立法关系法治化研究》,北京大学出版社 2008 年版,第 222—232 页。

乡建设与管理""环境保护""历史文化保护"的基础上尝到了甜头，做强了自己，但当地方的改革逐渐进入更深层的区域时，设区的市作为基层立法主体就感受到自己身上立法事权限制所带来的阻力，因此，这种体制不破，对于设区的市来讲，地方的机制改革就无法动摇，接续的改革就进行不下去。所以，立法权作为一种地方经济社会发展的维度已经得到了足够的验证，而且立法权的事权化配置也越来越明显，这种配置在适当的时刻会与行政事权的下放形成"并线"，找到设区的市一级人大、政府等国家机关权力行使的最佳匹配模式，从而使其手中拥有的立法事权、行政事权、财权等形成很好的映射关系与协调，为地方经济社会发展配给足够的权力资源。从更广义的范围来讲，中国特色社会主义法治体系不仅指"完备的法律规范体系"，还包括"高效的法治实施体系"以及"有力的法治保障体系"，而这些要素在上述立法事权、行政事权和财权等方面被体现得一览无余。①

2. "立法事权"行使限度制度呼之欲出

正是源于立法事权的不断下放，导致地方"立法事权"的不断扩容，而扩容的地方"立法事权"如其他国家权力一样，都需要受到规制。立法事权与行政事权一样，也存在行使限度的问题。不管是联邦制还是单一制，对地方"立法事权"行使限度都有必要予以明确。②而在我国，对于"立法事权"的限度设定，则更倾向于是对立法权本身的限制，因此，对其责任机制的构建，也就存在特殊的困难和制度

---

① 从域外的经验来看，以华人族群为主体的新加坡也是这一权力综合体系的极好诠释，比如新加坡建构的关于"法律"的话语性概念，实际上首先是通过立法使一些定义得以制度化，其次是通过公共领域中的重申使这些定义得以常态化，最后可以通过一些意识形态定义被法院采纳而进一步强化其正当性，这其实是将立法与法律实施进行结合进而塑造"法治"的制度实践。这种制度虽然受到西方媒体的微词，但也能塑造新加坡特有的"法治"形态。参见[新加坡]约西·拉贾《威权式法治：新加坡的立法、话语与正当性》，陈林译，浙江大学出版社2019年版，第12页。

② 在一些国外学者的观点里，构成地方立法机构的代表，虽然都是经由投票或相应机制而产生，但有时"民主选举的广泛投票权自身并不足以捍卫政府决策中的人民利益"。这主要是基于对参与立法机构的议员本身的党派及其背后集团的利益控制。参见[美]文森特·奥斯特罗姆《美国联邦主义》，王建勋译，上海三联书店2003年版，第106页。

障碍。而集体投票表决式的立法通过机制，也使这种行为的责任追究更需要设定民主背景下的特殊追责与问责机制。这种责任最有可能的选择是宪法责任与政治责任的竞合。

从目前上位法与下位法的关系来看，对于地方立法而言，想在立法事权方面形成相对独立而成熟的发展思路，确实需要不断总结立法经验，按照可行的模式来发展。一方面，立法事权需要遵循现有的组织法、行为法中有关授权规定，尤其是对于不同层级主体在权责统一方面的权力和责任的对应性，另一方面，立法事权还应突出与财政事权的匹配性，不盲目扩大地方行政主体的责任，毕竟对于行政主体来说，其承担责任首先要考虑财政事权的对应与制度支撑，而立法事权作为产生权责的重要来源，就必须考虑一方面与上位法在权责方面的精神保持一致，另一方面也要对上位法中的不合适规定做出适时调整，尤其是利用地方创制性立法、自主性立法运行的制度空间，充分把握地方立法事权的"可为"，使地方立法事权与地方行政事权、财政事权的行使保持一致，真正做到"权源—权力—责任"的一致性。

如果从"组织法—行为法—监督救济法"的角度来看，目前组织法领域大多属于法律保留的事项。从实际的立法过程来看，也确实存在中央立法先立或先改而后地方立法再改变的状况，但在基本组织架构确定的前提下，也有可能地方在立法修改上先行尝试，然后促进中央立法在组织问题上进行统一调整，以影响更多的地方立法。比如，在济南明生物流有限公司诉济南市交通运输监察支队行政处罚纠纷一案中，[1] 济南市中级人民法院作为二审法院认定了济南市交通运输监察支队作为行政主体的资格，认为其依据《山东省道路运输条例》这部地方性法规的第六条具备了作出特定行政行为的资格，而《山东省道路运输条例》第六条与《中华人民共和国道路运输条例》第七条保持一致。但2020年《山东省道路运输条例》被修改，其中县级以上人民政府行政主管部门所属的"道路运输管理机构、交通运输监察

---

[1] 终审判决文书编号为（2018）鲁01行终790号。

机构"等按照规定的职责"具体实施"道路运输管理工作的表述也被取消。县级以上人民政府行政主管部门作为行业主管部门走向了前台,"负责"道路运输管理工作,不再是"负责组织领导"这种模糊的表述。2019年《中华人民共和国道路运输条例》也有修改,但对"县级以上道路运输管理机构负责具体实施道路运输管理工作"这类表述并没有变动,这种变动一直到2022年才发生,也就是将其改为"县级以上地方人民政府交通运输主管部门负责本行政区域的道路运输管理工作"作为唯一一款关于地方道路运输管理工作主管部门的规定。也就是说,在这一问题的规定上,山东省的地方立法要早于国务院的行政法规,其实与国务院行政法规保持同样修改步调的还有交通运输部的部门规章《道路货物运输及场站管理规定》,其前后的修改时间也分别为(2016年版—2019年版—2022年版),其中2019年的版本和2016年的版本在地方交通运输主管部门的表述上都保持了一致,而2022年也一样将"县级以上道路运输管理机构"改为了"交通运输主管部门",将权力收归至一级部门主管,相关法条表述涉及2019年版的第五十七条和2022年版的第六十一条以及两个版本总则中的对应"第五条"规定,法条的"瘦身"调整带来了管理主体的调整。但从行政法规与部门规章的调整进度来看,其在具体行政组织问题上的调整都要晚于山东省的地方性法规,这也侧面反映了关于具体主管部门的调整其实并非行政组织法的核心问题,不属于法律保留的事项,而这种二级机构主管具体事务的做法,其实也是源于地方,但后来逐渐变成立法的规定,以至于中央立法都将这种模式固定下来,从实际的"权责统一"要求来看并不可取,地方立法率先开启权力回收的尝试,从基本行政组织法理上来说也是合适的,而从《最高人民法院关于适用〈中华人民共和国行政诉讼法〉的解释》第二十条的规定来看,如果将地方性法规、行政法规、部门规章中的相关授权规定都做了修改,则这种情形就变成了没有授权依据的"委托",而此时适用的条款也从上述解释条文的第二款变成了第三款,行政机关（交通运输主管部门）①成为了行政诉讼的被告。当然，前述案例如果按照2020年的山东省地方性法规来判断，可能有不一样的判决结果，而在地方性法规已经修改而行政法规尚未修改的特殊时段，则存在下位法与上位法不一致的尴尬。但从地方在改革过程中的调整来看，如果地方先期对这些由交通运输主管部门设置的所谓下级单位进行整合，并进而实现此类机构的"清零"，则可以保持地方性法规在形式上与行政法规的"不抵触"。在此基础上，实际也实现了地方立法事权的机动性，倒逼地方行政事权甚至财政事权做出相应的回应，也就是说，关于地方立法事权的制度设定与功能发挥，其实能够起到中央立法事权运行不畅或不当时的纠错功能提前发挥，使机关类行政主体能够独立承担应承担的责任。

在组织法领域容易出现地方立法事权集中体现的另一个事项是"综合行政执法改革"引发的立法调整。2021年《行政处罚法》修改过程中，将"综合行政执法制度"规定进了其第十八条第一款，成为"相对集中行政处罚权"的具体制度表现。但由于2018年进行的党和国家机构改革在地方的表现程度不一，因此，导致各地在后期的综合执法改革表现不一致。有些地方改革相对彻底，甚至将绝大部分的行政处罚权与行政强制权、行政检查权都交给了综合执法部门。这些地方在地方立法方面就需要为综合行政执法机构提供立法依据，比如2019年海南省人大常委会通过的《海南省生活垃圾管理条例》第五十八条规定该条例规定的违法行为，如果根据国务院的相对集中行政处罚权的相关规定已确定由市、县或自治县的综合执法部门处理的，就从其规定，这就说明了地方立法已经在此之前进行了法制上的配套调整，与之相似的还有2021年修改的《海南省机动车排气污染防治规定》《海南省南渡江生态环境保护规定》，其同样规定"本规定规

---

① 其中《山东省道路运输条例》在2022年还对其第六条做了一次微调，将县级以上人民政府交通运输行政主管部门中的"行政"二字去掉，一方面在表述上更加精简，另一方面也与行政法规和部门规章在具体表述上保持了一致，当然这种改变相比之前的"质变"来说只是形式上的变化。

定的违法行为，根据国家和本省规定已实施综合行政执法管理的，由市、县、自治县综合执法行政机构处理"，2022年《海南自由贸易港土地管理条例》取代了《海南经济特区土地管理条例》，其中也增加了同样的上述规定。在行政许可方面，《海南自由贸易港实施市场准入承诺即入制管理规定》作为省政府规章还增加了第十四条的特色规定，"实行相对集中行政许可权改革或者综合行政执法改革的市、县、自治县，按照省人民政府有关规定确定有关部门的备案、监管和执法职责"。但也并非涉及综合行政执法改革的地方立法都得到了及时改变或表述上的增加，在没有调整的领域，还是经常出现文件与立法现有规定的不一致，所谓的权力划转文件也没办法完全解决"重大改革于法有据"的合法性前提问题，这其中需要解决的关键问题就是"法定行政主管部门与经过改革后的实际执行部门不统一"。[①] 而恰恰由于各地改革的进度不一，就需要地方立法在组织法领域的及时跟进，以满足地方在行政体制改革方面的实际立法需求。地方立法在某些改革领域的"作为"，利于澄清我国某些领域行政事权主体不明的乱局，利于集中行使处罚权、集中行使强制权等《行政处罚法》《行政强制法》等立法肯定的改革在不同地域的进度，而这种立法任务恰恰不是中央立法事权能够统一完成的任务，因为各地在面对此类改革时本身就呈现出不一的态度，有些地方甚至对此类改革有反复考量和结合自身实际情况展开的做法，比如贵阳市对综合行政执法改革的做法即为一例。而集中行使行政许可权和有些地方行政审批局的设立也是适例。地方立法事权的适度行使，恰恰是地方行政事权运行的直接法治依据，同时也成为地方财政支持地方行政事权的重要依据。这一点在2022年《地方组织法》的修改过程中可以看出，《地方组织法》并没有对综合行政执法改革或地方行政审批制度改革作出任何回应，这种回应实际上不是中央立法事权的关涉范围，而恰恰是地方立法事权的发力重点，同时也可以为地方获取财政事权上的支持提供地方立法

---

① 谭波：《行政授权与行政委托：衍生性权力的法律规制》，《当代法学》2022年第6期。

依据。

相比组织法领域，行为法与监督救济法或责任法领域的规定则显得更容易出现"抵触"的问题，在《国务院关于进一步贯彻实施〈中华人民共和国行政处罚法〉的通知》中，"对上位法设定的行政处罚作出具体规定的，不得通过增减违反行政管理秩序的行为和行政处罚种类、在法定幅度之外调整罚款上下限等方式层层加码或者'立法放水'"。这也是下位法在此方面难以应对上位法细化要求的表现。这一问题不仅存在于中央立法与地方立法之间，也存在于同属中央立法的法律与行政法规之间。比如，根据2021年3月1日开始施行的《排污许可管理条例》第三十三条的规定，排污单位未取得排污许可证排放污染物的，由生态环境主管部门责令改正或者限制生产、停产整治，处20万元以上100万元以下的罚款；情节严重的，报经有批准权的人民政府批准，责令停业、关闭。但根据2018年修改的《大气污染防治法》第九十九条的规定，"未依法取得排污许可证排放大气污染物的"，由县级以上人民政府生态环境主管部门责令改正或者限制生产、停产整治，并处10万元以上100万元以下的罚款；情节严重的，报经有批准权的人民政府批准，责令停业、关闭，从法律责任的表述来看，作为行政法规的《排污许可管理条例》提高了处罚的下限。2017年修正的《水污染防治法》第八十三条就"未依法取得排污许可证排放水污染物的"行为规定了与《大气污染防治法》相同的法律责任模式。而对超标排放的行为，《排污许可管理条例》同样规定了与《大气污染防治法》和《水污染防治法》不一样的法律责任模式，不仅提高了处罚下限，还对情节严重的违法行为增加了"吊销排污许可证"的处罚作为"责令停业、关闭"的前置处罚方式。这些规定严格来说并不符合上位法的精神，应予以修改或撤销。这说明，即便是在中央立法的层面，其实也存在着法律立法事权与行政法规立法事权的冲突，而这种冲突有的时候需要经由合法性审查予以纠正。另外，在具体的行政处罚操作中，还存在多种"从重处罚"

"重行为吸收轻行为"等情形,① 基于"一事不再罚款"的考虑,这种立法适用中导致的实际矛盾往往更复杂,有时还可能涉及需要国务院裁决的事项,如部门规章与地方政府规章之间的矛盾。② 有些地方立法为了解决地方的实际问题,采取了一些非常规的规定,如2020年西藏自治区人民政府通过的《西藏自治区陆生野生动物造成公民人身伤害或者财产损失补偿办法》(以下简称《补偿办法》),其作为地方政府规章,规定了通过扣除村委会或居委会负责人报酬的方式来倒逼其履行义务。如该《补偿办法》第二十三条规定,"(居)民委员会负责人弄虚作假或者不依照本办法规定向乡(镇)人民政府、街道办事处报送申请补偿表的,扣除国家给予的6个月的报酬",同时,如情节严重的,则"建议村(居)民会议罢免其村(居)民委员会负责人职务"。这两种方式,不管是根据该《补偿办法》的上位法《野生动物保护法》,还是《野生动物保护法实施条例》,都没有明确提及过,另外,该规定的方式,是否符合《公务员法》《劳动法》《居民委员会组织法》以及《村民委员会组织法》之精神,都值得反思。

另外,《岳阳市城区禁止燃放烟花爆竹管理办法》第九条对未经许可举办焰火晚会或其他大型焰火燃放活动以及虽获得许可但没有按照指定时间、地点和安全规程燃放的,由城管行政执法部门责令停止

---

① 如前述提及的《水污染防治法》的规定,其第八十三条、第八十五条和第九十四条之间就有可能存在适用情形上的"想象竞合",或者"重违法行为吸收轻违法行为"的场合,当然,这种"想象竞合"或"吸收"由于出现在同一部法律之中,其在适用过程中的矛盾可能通过类比刑法上的"罪数"理论或行政法上的"一事不再罚款"原理得以消解。如果造成事故,则可能单独按照第九十四条的规定处理,如有排污许可证但未造成事故,则可能适用第八十五条的规定,如果没有排污许可证也未造成事故,则可能同时适用第八十三条的规定和第八十五条的规定。

② 比如水利部公布的《水利工程质量检测管理规定》第二十四条、第二十六条和第二十七条与《海南自由贸易港实施市场准入承诺即入制管理规定》第十二条第一款的规定,前者的罚款额度设定在1万元以上3万元以下,后者的罚款额度则设定在1万元以上10万元以下,前者的罚款额度由国务院批准,后者的罚款额度则由省级人大常委会批准。但出现部门规章与地方政府规章在具体规定上的冲突,根据《立法法》第一百零六条第一款第三项的规定,则由国务院进行裁决。

燃放，对责任单位处 2 万元以上 5 万元以下罚款。但根据国务院《烟花爆竹安全管理条例》第四十二条的规定，对同类行为则由公安部门责令停止燃放，对责任单位处 1 万元以上 5 万元以下的罚款，从处罚主体来说，应该契合由国务院授权的省级人民政府来决定集中行使行政处罚权的规定，而从罚款的数额来看，下限已经被提高到了 2 万元。理解国内外，该《办法》还规定了对"提供婚丧喜庆服务的酒店、宾馆等经营者未履行告知、劝阻或者报告义务"以至于"在其市容环境卫生责任区内发生燃放烟花爆竹或者施放电子礼炮行为"的处罚，也是由城管行政执法部门对酒店、宾馆等经营者处以 500 元以上 1000 元以下罚款。但这些规定在国务院的《烟花爆竹安全管理条例》中并没有规定。这属于有相关上位行政法规的情形，但地方政府规章能否在此方面突破上位法的规定，对该类行为的处罚作出设定，也值得探讨。

另外，一些新兴领域、重点领域的立法也逐渐出现。一些地方出现了"准法律保留"的事项，比如浙江省出台的以"促进法"这种"软法"形式的地方性法规，如全国首部促进民营企业发展的省级地方性法规《浙江省民营企业发展促进条例》和全国首部以促进数字经济发展为主题的地方性法规《浙江省数字经济促进条例》等。[①] 2022 年 9 月和 10 月，深圳市和上海市也分别出台了首部市级和省级人工智能领域的"促进法"，即《深圳经济特区人工智能产业促进条例》和《上海市促进人工智能产业发展条例》。除此之外，《深圳经济特区城市更新条例》《深圳特区智能网联汽车管理条例》《深圳经济特区绿色金融条例》等均在国内相关领域填补立法空白，这一方面得益于深圳经济特区立法权的"先行先试"的特色，这要比一般的先行性立法更易于得到认可。另一方面，经济与产业的发展也成为了立法需求的背后推动力。作为改革开放窗口的深圳，正是凭借立法事权的特

---

① 郭其钰：《十五年赓续前行　法治浙江从"事"到"制""治""智"》，https://m.gmw.cn/baijia/2021-04/13/ 34759966.html，最后访问日期：2023 年 6 月 18 日。

殊配置实现了其产业与经济快速发展的良好互动，很好地兼顾了改革与法治的关系，正如2023年修正后的《立法法》第十一条所提出的立法原则："坚持在法治下推进改革和在改革中完善法治相统一，引导、推动、规范、保障相关改革。"其实，这一点在法国的宪法中都有所体现，其宪法第三十七条之一规定，对于一定的对象并在一定的期限内，法律和条例可包含一些具有试验性的条款，而法律和条例都是由法国国会通过的立法，可见其对改革的法治态度。

第二章　我国立法权运行中的事权矛盾

"根据宪法设计的基本原则，应把权力分配给能够最优地行使它们的社会或者政府的分支和层级"，"以便在法律的产生过程中选择那些能够利用不同的法律制度和社会制度的比较优势的法律渊源"。[①] 立法权在一国的配置机理同样如此。在我国的立法体系中，虽然有地方立法权的一席之地，但我国没有形成独立的地方事权集束，导致现有的央地立法权的规定"各自为战"，一方面是法律保留原则涉及了必须制定法律保留的事项，另一方面是设区的市立法权的规定，也就是规定了"两端"，但却没有顾及各级立法主体权力的合理配置以形成有效的规模，对事项列举的缺乏以及抽象原则的缺位，地方"创制性立法、自主性立法、执行性立法"的表述有时不足以确定或证成地方立法权的合法性与合理性，同时导致了更多场合立法权行使的不确定性和少规律性，尤其是对新生领域事务立法权归属的缺乏判断，从而影响地方经济社会发展的需要，盲目而简单的限定其实往往会造成更多的制度瓶颈，并在后期的立法监督尤其是备案审查中制造更多的矛盾。按照有些学者的看法，也就没有实质意义上的中央与地方的立法

---

① [美]弗朗西斯科·帕雷西、[美]文希·冯主编：《立法的经济学》，赵一单译，商务印书馆 2022 年版，第 341 页。

分权。① 而真实的情况应该是，地方立法事权正处于不断形成的过程中，2015年《立法法》修改过程中，对设区的市的立法权授予，当时的法条表述是对"其他设区的市开始制定地方性法规的具体步骤和时间，由省、自治区的人民代表大会常务委员会综合考虑本省、自治区所辖的设区的市的人口数量、地域面积、经济社会发展情况以及立法需求、立法能力等因素确定，并报全国人民代表大会常务委员会和国务院备案"②，这足以说明当时在考虑给予立法权这种政治资源的同时，中央还是充分考虑到其在其他方面的制度供给和综合能力，这是地方事权统合的一种迹象，与此同时，当时央地财权、事权的匹配也开始紧锣密鼓地进行，直至2016年出现第49号文和"财政事权"的概念。③ "这种变化显示了国家在重视具体事权调控的同时，也关注了抽象事权的调控，并且这种调控比较谨慎，从整体划一的角度对事权进行了规控。"④

而基于地方立法权"自治权"的定位，有些学者在强调立法权和

---

① 参见封丽霞《中央与地方立法事权划分的理念、标准与中国实践——兼析我国央地立法事权法治化的基本思路》，《政治与法律》2017年第6期。

② 参见2015年版《中华人民共和国立法法》第七十二条第四款，2023年该条款序号变为第八十一条第三款，但从实际的意义来看，该条款所涉及的评判标准在当时并没有起到很严格的控制作用，很多省"迅速"批准了设区的市的立法权，但从实际的人员配置来看，还存在着不小的问题，有些设区的市人大常委会涉立法的部门仅有3位（甚至更少）工作人员，如果每人负责1项立法事项的立法工作（含调研、起草、征求意见等环节），就有可能一年只能集中完成一部立法的工作而无暇顾及其他，何况这还是理想化的假设。关于此点问题，可进一步参见谭波《设区的市地方立法权运行现状及改进机制分析——以河南省为例》，《河南工业大学学报》（社会科学版）2018年第1期。从目前实际还可能适用该条款的主体来看，全国仅剩7个地区（大兴安岭地区、阿里地区、和田地区、喀什地区、塔城地区、阿勒泰地区、阿克苏地区）和3个盟（锡林郭勒盟、阿拉善盟、兴安盟），如果后期转为设区的市，还有可能经历一次类似评判。这些地区基本上都位于边疆地域，从实际的立法需求来讲，也并不像2016年撤地设市的哈密地区那样，更关键的问题在于其在人口数量、地域面积、经济社会发展情况以及立法需求、立法能力上的实际状况是否真正可以达到上述条文中的判断标准，目前无论是地区还是盟都没有设置人大及其常委会机构，因此，下一步面临的立法权配置还不是简单的问题。

③ 参见《国务院关于推进中央与地方财政事权和支出责任划分改革的指导意见》。

④ 谭波：《我国立法事权的制度立论及其改革之基本原则》，《学习论坛》2015年第11期。

制宪权分离的前提下，从保护人权、保障民主法治的理念出发，设定中央和地方立法权的专属范围。①但需要注意的是，事权作为综合概念，不仅仅表现于立法权的独立性，还需要其他配套的权力配置，如行政权在央地之间的合理划分，往往会成为立法权合理配置的配套执行制度和手段。也就是说，地方事权包括地方立法事权、地方行政事权以及相应的财力配置、税基、预算等保障制度。目前《立法法》中所涉及的"城乡建设与管理、生态文明建设、历史文化保护、基层治理"等立法事项，其实是地方立法事权的表征，而也恰如财力之于财权的关系。地方立法的权力边界，其实也就是地方立法要处理好的各种关系，如立法具体内容与上位法规定之间的关系、立法与地方治理需求的关系、立法参与主体与地方立法质量之间的关系等，②而地方立法与上位法之间的关系属于其关系的关键，也是最容易产生权力行使矛盾的领域。

一　纵向立法事权矛盾

纵向事权矛盾在于不同层级的事权行政化分配思路和不同位阶上的事权法定程度不同。广义上说，中央与地方之间在立法上的纵向事权矛盾表现为多个方面：首先，省级地方性法规具有自主立法权限，即在不抵触（宪法、法律、行政法规）的立法前提下属于地方性事务需要制定地方性法规的事项，但由此也导致了地方立法与中央立法大量重复。有学者认为，究其原因，可以从关于地方立法的认知偏差、地方立法权的空间受限、地方行政管理"职责同构"模式的影响、立法政绩观的错位、规避立法风险和立法问责的现实考量、地方立法创

---

① 参见梁西圣《地方立法权扩容的"张弛有度"——寻找中央与地方立法权的黄金分割点》，《哈尔滨工业大学学报》（社会科学版）2018年第3期。
② 参见王喜、莫纪宏《治理能力现代化下的地方立法与民间规范》，中国社会科学出版社2022年版，第41—42页。

新能力不足等几个方面进行剖析。① 正如有学者在分析地方在一定的政绩考核体系中所面临的"压力型体制下的政治锦标赛与地方政府行为异化"的关系，② 不管是省级地方还是2015年新获授权的设区的市级地方，都容易陷入一种"立法锦标赛"的不适当倾向之中，这种倾向伴随着立法后评估制度的完善以及备案审查机制的强化，会慢慢转向"理性立法"，从单纯的"求数量"到"求质量"，相应地，这种由立法数量多而导致的纵向立法事权矛盾也会逐渐减少，在预防这类矛盾的方法上各地也会日渐总结出较为成熟的经验。

其次，2015年以来市级地方性法规在城乡建设与管理、环境保护、历史文化保护等方面获得的立法授权与上位法之间产生矛盾。党的十八届四中全会通过的《中共中央关于全面推进依法治国若干重大问题的决定》中就对设区的市立法权改革有所提及，明确地方立法权限和范围，依法赋予设区的市地方立法权。2015年《立法法》修改以前，只有省级人大及其常委会和较大的市人大及其常委会有地方立法权，其他未被国务院列入较大的市之设区的市并没有立法权。客观上形成了较大的市在众多设区的市中有了单独地方立法权的局面，这项权力变得很特殊，也使得很多设区的市多年来一直在争取国务院批准较大的市的资格，以便获得地方立法权。2015年《立法法》修改，在当时第七十二条中赋予所有设区的市立法权，是我国立法体制的重大变革，也是中央与地方关系的重大调整，自此设区的市获得城乡建设与管理、环境保护、历史文化保护三个方面的立法权。此次修改进一步扩大了地方立法权，打破了地方立法权配置源头不公平的不良格局。2018年现行宪法修改后，对设区的市的地方立法权进行了确认。截至2023年2月1日，经北大法宝法律法规数据库检索，现行有效的省级地方性法规9618件，设区的市一级地方性法规7093件，内容

---

① 参见封丽霞《地方立法的形式主义困境与出路》，《地方立法研究》2021年第6期。
② 参见张玉磊《新型城镇化的法治视角：从政策之治到法治之治》，《长白学刊》2016年第3期。

涉及了地方政治、经济、教育、科学、文化、卫生、民政、资源和环境保护等社会各个方面。在《关于〈中华人民共和国立法法修正案（草案）〉的说明》中也提到，从目前49个较大市已制定的地方性法规涉及的领域看，修正案草案规定的范围基本上都可以涵盖。这说明在《立法法》修订过程中，对于原先获得地方立法权的较大的市的立法实践做过调研，最终确定城乡建设与管理、生态文明建设、历史文化保护、基层治理这四项内容作为地方立法权的内容必定是经过审慎考虑的结果。有学者曾对2000年《立法法》制定后的2001—2012年期间四个较大的市地方性法规类别进行了分析，当时的统计是各市关于城乡建设与管理、环境保护、历史文化保护三项的地方性法规占总数的47%—63%[1]。

2023年《立法法》修改，赋予设区的市在城乡建设与管理、生态文明建设、历史文化保护、基层治理四个方面的立法权，立法者对设区的市立法空间的限缩是基于对现实情况的担忧而作出的阶段性选择，这一担忧归根结底是出于对设区的市政府立法能力的"不信任"和立法集权惯性的考量。[2] 设区的市地方性法规的制定要经过省级人大常委会的批准，因此被认为是不完整的立法权，但这种情况下仍然可能因通过批准而成为立法进而产生与上位法之间的矛盾。有学者认为在设区的市立法权限方面，存在三个方面的立法权限范围，[3] 除了上述三个方面的列举权限外，还有其他的"等外等"权限以及"法律对设区的市制定地方性法规的事项另有规定"情况下的规定权限，这些都是可能产生纵向立法事权矛盾的原因及相应领域。而从2023

---

[1] 程庆栋：《论设区的市的立法权：权限范围与权力行使》，《政治与法律》2015年第8期。如果根据2017年版《法律询问答复选编》中的答复，这个数据中某些其他类别的法规也可归入以上三项中，因此实际的占比远不止于此。

[2] 参见沈亚平、徐双《赋权与限权：我国设区的市行政立法空间问题研究——以山东省设区的市政府规章为例》，《河北法学》2021年第12期。

[3] 参见曹海晶、王卫《设区的市立法权限限制研究》，《湖南大学学报》（社会科学版）2020年第5期。

年《立法法》的再次修改来看,"基层治理"的融入已经让这种争论可以止息,但围绕设区的市立法与上位法之间的纵向立法事权矛盾可能永远会存在下去,这其中就涉及中央法律保留事项、中央与地方共有的立法事项、地方可以先行立法的事项以及地方围绕地方性事务所具有的立法事项。地方可以先行立法的事项在中央认为其法律、行政法规立法条件已经成熟后,就有可能转化为中央与地方共有的立法事项。[①] 而就所谓的"地方性事务",完全可能存在基于"量"的变化而导致的"质"变,比如《长江保护法》《黄河保护法》的出台,其必要性就在于涉及的地方较多,而适合由中央立法,但这里又没有一个相对明确的标准,即涉及多少个省或地方会由中央立法,何种情况可以由地方协同立法,尤其是在流域类环境保护或生态文明建设领域更是如此,究其原因,主要是这一领域的立法事项往往具有跨地域性,与城乡建设与管理和历史文化保护相比,其自然性更明显,对行政区划的突破也就势在必然。还有一些环保要素的事项虽然处在某省,但因其战略意义及于全国,也需要由国家统一立法,如《青藏高原生态保护法》《黑土地保护法》。

最后,一些特殊的经授权制定的法规(如经济特区法规等)对上位法进行变通情形下的立法事权矛盾,如2019年12月16日全国人大常委会委员长会议通过并施行的《法规、司法解释备案审查工作办法》第三十八条第五项和第六项的规定,"违反授权决定,超出授权范围"和"对依法不能变通的事项作出变通,或者变通规定违背法律的基本原则",这些规则证明即便是经过授权的立法权限,也不是不受限制的立法事权,与此同类的可能还涉及自治条例与单行条例、海南自由贸易港法规、浦东新区法规。

基于上述分析,纵向立法事权的矛盾主要表现在以下几个方面。

[①] 关于地方先行性立法,地方与中央的立法关系是围绕一种"先地方后中央"的立法思路在进行,中央立法权一开始则处于潜伏期,这种潜伏期的长短取决于地方立法中积累的立法经验以及中央立法对此问题的迫切程度。

（一）省级地方性法规与上位法之矛盾

地方性法规是地方治理的主要制度供给，不仅要遵循"不抵触、有特色、可操作"的立法原则，更要在"不抵触"的前提下，尽可能地将本行政区域内的基层建设和管理涵盖在地方立法范围内，体现地方性法规在地方治理中"有特色和可操作"的制度优势。[1] 就省级地方性法规与法律之间的立法事权分野而言，主要是有关于《立法法》第十一条的规定，也就是"法律保留"的限制。关于省级地方性法规，宪法第一百条对其制定的前提要求是不同宪法、法律、行政法规相抵触。这种"不抵触"原则，实际上是避免省级地方性法规与上位法之间产生立法目的、原则和精神之矛盾的原则性要求和判断标准。[2] 具体来说，侵犯中央专属立法权限、违反法定创制程序以及与上位法规定相违背或不一致，就属于典型的"相抵触"。[3] 但在实际的操作过程中，由于存在执行性法规、补充性法规和自主性法规等各种类型的地方性法规，[4] 尤其是自主性法规与上位法之间的矛盾还是显得较为明显。

1. 部门法或领域法中的相应矛盾类型分析

在非专属法律保留的领域，中央立法与地方自主性立法之间的矛盾也是不均衡的，有些领域的矛盾表现得更为突出。比如，我们对政府五大职能的分类，宏观调控、市场规制、社会管理、公共服务和（生态）环境保护，其中，除宏观调控更多归属于中央行使外，其他权力地方政府都有可能涉足，从立法载体上分别对应经济法、社会

---

[1] 刘康磊、高加怡：《由立到适：地方性法规治理能力实现的解释路径》，《宁夏社会科学》2021年第6期。

[2] 2019年全国人大常委会委员长会议通过的《法规、司法解释备案审查工作办法》第三十六条有关"审查标准"的规定，也强调"法规、司法解释存在违背宪法规定、宪法原则或宪法精神问题的"，审查机关可提出审查意见。

[3] 参见陈运生《地方人大常委会规范审查制度研究》，中国政法大学出版社2013年版，第3—4页。

[4] 崔立文：《地方性法规的分类》，《政治与法律》1985年第2期。

法、行政法等法律部门,① 这里有些属于部门法领域,有些则属于领域法。在中央和省级地方均拥有立法权的领域,可能出现立法（事权）竞合的问题。相比之下,生态文明建设（含环境保护）这种事权的地方性在目前的经济社会发展中表现得更为明显,其领域法属性也相对较强。② 就"环境"一词而言,1989 年的《环境保护法》就对环境的定义做了界定,涵摄较广,即影响人类生存和发展的各种天然的和经过人工改造的自然因素的总体,包括大气、水、海洋、土地、矿藏、森林、草原、野生生物、自然遗迹、人文遗迹、自然保护区、风景名胜区、城市和乡村等。2015 年增加了"湿地"一种。而从这样的标准来看,人文遗迹和风景名胜区这种范畴既可能涉及环境保护,又可能涉及历史文化保护。2018 年党和国家机构改革中,环境保护部被改成了"生态环境部",从当时改革的指导思想来看,"统一行使监管职责""整合分散职责"等表述频频出现,这种改革其实对中央部门和地方的立法事权的配置同样有影响。③

（1）生态文明建设立法对比分析

生态文明建设立法也是地方立法中的重头戏,这一点不管是哪一级有权立法的地方,均有如此表现。经过统计,截至 2022 年底,从各省级地方（含其下属的设区的市）环境保护类的实际立法数量来

---

① 正如有学者所指出的,虽然《环境保护法》对"环境"的界定兼具自然环境和经人工改造的人文环境。而城乡规划、城市景观、文物保护、名胜古迹等,与生态环境保护的目的不同。参见王锴《环境法典编纂的宪法基础》,《法学评论》2022 年第 5 期。

② 2022 年 6 月 5 日施行的《中华人民共和国噪声污染防治法》第十五条第二款规定,"省、自治区、直辖市人民政府对尚未制定国家噪声排放标准的,可以制定地方噪声排放标准;对已经制定国家噪声排放标准的,可以制定严于国家噪声排放标准的地方噪声排放标准"。这就是可以交由地方来行使的环境保护事权,但地方噪声排放标准应当报国务院生态环境主管部门备案。

③ 2023 年 3 月,《全国人民代表大会关于修改〈中华人民共和国立法法〉的决定》将设区的市立法事项中的"环境保护"改为"生态文明建设",其实也是对这种改革的回应。值得一提的是,2018 年第四十六条宪法修正案中对国务院的职责增加了"生态文明建设",也是宪法对国家机构改革的回应。有学者据此认为,《环境法典》总则编与生态环境责任编是环境法典保障宪法"生态文明建设"职权的"总控"。参见张忠民《环境法典的体系定位与规范结构——基于宪法与环境法立法交互逻辑的证成》,《法商研究》2022 年第 6 期。

看，主要大体分布格局为：北京 18 部，天津 43 部，河北 147 部，山西 155 部，江苏 209 部，内蒙古 132 部，辽宁 244 部，吉林 158 部，黑龙江 119 部，上海 44 部，浙江 207 部，江西 108 部，福建 149 部，广西 159 部，湖北 155 部，安徽 163 部，河南 172 部，广东 243 部，湖南 166 部，山东 259 部。这其中还存在大量的地方协同立法，如有学者对京津冀在生态环境保护方面的系统立法就有专门研究，并认为这是三地协同立法的"富矿"所在和"创新"之地，这主要源于环境问题的区域性特点和环境要素的流动性要求。[1] 三地既有基于日常沟通协商的工作机制和一些单列具体制度，也聚焦机动车和非道路移动机械排放污染防治、生态功能区建设、京津冀的流域立法协作等重点领域开展的工作。[2] 而江苏省的地方环境立法则呈现在其颇具特色的水资源立法体系和自然保护区、风景名胜区、名胜古迹保护等方面的立法，甚至在生态补偿方面还相应填补了国家的一些立法空白，有学者在研究过程中将江苏省的地方环境立法大体分为环保类、污染防治类、生态保护类、防震减灾类、建设规划类、水利管理类、资源和能源类。[3] 从以上数据我们就足以看出，各地都在基于本地的实际需要对省级甚至市级的地方立法进行分门别类的系统化调控，在保持地方立法个性方面走得愈来愈远。但就中央立法而言，需要在强调立法共性的问题上有所作为，以彰显国家对环境保护立法的统一指向。2021 年 4 月，全国人大常委会也在环境法典的编纂上亮明态度。有学者认为，应确立《环境法典》"总则+污染控制编+自然生态保护编+绿色低碳发展编+生态环境责任编"的法律规范体系，并从"部门法"与"领域法"分工协作与相互成就的角度，处理好《环境法典》

---

[1] 参见孟庆瑜等《地方立法与法治政府建设——基于河北省的研究视角》，知识产权出版社 2019 年版，第 13—14 页。

[2] 参见周英主编《京津冀协同发展背景下地方协同立法实践与探索》，中国民主法制出版社 2022 年版，第 5—12 页。

[3] 参见夏锦文主编《区域立法发展的江苏样本》，法律出版社 2022 年版，第 244—246 页。

与《民法典》《行政法典》的关系。①

我们以环境保护为例来对央地立法矛盾展开进一步的分析。在我国首先存在大量的中央立法，而这种大量中央立法的存在且未形成法典化的立法之现状，这本身就是造成立法矛盾的可能诱因。我国本是仿照苏联的模式，将环境保护置于自然资源法之下，这就造成了环境保护法成为隶属于经济法中自然资源法的散见立法。截至2023年11月，在现行有效的299部法律之中，经济法中的自然资源法包括森林法、草原法、矿产资源法、水法、煤炭法、海域使用管理法等改革开放早期或中期制定的经济立法，也包括节约能源法、清洁生产促进法、可再生能源法、循环经济促进法、长江保护法、湿地保护法、黑土地保护法、黄河保护法、青藏高原生态保护法等偏环境保护的经济立法。②而且这些立法之间往往会呈现一种相互衔接的组合拳效应，如2021年12月出台的《湿地保护法》第二条第三款对江河、湖泊、海域的湿地保护，就提出对《水法》、《防洪法》、《水污染防治法》、《海洋环境保护法》、《长江保护法》、《渔业法》、《海域使用管理法》等的适时适用。有学者对此做了理论总结，除宪法中的环保国家战略规定外，属于中央环境立法事项大体包括立法目的和环保的基本原则、环保领域的基础与重要制度、对各级政府环保职权的划定及责任

---

① 参见吕忠梅《论环境法典的"行政领域立法"属性》，《法学评论》2022年第4期。
② 我国目前有关环境保护的中央立法（按出台时间排序）包括《海洋环境保护法（1982）》、《水污染防治法（1984）》、《大气污染防治法（1987）》、《野生动物保护法（1988）》、《环境保护法（1989）》、《水土保持法（1991）》、《固体废物污染防治法（1995）》、《环境噪声污染防治法（1996）》、《节约能源法（1997）》（已废止，被《噪声污染防治法（2021）》取代）、《防沙治沙法（2001）》、《清洁生产促进法（2002）》、《环境影响评价法（2002）》、《放射性污染防治法（2003）》、《可再生能源法（2005）》、《循环经济促进法（2008）》、《海岛保护法（2009）》、《长江保护法（2020）》、《湿地保护法（2021）》、《黑土地保护法（2022）》、《黄河保护法（2022）》、《青藏高原生态保护法（2023）》，除上述明确在立法名称上倾向于环境保护的立法外，还有相关的自然资源类中央立法，如《森林法（1984）》、《草原法（1985）》、《渔业法（1986）》、《土地管理法（1986）》、《水法（1988）》，以及从管理角度出发的有关行业自然资源保护的立法，如《标准化法（1988）》、《农业法（1993）》、《深海海底区域资源勘探开发法（2016）》、《环境保护税法（2016）》、《耕地占用税法（2018）》、《资源税法（2019）》，甚至还有从国家安全角度出发的相关安全立法，如《突发事件应对法（2007）》、《核安全法（2017）》、《生物安全法（2020）》。

追究制度，同时还包括根据污染主体、被污染客体和保护对象进行的基本或专项制度的构建，其结果就是环保领域的各种专项法律。① 就 2018 年的党和国家机构改革来看，生态环境部和自然资源部均获批成立，自然资源和生态环境管理体制的改革也是被置于同一序列。但从地方来看，地方的环境保护综合立法以及单行立法与资源保护的专门立法在立法目的上还没有实现有效统合，资源保护的立法和环境保护的立法往往各行其道，各地按照自己的理解对立法进行"打扮"，这其中也出现了立法资源的多头无端耗费。比如有些地方制定水资源保护立法，兼以《水法》《水污染防治法》《环境保护法》作为上位法，但其说地方环境保护综合立法的关系可能会出现就水污染防治的立法代替水资源管理立法，② 同时，随着地方综合生态环境保护立法取代地方综合环境保护立法进程的加快，生态环境保护立法、专项自然资源保护立法（含饮用水水源保护立法）与自然资源管理领域立法之间的界限也逐渐模糊。③ 在湿地保护立法方面，先有地方立法而后有中央统一的《湿地保护法》，一些地方的湿地保护立法细密程度甚至完全超越后来的国家统一立法。④

---

① 参见周迪《论中央与地方环境立法事项分配》，中国社会科学出版社 2019 年版，第 149 页。

② 如湖北省的相关地方立法就是《湖北省水污染防治条例》，而不是湖北省的水资源管理立法。

③ 《贵州省环境保护条例》最早于 1992 年出台，契合《环境保护法》的施行，2009 年新版的《贵州省环境保护条例》出台，2019 年《贵州省生态环境保护条例》出台，而 2016 年《贵州省水资源保护条例》出台，其上位法是《中华人民共和国水法》，2018 年和 2020 年先后各被修正一次，这种"双（上位法）进路"式的地方环境保护立法格局，在自然资源和生态环境相对统合和地方立法"小快灵""短平快"的基础和要求上能否得到立法精神上的统一，值得反思。只不过这种立法的协调性与之前的专项立法之间的协调性相比，是一种新的问题。参见王孟、刘兆孝、邱凉《地方水资源保护立法理论与实践》，长江出版社 2017 年版，第 166 页。

④ 内蒙古自治区 2007 年就出台了《内蒙古自治区湿地保护条例》，内蒙古还着手起草《内蒙古大兴安岭重点国有林区湿地保护条例》（草案），2019 年内蒙古林草局还通过了《内蒙古自治区湿地公园管理办法》，同时起草了《内蒙古大兴安岭根河源国家湿地公园管理办法》（草案）。参见陈维春《大兴安岭地区湿地保护地方性立法研究》，中国经济出版社 2021 年版，第 83—236 页。

除了法律外，现行有效的环境保护领域的行政法规数量更可观，如果根据与上位法的对应关系同时结合通过的先后时间，大体可以罗列如下：在海洋环境保护方面，有根据《海洋环境保护法（1982）》制定的《海洋石油勘探开发环境保护条例（1983）》《海洋倾废管理条例（1985）》《防止拆船污染环境管理条例（1988）》《防治陆源污染物污染损害海洋环境管理条例（1990）》《防治海岸工程建设项目污染损害海洋环境管理条例（1990）》《防治海洋工程建设项目污染损害海洋环境管理条例（2006）》《防治船舶污染海洋环境管理条例（2009）》；在水污染防治方面，有些立法不仅根据《水污染防治法（1984）》，还有根据《水法（1988）》制定的，比如《河道管理条例（1988）》，还有些行政法规明确至少有两部以上的法律作为上位法，如《地下水管理条例（2021）》，有些流域（含人工工程所形成的河道）水污染防治方面的立法没有明确上位法，如《淮河流域水污染防治条例（1995）》《太湖流域管理条例（2011）》《南水北调工程供用水管理条例（2014）》，一些通用的立法也没有明确上位法，如《城镇排水与污水处理条例（2013）》；在大气污染防治方面，行政法规《消耗臭氧物质管理条例（2010）》；在野生动植物保护方面，包括《陆生野生动物保护实施条例（1992）》《自然保护区条例（1994）》《野生植物保护条例（1996）》等；[①] 除此之外，同样涉及生态环境保护方面，包括《森林和野生动物类型自然保护区管理办法（1985）》《森林采伐更新管理办法（1987）》《森林病虫害防治条例（1989）》《水土保持法实施条例（1993）》《建设项目环境保护管理条例（1998）》《森林法实施条例（2000）》《风景名胜

---

① 除此之外，该领域的行政法规还包括《濒危野生动植物进出口管理条例（2006）》，其在第一条立法目的中明确是为了"履行《濒危野生动植物种国际贸易公约》"，这也是一种特殊的"上位法"模式，实际上是完成了国内法对国际公约的"转化"。而诸如一些中国与其他国家之间的联合声明，其中提到双方要进一步扩大环境保护等领域涉海务实合作，加强海洋垃圾和微塑料治理等领域的合作，其实也可能会直接成为下一步国内立法的重要"上位"依据，如 2023 年 1 月 5 日《中华人民共和国和菲律宾共和国联合声明》。

区条例（2006）》《禽畜规模养殖污染防治条例（2013）》；在固体废物污染防治方面，包括《医疗废物管理条例（2003）》《危险废物经营许可证管理办法（2004）》《废弃电器电子产品回收处理管理条例（2009）》《报废机动车回收管理办法（2019）》；在放射性污染防治方面，有《民用核设施安全监督管理条例（1986）》《核材料管制条例（1987）》《核电厂核事故应急管理条例（1993）》《放射性同位素与射线装置安全和防护条例（2005）》《民用核安全设备监督管理条例（2007）》《放射性物品运输安全管理条例（2009）》《放射性废物安全管理条例（2011）》；① 在清洁生产与循环经济方面，相应立法包括《城市节约用水管理规定（1988）》《公共机构节能条例（2008）》；另有一些涉及一般环境保护工作的立法和小众意义的环保行政法规还包括《水产资源繁殖保护条例（1979）》《矿产资源监督管理暂行办法（1987）》《城市绿化条例（1992）》《城市市容和环境卫生管理条例（1992）》《矿产资源法实施细则（1994）》《基本农田保护条例（1998）》《长江河道采砂管理条例（2001）》《危险化学品安全管理条例（2002）》《娱乐场所管理条例（2006）》《全国污染源普查条例（2007）》《环境保护税实施条例（2017）》《排污许可管理条例（2021）》。从上述行政法规的分布格局来看，不管是专门领域的环境保护中央行政立法，还是一般意义上的环境保护行政法规的制定，都在改革开放的四十多年来持续进行，不曾间断，这一方面说明我国环境保护立法尤其是可操作性更强的国

---

① 由于《放射性污染防治法》是2003年通过的，因此，之前的行政法规并没有相应的立法依据明示，而《核安全法》是2017年才通过的，因此在该领域很大程度上是先有行政法规，再有法律的出台。这一点不仅存在于放射性污染防治领域，在《农业转基因生物安全管理条例（2001）》与《生物安全法（2020）》的关系上，也表现出同样的趋势。从应急的角度来说，《突发事件应对法》也是在2007年才通过的。这一点不太同于《森林防火条例（2008）》和《草原防火条例（2008）》，后两者的立法都是结合《森林法》和《草原法》等自然资源法制定，但目的更多在于保护自然资源和维护生态安全，与环境保护在根本意义上还存在一些区别，同时带有一些突发事件应对的性质，这一点与《地质灾害防治条例（2003）》更为接近。

务院立法，实际上反映了环境保护本身就是大概念，涉及的领域面广事多，以环境保护为主线，兼及国家安全、应急管理等多个领域，尤其是在当时国家安全还只是狭义，更多的是注重专业领域的安全之时（如生物安全、核安全等），这种立法之间的交叉很常见，当然这也是环境保护领域立法已经相对成熟的一个前提，同时也为下一步的环境法典编纂创造了条件。

尤其是近几年，国家在环保方面的立法更是开始关注重点领域，开展所谓的重点立法，比如对长江流域、黄河流域以及青藏高原生态保护等，都已经出台或正在审议相应的立法草案，[1]这也说明我国在一般意义上的环保立法已经相对健全，而更需要特别法或专业领域法的出台。比如，2021年3月1日开始施行的《长江保护法》第六条规定，"长江流域相关地方根据需要在地方性法规和政府规章制定、规划编制、监督执法等方面建立协作机制，协同推进长江流域生态环境保护和修复"。从该法的设定范围来看，长江干流、支流和湖泊形成的集水区域共涉及11个省份及8省份的部分县级行政区域，因此，在"环境保护"这一地方立法事权方面会涉及至少10个以上省份的地方立法。无独有偶，2022年10月，《黄河保护法》获得通过，其中也规定了黄河流域，是指黄河干流、支流和湖泊的集水区域所涉及的青海省、四川省、甘肃省、宁夏回族自治区、内蒙古自治区、山西省、陕西省、河南省、山东省的相关县级行政区域。如《长江保护法》一样，也会成为一种经由中央立法统合区域协同立法的典范。[2]这里出现的领域法其实就是同时涵盖中央立法事权与地方立法事权的

---

[1] 2022年12月27日，全国人大常委会对《青藏高原生态保护法》草案进行二次审议，并公布了《青藏高原生态保护法（草案二次审议稿）》，进一步加强生物多样性保护的应对，这也契合习近平主席2022年12月15日在《生物多样性公约》第十五次缔约方大会第二阶段高级别会议开幕式上的致辞，"要通过生物多样性保护推动绿色发展"。2023年4月26日全国人大常委会通过《青藏高原生态保护法》，该法于2023年9月1日起施行。

[2] 这里的问题在于，行政区划不相邻或者级别不同的情况下，能够开展协同立法，这是未来协同立法模式创新的重点领域和可能突破口。参见刘松山《对〈立法法（修正草案）〉的审思：从七个重点问题展开》，《交大法学》2023年第2期。

事项，但选择了由中央开展统一立法的方式。

但在现行有效的 300 部法律中，96 部行政法包括"环境保护法+海洋环境保护法+环境影响评价法+六部污染（环境）防治法[1]+两部特殊防治保护法[2]+一部特殊地域生态保护法"，客观上导致了环境、资源问题的分割调整。这种分割式的多元立法模式，造成了自然资源问题和污染问题同步严峻、恶化。目前，有些地方（如北京等）已经将二者合并起来立法，效果较为明显。[3] 就环境保护立法权的行使而言，虽然立法法已经明确将这一事项的立法权授予了设区的市，但该类地方环境立法不得与中央环境立法出现抵触：相同事项上中央环境立法优于地方环境立法。[4] 同时中央环境立法在技术性和科学性、正当性等某些方面还具有一些天然的优势。省级环境立法在设区的市环境立法权被赋予之前还有较大的立法空间，但随着 2015 年大量设区的市加入环境保护立法的主体之中，中央立法、省级环境立法、设区的市级环境立法三者之间的关系就变得更为复杂，无论对于后两者的哪一方，都可能在另外一方先进行立法之后面临立法的"尴尬"。但由于设区的市立法需要经过省级人大常委会批准，因此，在此方面省级国家权力机关能够起到一定的控制作用，而在此之前，一些设区的市面临的单独立法需求，则通常是由省级人大或其常委会专门为其量身定制的。

我们以浙江省和海南省、重庆市的相关环境保护立法为例展开分析。[5] 在省级地方性法规层面，浙江省已有的相关地方性法规包括：[6]

---

[1] 其包括水污染防治法、大气污染防治法、固体废物污染防治法、环境噪声污染防治法、放射性污染防治法、土壤污染防治法，其中 2022 年 6 月 5 日《中华人民共和国噪声污染防治法》生效，取代《中华人民共和国环境噪声污染防治法》。

[2] 包括《中华人民共和国海岛保护法》《中华人民共和国防沙治沙法》。

[3] 冯玉军主编：《完善以宪法为核心的中国特色社会主义法律体系研究》（下册），中国人民大学出版社 2018 年版，第 239—240 页。

[4] 王慧：《环保事权央地分权的法治优化》，《中国政法大学学报》2021 年第 5 期。

[5] 选取该三省（市）的主要原因在于，经过提前比对，发现三地的环境保护领域的立法具有较为明显的特色、相对系统性和上下贯通性。

[6] 该统计主要建基于团队研究过程中的搜集，同时结合《浙江省十三届人大及其常委会立法目录》确定，参见浙江立法研究院、浙江大学立法研究院编《浙江地方立法蓝皮书（2018—2022）》，中国民主法制出版社 2022 年版，第 439—450 页。

大气污染防治方面的《浙江省大气污染防治条例（2003）》《浙江省机动车排气污染防治条例（2013）》，水污染防治方面的《浙江省钱塘江管理条例（1997）》《浙江省水污染防治条例（2008）》《浙江省温瑞塘河保护管理条例（2009）》《浙江省曹娥江流域水环境保护条例（2010）》《浙江省河道管理条例（2011）》《浙江省饮用水水源保护条例（2011）》《浙江省农村生活污水处理设施管理条例（2019）》《浙江省水资源条例（2020）》，土壤污染防治方面的《浙江省土地管理条例（2021）》，生态环境保护方面的《浙江省发展新型墙体材料条例（2007）》《浙江省水土保持条例（2014）》《浙江省生态环境保护条例（2022）》，清洁生产和循环经济发展方面的《浙江省实施〈中华人民共和国节约能源法〉办法（1998）》《浙江省促进散装水泥发展和应用条例（2009）》《浙江省可再生能源开发利用促进条例（2012）》《浙江省绿色建筑条例（2015）》《浙江省生活垃圾管理条例（2020）》。但是，从广义上统计，浙江省的有关环境保护的地方性法规并不只限于上述所列的这些地方立法，还包括《浙江省防汛防台抗旱条例（2007）》《浙江省历史文化名城名镇名村保护条例（2012）》《浙江省城市景观风貌条例（2017）》《浙江省大运河世界文化遗产保护条例（2020）》。从这些广义的环保类省级地方性法规的列举来看，是从气象、防灾等应急管理的角度来进行的立法，其上位法包括《防洪法》《突发事件应对法》《防汛条例》《抗旱条例》《自然灾害救助条例》，但2007年该法刚通过时，其立法依据为《水法》《防洪法》和《防汛条例》，这里除了因为当时有些上位法还没有通过的原因之外，也有对地方立法与上位法衔接关系的综合考量，这里也还有没有列举的其他一些上位法，如《气象灾害防御条例（2010）》，其与《自然灾害救助条例（2010）》形成衔接，将气象灾害的防御和自然灾害的救助结合在一起，且《气象灾害防御条例（2010）》第二条第二款明确台风和干旱都属于气象灾害，因此，所谓的防台和抗旱工作都应该被涵盖在气象灾害预防之中。而历史文化名城保护、城市景观风貌以及世界历史文化遗产保护这些事项的立法，根据其立法的时间来看，《浙江省历史文化名城名镇名村保护条例（2012）》实际上是在某些设区的市尚未取得立法权的情况下对这些地方的历史文化名城、名镇、名村进行特殊保护的做法，并同时废止了《浙江省历史文化名城保护条例》，其上位法有国务院出台的《历史文化名城名镇名村保护条例（2008）》，在2021年浙江省衢州市曾通过《衢州市历史文化街区保护条例》，其上位法既包括《历史文化名城名镇名村保护条例（2017）》，也包括《浙江省历史文化名城名镇名村保护条例（2020）》，而《浙江省大运河世界文化遗产保护条例》的列示上位法是《文物保护法》，① 但其中涉及大量的环境保护工作的规定，再者由于大运河的保护涉及浙江段整体流域，因此，适合由省级进行统一立法。对于《浙江省城市景观风貌条例》的制定，实际上是为了统一浙江全省的城市景观的规划设计，同时彰显地域特色，不同于传统意义上的城乡建设管理，其中对城市景观风貌的界定包括"自然山水格局、历史文化遗存、建筑形态与容貌、公共开放空间、街道界面、园林绿化、公共环境艺术品等要素"，这种立法一方面具有综合性，另一方面也对设区的市城乡建设管理方面的立法有一种统合的功能。

对比浙江省的省级地方性法规，海南省在环境保护方面的地方性法规以《环境保护法》作为上位法的居多，② 主要包括《海南省环境保护条例（1990）》③《海南省生态保护红线管理规定（2016）》《海南省水污染防治条例（2017）》《海南省大气污染防治条例（2018）》《海南省排污许可管理条例（2020）》《海南省生态保护

---

① 但从《浙江省大运河世界文化遗产保护条例》第二十二条到第二十四条的规定来看，该《条例》也涉及非物质文化遗产保护的问题，涉及2011年通过的《中华人民共和国非物质文化遗产保护法》同时作为上位法的问题。从《非物质文化遗产保护法》第二条第二款的规定来看，也已经关注到与《中华人民共和国文物保护法》的衔接问题。

② 自1991年9月20日至2023年4月16日，现行有效的海南省环境法规有41部。截至目前，海南省共颁布环境法规44部（3部废止）。其中与经济特区相关的环境法有8部（2部废止），与海南省环境法相关的决定有3个（1个决定被废止）。

③ 该立法经过三次修正和一次修订，其中最后一次修正时间为2017年7月21日。

补偿条例（2020）》《海南省生活垃圾管理条例（2021）》等，当然，生态保护红线管理、水污染防治、大气污染防治等方面的立法都是"双列示上位法依据"；除此之外，还有根据《海洋环境保护法》制定的《海南省海洋环境保护规定（2008）》、根据《大气污染防治法》制定的《海南省机动车排气污染防治规定（2016）》、根据《水污染防治法》制定的《海南省万泉河流域生态环境保护规定（2017）》、根据《水法》《环境保护法》等制定的《海南省饮用水水源保护条例（2017）》、根据《河道管理条例》制定的《海南省河道采砂管理规定（2015）》、根据《野生动物保护法》制定的《海南省珊瑚礁和砗磲保护规定》、根据《土地管理法》制定的《海南省永久基本农田保护规定（2020）》、根据《海洋环境保护法》制定并历经四次修改的《海南省红树林保护规定（2020）》。当然，海南立法的特殊之处在于，海南省的主体部分"海南岛"属于省级经济特区，海南本省也有大量关于环境保护的经济特区立法，如《海南省经济特区土地管理规定（1994）》，其中也有关于对生态公益林地实行特殊保护、保护基本农田以及保护和改善环境的相应规定，且前后修改了五次，最后一次修正是在2018年。2023年4月《海南自由贸易港土地管理条例》通过，并于2023年5月1日起施行，《海南经济特区土地管理条例》同时废止。但有关耕地保护的内容依然是这部新的而海南自由贸易港法规的重点，"保护"一词出现了31次，仅该法规第一条就两次出现"保护土地资源"和"保护耕地"的表述。这与《海南自由贸易港征收征用条例（2021）》就有所不同，后者是主要着眼于征收、征用等行政行为的程序而言，虽然两者都是由海南省人大常委会通过的涉及土地方面的立法，且适用范围都是海南岛全岛，但立法目标差别较大，前者属于准环境保护立法，而后者与环境保护没有关联。

相比之下，重庆市有关环境保护的地方立法相对较集中于上世纪末和本世纪初，主要包括《重庆市城市园林绿化条例（1997）》《重庆市水资源管理条例（1997）》《重庆市实施〈中华人民共和国水土保持法〉办法（1997）》《重庆市绿化条例（1998）》《重庆市林地保护管理条例（1998）》《重庆市大气污染防治条例（1998）》《重庆市河道管理条例（1998）》《重庆市水利工程管理条例（1998）》《重庆市风景名胜区条例（1998）》《重庆市市容环境卫生管理条例（2005）》《重庆市防汛抗旱条例（2008）》《重庆市森林防火条例（2011）》《重庆市村镇供水条例（2016）》《重庆市大气污染防治条例（2017）》《重庆市大足石刻保护条例（2017）》《重庆市水污染防治条例（2020）》。而且，2018年重庆市人大常委会通过决定，对《重庆市城市房地产开发经营管理条例》等25件地方性法规进行了"打包"修改，其中上述法规涉及到14部之多，这也是目前环保地方立法修改过程的一大特点。[1] 作为直辖市，比较有特色的城市立法是《重庆市燃放烟花爆竹管理条例（2018）》，根据《烟花爆竹安全管理条例》制定。

从2021年省级环境保护法规方面具体的立法状况来看，呈现以下几方面特点：第一，承接原有环境保护上位法（如《循环经济促进法》《环境影响评价法》等）方面的省级地方立法仍有接续出台；第二，污染防治方面的省级地方立法也成为重点立法方向；第三，生态和自然资源保护仍是省级环境立法的重点领域，且种类繁多；第四，区域生态保护法规尤其是协同立法成为地方立法的发展新方向；第五，生态保护领域的新法规（如《天津市碳达峰碳中和促进条例》）成为立法的重要方向。[2]

---

[1] 前文所讲的浙江省的环境立法修改也存在这一趋势。浙江省人大常委会于2020年9月24日、2020年11月27日和2021年3月26日分三次分别修改了上述所列省级地方性法规中的4部、9部和6部。

[2] 刘长兴：《中国环境立法年度观察报告（2021）》，《南京工业大学学报》（社会科学版）2022年第2期。

表2-1　　　　2021年我国地方环境法规制定修改情况

省/自治区/直辖市	省级地方性法规 制定	省级地方性法规 修订	省级地方性法规 修正	省级地方性法规 合计	设区的市地方性法规 制定	设区的市地方性法规 修订	设区的市地方性法规 修正	设区的市地方性法规 合计	经济特区法规 制定	经济特区法规 修订	自治地方单行条例 制定	自治地方单行条例 修订	自治地方单行条例 修正	自治地方单行条例 合计	合计
北京	1		3	4											4
天津	1	1	4	6											6
河北	4		6	10	10	1	2	13							23
山西	2		2	4	17		1	18							22
山东	7			7	12		5	17							24
内蒙古	3	1	4	8	4		8	12							20
黑龙江		1		2	1			1							3
吉林	1	2	1	4	8			8			1			1	13
辽宁	3			3	12	1	3	16			2	2	6	10	29
上海	1		2	3											3
江苏		1	12	13	9	1	3	13							26
浙江	1	1	4	6	5	1	1	7					1	1	14
安徽	3	1	4	8	4	2	2	8							16
江西	2		3	5	7		3	10							15
福建	3		2	5	7		4	1		1					17
河南	1		2	3	12			12							15
湖北	1		11	12	5		4	9							21
湖南	4		8	12	3		6	9							21
广东			3	3	15		5	20	3				2	2	28
广西	3		1	4	16		7	23			1	1		2	29
海南	1	1	3	5	2		4	6			1			1	12
四川	4	1	1	6	12	2	2	16			2		1	3	25
重庆	1		2	3							1			1	4
云南	1		1	2	2		1	3			2			2	7
贵州	1	1	5	7	2			2			2	1		3	12
西藏	1			1	1		1	2							3

续表

省/自治区/直辖市	省级地方性法规 制定	省级地方性法规 修订	省级地方性法规 修正	省级地方性法规 合计	设区的市地方性法规 制定	设区的市地方性法规 修订	设区的市地方性法规 修正	设区的市地方性法规 合计	经济特区法规 制定	经济特区法规 修正	自治地方单行条例 制定	自治地方单行条例 修订	自治地方单行条例 修正	自治地方单行条例 合计	合计
陕西	1	1	3	5	4	1	15	20							25
甘肃	2	7		9	5	2	2	9			1			1	19
青海	2			2	1		6	7				1	2	3	12
宁夏	1		3	4	1		2	3							7
新疆				0			1	1							1
合计	56	19	91	166	177	13	86	276	3	1	13	5	12	30	476

从省级地方性法规和上位法之间的关系来看，首先大致可以被区分为两种情况，一种是上位法已经先制定出来，则省级地方性法规便需要在上位法之下展开，就这种情况而言，通常产生立法冲突的可能性相对较小，尤其是当前合法性审查与合宪性审查不断加强的趋势之下更是如此。2022年下半年到2023年3月立法法修改过程中，其修订草案对《立法法》第九十九条和第一百条的内容做了调整，增加了有关"存在合法性、合宪性问题"的相关表述，实际上是对合法性审查和合宪性审查的制度预设。[①] 省级地方性法规作为我国立法体系中"承上启下"的重要枢纽型立法，在这方面势必要经受更多更严格的审查。从数量上来看，截至2021年8月底，地方性法规的数量当时已达12000多件，[②] 与现行有效的不到300件的法律和500多件的行政法规形成鲜明对比。这里还有一种情况在于上位法后期对之前的概念界定进行了调整，《放射性污染防治法》草案对"放射性污染"原有的定义是"人类通过不同途径排放的放射性污染物，使环境的放射

[①] 最终这些修改都被2023年修改的《立法法》确定下来，其条文序号分别变成第一百一十条和第一百一十二条。

[②] 《习近平法治思想概论》编写组：《习近平法治思想概论》，高等教育出版社2021年版，第159—160页。

性水平高于天然本底或者超过国家规定的标准,对大气、水体、土壤和人体等造成的污染。"有的委员、环境与资源保护委员会和有些专家提出,自然界的放射性水平天然本底因多种因素而有所不同,甚至存在较大差别,草案上述规定在实践中会产生许多问题。因此,原法律委员会删去了定义中"高于天然本底",限缩了"放射性污染"的范围,确保了法律定义的妥当性。① 但这种定义就可能影响其与下位法之间的关系,甚至可能造成相应的立法冲突。但无论如何,在上位法已经出现规定的前提下,制定地方性法规,一般不再作重复性规定,这也是《立法法》第八十二条第四款告诉我们的明确答案。有些学者以重复、细化和创制为观察维度,对我国地方性法规进行分析,发现地方立法呈现出很强的保守倾向,但也因领域而异,有些领域中央调控性较强,则地方立法创制的空间和条文的创新比率较低。即便是存在创制,有些创制具有很强的依附性,而独立型创制则是基于新事物的产生而出现的规制必要,但这些距离整体型创制还存在一定距离。② 这也正如前文所讲的政府职能划分的大体思路,宏观调控职能的行使令中央立法的存在感更强,而社会管理这类具有很强地方性特色需要因地制宜的领域则有地方独立创制的很大空间。因此,对于立法的重复与否,不仅要进行政治分析或科层制的考量,还必须结合立法事项的本来性质来决定是否存在重复率过高的问题。也有学者将"重复"分为复制式重复、组合式重复和修饰式重复,其中组合式重复是将上位法的相应条文进行拆分或合并,这实际上是在打下位"制法"的"擦边球",而修饰式重复则是在做相对无意义的增饰列举,③类似于"玩文字游戏"。对于"一般不再作重复性规定",有学者认为应由中央设定统一的立法技术标准,如语言表达技巧、立法结构等

---

① 邢斌文:《立法者如何讨论科技议题——以法律草案审议过程为例》,《北京科技大学学报》(社会科学版)2021年第6期。

② 参见俞祺《重复、细化还是创制:中国地方立法与上位法关系考察》,《政治与法律》2017年第9期。

③ 参见黄锴《地方立法"不重复上位法"原则及其限度——以浙江省设区的市市容环卫立法为例》,《浙江社会科学》2017年第12期。

中央与地方立法应该共有的内容，都应统一遵循该标准，而地方立法技术规范应由省级人大常委会统一制定，① 这样更利于贯彻落实这种下位法"不重复"上位法的立法精神和具体要求。

另一种则是上位法尚未出台，省级地方性法规先行出台。比如，2022年6月24日—2022年7月23日，在《中华人民共和国黄河保护法（草案二次审议稿）》尚在经全国人大常委会二次审议后征求意见之时，《宁夏回族自治区建设黄河流域生态保护和高质量发展先行区促进条例》已经在上半年前出台，其第一条对上位法依据的表述为"根据有关法律、法规规定"。2022年10月，《黄河保护法》被全国人大常委会通过。是否可以据此认为，宁夏的该部地方性法规在制定时并没有根据该部中央立法，但在合法性审查时则需要考虑《黄河保护法》的相关内容，但不论如何，这种为了保证上下位法之间一致或法制统一而进行的合法性审查，实际上也在客观上保证了后期通过的上位法仍对先期通过的下位法有着立法精神上的统摄功能。这种制度设计，实际上也在客观上随着上位法的通过而对可能存在的"纵向（立法）事权矛盾"起到非常重要的解纷作用。

另一个比较典型的例子也来自环境保护领域。这种情形是在后期上位法通过之后，前期的下位法迅速进行修改，以回应上位法在某些方面的最新精神和相关不同规定。比如，2021年9月，《广东省水污染防治条例》被修改，正是对2021年3月1日起施行的《长江保护法》的回应，"涉及长江流域的县级行政区域的水污染防治，除遵守本条例外，还应当遵守《中华人民共和国长江保护法》等法律法规的规定"。但这种情形及其前述所言及的环保或生态文明建设领域的情形，已经逐渐出现了"流域化"的国家立法，如《长江保护法》和《黄河保护法》，它们在一些表述（包括立法目的与适用领域等方面）都不太相同，这种不同是否会影响到环境保护领域方面的法制统一，

---

① 向往：《论地方性法规"不重复上位法"原则的规则化》，《行政法学研究》2022年第2期。

甚至影响到环境法典的编纂，都需要提前考量。从《长江保护法》对"长江流域"和《黄河保护法》对"黄河流域"的界定来看，都涉及青海省、四川省两地，局部涉及的还有甘肃省、陕西省、河南省的部分区域，对于这些地方对上述两法的贯彻，尤其是两者不完全一致的规定或相应领域，则可能存在立法权或事权行使上的矛盾。在实际操作过程中，为了尽可能避免这种矛盾，一些地方提前开展联合立法，在立法的协调上尽可能考虑"流域化"的统合立法，如2011年贵州省人大常委会首先通过《贵州省赤水河流域保护条例》，其上位法依据是《环境保护法》《水法》《水污染防治法》，该部地方立法在2012年和2015年进行过两次有关法律责任规定方面的修正。2021年为了形成"流域化"的立法保护，贵州省人大常委会和四川、云南两省的人大常委会共同通过了针对赤水河流域保护制定相关决定，并于2021年5月进行同步立法，同时贵州省地方立法的上位法依据也变成了《水法》《水污染防治法》和《长江保护法》以及有关法律法规，但同日通过并同日生效的云南省地方性法规和四川省地方性法规的立法依据分别是"《长江保护法》《环境保护法》《水污染防治法》等法律、行政法规"和"《长江保护法》《水污染防治法》等法律、行政法规"，其共同列举出的上位立法依据包括《长江保护法》和《水污染防治法》，但就《水法》《环境保护法》这两部立法来说，却没有列举出来，这种立法依据的明示有限列举以及其顺位，是否会对下一步的合法性审查造成影响，还很难判断。这实际上也是协同立法过程中反映出来的问题，2023年修改后的《立法法》第八十三条规定，"省、自治区、直辖市和设区的市、自治州的人民代表大会及其常务委员会根据区域协调发展的需要，可以协同制定地方性法规，在本行政区域或者有关区域内实施"，这实际上为下一步省级地方、设区的市级之间共同开展立法提供依据，但该条第二款也规定，"省、自治区、直辖市和设区的市、自治州可以建立区域协同立法工作机制"。协同立法工作机制的建立可能需要随着实践经验的总结而逐步得以完善。

一方面，对贵州省的地方立法来说，其在后期的立法依据修改上已经实现了对《长江保护法》这一新法的更替，对《环境保护法》来说，新法《长江保护法》亦属于特别法，其对《环境保护法》的取代有其法理依据。另一方面，对云南的地方立法来说，这种立法依据的表述就又变得难以理解，如果《长江保护法》与《环境保护法》真如前述出现不一致，是否按照"新法优于旧法""特别法优于一般法"的表述来决定其合法性审查判断结论或上下位法之间矛盾解决的原则，也值得考量。有些地方采取区域协同立法的方式来对《长江保护法》第五十三条中规定的"全面禁止（天然渔业资源的）生产性捕捞"进行了配套规定，如长三角三省一市就分别作出《关于促进和保障长江流域禁捕工作若干问题的决定》，"明确了总体框架和主要制度，在标题规范、主要条款、基本格式和实施时间上保持一致"①，体现共性的同时，也适应了各地的个性化需求。

（2）营商环境立法对比分析

有些立法非常典型地反映了央地在立法事权行使上的矛盾，这种领域属于新兴的立法领域，但也建立在原来的立法之上，因此，在此方面出现两者的博弈。以"营商环境"为例，除了国务院的《优化营商环境条例》之外，还存在至少70多部各类地方营商环境立法。其实2020年1月1日施行的这部行政法规的立法思路与经验，源于其实施之前已经先后生效的六部省级地方性法规，包括辽宁、河北、吉林、天津、黑龙江、陕西等在内的省级地方的人大常委会，先后通过了地方营商环境立法。这些立法为国务院的行政立法提供了经验，成为"地方包围中央"立法模式的经典。② 在《优化营商环境条例》出台之前，还有一部设区的市地方性法规出台，即《辽阳市优化营商环境条例》，其立法依据是《辽宁省优化营商环境条例》，但问题在

---

① 上海市立法研究所编：《上海地方立法蓝皮书（2021年）》，上海人民出版社2022年版，第8页。
② 参见《优化营商环境条例（征求意见稿）》起草说明，中国政府网，http：//www.gov.cn/xinwen/2019-07/15/content_ 5409362.htm，访问日期：2023年6月18日。

于辽阳市作为设区的市，其"营商环境"的立法权，按照当时《立法法》的规定，究竟来源于"城乡建设与管理、环境保护、历史文化保护"的哪一方面，值得考量。①"环境保护"这里的"环境"其实更多指的是影响人类生存和发展的各种天然的和经过人工改造的自然因素的总体，但这种"环境"与"营商环境"里的"环境"必然不是同一概念。按照国务院《优化营商环境条例》及其之前六部省级地方性法规对营商环境内涵与外延的总结，"营商环境"应该是指"企业等市场主体在市场经济活动中所涉及的体制机制性因素和条件"。这种"体制机制性因素和条件"，更多指的是地方的"软环境"与"软实力"，某种意义上不具有可视性。如果对应政府的五大职能类别来分析，"体制""机制"这些方面的因素应该出现在"宏观调控""市场规制""公共服务"等方面的职能行使上，与"环境保护"这类职能应该属于性质不同的事权行使领域。但是随着《优化营商环境条例》出台之后各类省级和市级营商环境立法的相继出台，"营商环境"的范围开始拓展到"人文环境""创新环境""开放环境""宜居宜业环境"，如《黑龙江省优化营商环境条例》（以下简称《黑龙江省条例》）、《河南省优化营商环境条例》（以下简称《河南省条例》）等先后出现此类表述，设区的市一级立法更是在此基础上相继拓展了"营商环境"内涵和外延的规定。但问题在于，一方面，"营商环境"立法是否是设区的市能够单独立法的事项；另一方面，"营商环境"立法在对核心概念的表述上到底能不能突破国务院《优化营商环境条例》对"营商环境"的定义，在篇章结构上做出颠覆式的拓新，从而形成下位法在此问题上与上位法之间的矛盾，造成了不同地方对营商环境界定的不一致，而这种现象的出现其实一方面是地方性法规本身开放式的立法事权范围特点所致，另一方面地方性法规对

---

① 当然，这一问题在2023年《立法法》修改之后，"基层治理"进入《立法法》，答案显得相对明确。

上位法的"不抵触"原则,其实也是形成这一问题的重要原因之一。而就设区的市立法而言,其在有相对明确的立法事权列举的情况下,又如何将"营商环境"这一新生事项做出合理归类和妥善解释,也是需要认真考量的问题。

在《优化营商环境条例》出台之后,有关营商环境的地方立法出现了对待"营商环境"定义的四种态度:第一种是在立法依据里仍然没有明确提及《优化营商环境条例》,也没有提及"营商环境"的定义,如山东省;第二种是在立法依据里谈及《优化营商环境条例》,但不再于具体条文中重复定义,如北京市、广东省等;第三种是既在立法依据里谈到《优化营商环境条例》,又将《优化营商环境条例》的"营商环境"定义在法条中重述,如贵州省;第四种是在立法依据中提到了《优化营商环境条例》和其他上位法(如《中华人民共和国民法典》),而对"营商环境"的定义不同于《优化营商环境条例》,如《河南省优化营商环境条例》将"营商环境"界定为"企业、个体工商户等市场主体在市场经济活动中所涉及的体制机制性因素和生态、人文、城市等环境条件",其与《优化营商环境条例》的重点区别在于对"(环境)条件"的列举式释明和对"市场主体"的列举式扩容。[1] 但问题在于,即便是在第二种和第三种模式中,是否就可以认为地方立法的其他法条都契合《优化营商环境条例》的精神,营商环境所包含的各种要素和条件有没有涉及法律或行政法规保留的事项?地方在"营商环境"立法中真正的权力限度何在?《优化营商环境条例》施行后的营商环境地方立法到底应属于自主性立法还是执行性立法?《优化营商环境条例》出台之前的立法是否要及时修改以期与上位法保持一致?省级营商环境立法与市级营商环境立法的界限又在哪里?同一级地方既有地方性法规又有地方政府规章,究竟如何判断其立法权力界限?

---

[1] 作为首批海南自由贸易港法规之一,《海南自由贸易港营商环境条例》在立法依据中提到了《中华人民共和国海南自由贸易港法》和《优化营商环境条例》,没有重述《优化营商环境条例》对"营商环境"的定义。

在《优化营商环境条例》通过前后，至少有70多部以"条例""办法（含实施类办法）""规定""决定"命名的地方营商环境立法集中出台，其中省级营商环境立法32部，① 市级营商环境立法至少40多部（含厦门、汕头、深圳的经济特区相关立法）。② 如果我们以2020年1月1日《优化营商环境条例》实施的时间为分界点，将此时点之后的时段都纳入营商环境立法的"后中央立法时代"，可以发现《优化营商环境条例》之前有6部省级"条例"出台，这其中有两部在《优化营商环境条例》实施之后有修订，"办法"类立法中《安徽省实施〈优化营商环境条例〉办法》与《优化营商环境条例》的实施时间相同，③ 因此，这三部地方立法也可被纳入"后中央立法时代"的统计口径。从省级立法的篇章结构来看，与《优化营商环境条例》保持数量和"七章型"立法结构的只有《江西省优化营商环境条例》《贵州省优化营商环境条例》《陕西省优化营商环境条例》④ 及《云南省优化营商环境办法》《安徽省实施〈优化营商环境条例

---

① 除甘肃、浙江、西藏三省区以"行动方案"来落实中央关于优化营商环境的立法精神以及对港澳台暂不做统计外，其他28省、自治区、直辖市均有各种类型的立法，其中，以"条例"命名的省级地方性法规24部，含《海南自由贸易港优化营商环境条例》，以"办法"命名的省级规章包括湖北和安徽、新疆、黑龙江、云南五地，其中湖北、云南和黑龙江是既有"条例"式的地方性法规，又有"办法"式的地方政府规章，但黑龙江制定的是《黑龙江省营商环境监督办法》，安徽和新疆采取的是实施办法，湖南是以"规定"命名的省级规章，内蒙古采取的是《内蒙古自治区人民代表大会常务委员会关于进一步优化营商环境的决定》之立法形式。

② 其中，以"条例"形式出台的地方性法规30部，以"办法"形式出台的地方政府规章7部，以"规定"形式出台的地方政府规章4部，珠海市人大常委会和海口市人大常委会以"决定"的形式出台有关营商环境的地方性法规，厦门、珠海、深圳三地通过的立法是优化营商环境的经济特区法规。其他有些设区的市如荆门、自贡、台州、许昌、周口、漯河、呼和浩特、包头等地也是以"决定"通过的相关规范性文件。由于各地在"决定"方面的定性不同，这里为研究的方便，并辅之以国家法律法规数据库和北大法宝的数据，不再统计"决定"类的优化营商环境规范性文件。

③《黑龙江省营商环境监督办法》2019年12月30日由省政府常务会议通过，2020年2月1日施行，但其在内容上属于就"监督"专门作出规定的规章，除总则和附则外，中间三章依次为"监督考评""监督案件的处理""监督结果运用"，与《优化营商环境条例》相比不具有可比性。

④ 陕西省人大常委会2018年3月31日通过《陕西省优化营商环境条例》，2018年5月1日施行，2020年11月26日修订，2021年1月1日起修订后的条例施行。

办法》。剩下20个省级地方的各类立法中，①除了《海南自由贸易港优化营商环境条例》未设篇章结构以及内蒙古的"决定"不具有可比性外，其他18省区市19部立法的章数分为四种情形（五到九章不等）：第一种模式为"五章型"模式，《四川省优化营商环境条例》《重庆市优化营商环境条例》相比《优化营商环境条例》的章节设置少了"市场主体保护"和"监管执法"，只有总则、市场环境、政务服务、法治保障和附则，《湖北省优化营商环境办法》也基本属于这一类，但"法治保障"为"法治环境"所取代，《新疆维吾尔自治区实施〈优化营商环境条例〉办法》也属于"五章型"，中间三章为"市场环境""政务环境""法治环境"；第二种模式为广西、北京、青海、江苏的"条例六章型"结构和湖南的"规定六章型"结构，与《优化营商环境条例》相比少了"市场主体保护"一章，而《广东省优化营商环境条例》虽然也为"六章型"，但其中间四章表述为市场和要素环境、政务服务、法治环境、监督保障，《湖北省优化营商环境条例》（以下简称《湖北省条例》）的"六章型"又不同于广东，中间四章为"市场环境、开放环境、政务服务、法治保障"；第三种模式为"七章型"模式，但具体又分为山西模式、山东模式和福建模式，其中山西模式是在前述"六章型"的一般模式基础上增加"优化审批"作为第二章，山东模式与广东模式表述相对接近，但在后者的基础上增加了"法律责任"，将"政务服务"改为"政务环境"，将"市场和要素环境"仍简化为"市场环境"，福建模式也设计了"法律责任"章，同时将"市场主体保护"一章删除；第四种为上海—宁夏的"条例八章型"和河南的"条例八章型"。对比《优化营商环境条例》通过之前与之后各种地方立法的篇章结构，不难发现，在《优化营商环境条例》出台之前的有些地方营商环境立法

---

① 这里需要刨除的还包括在《优化营商环境条例》实施之前的辽宁、河北、吉林、天津四省市的"条例"，其中《辽宁省条例》的制定和修订均发生在2020年1月1日前，其他三省市至今尚无修订。《河北省优化营商环境条例》的修订被列入2023年度河北省人大常委会立法计划，2023年4月30日完成向公众的意见征集。

"绕过"《优化营商环境条例》影响了"后中央立法时代"的地方立法。也就是有学者所指出的,"地方立法领域也会发现部分重合又异质的特征","对上位法的解读同时也要参照其他省市的具体办法"。①前文提到的《河北省条例》在首次界定"营商环境"的基础上,将"总则"之后的三章分别以"优化市场环境""优化政务环境""优化法治环境"命名,正好契合了其对"营商环境"的定义。而作为国内首部地方营商环境立法诞生地的辽宁省,并没有在其 2017 年施行的营商环境立法中界定"营商环境",也没有对其立法具体分章节。但在 2019 年 7 月该省人大常委会修订其营商环境立法时,虽然仍保持不对"营商环境"下定义的做法,但对该法分了章节,总则之后的四章依次是"公平竞争市场环境、高效便利政务环境、规范公正法治环境、诚信开放人文环境",从其 2019 年 10 月 1 日的施行时间来看,其仍然属于"前中央立法时代"的地方营商环境立法,但这种非定义式的立法,其实很可能是参考了其他立法对篇章结构的设计。同期的"前中央立法时代"的地方立法中,吉林省 2019 年 5 月 30 日施行的立法采取的是非定义式的"六章型",与河北省的模式相同;天津市 2019 年 9 月 1 日施行的立法采取的是定义式的"七章型",但超越了河北省的定义模式,增加了"人文环境",与辽宁省 2019 年修订后的表述接近,但没有各章的修饰词,也就是没有各类环境的具体建设目标。陕西省则经历了较大变化,除了总则和附则外,从"前中央立法时代"的"非定义式"的"市场主体保护—政府公共服务—规范政府监管—维护市场秩序—监督保障措施—法律责任"中间五章的架构到"后中央立法时代"与《优化营商环境条例》相同的"市场主体保护—市场环境—政府服务—监管执法—法治保障"。黑龙江省的做法同样如此,"前中央立法时代"的"定义式"的"政务环境—市场环境—法治环境—监督保障—法律责任"中间五章的架构到"后中央

---

① 李明哲:《地方立法中的反思理性——以 G 省〈优化营商环境条例〉为例》,《辽宁大学学报》(哲学社会科学版) 2019 年第 6 期。

立法时代"与《优化营商环境条例》相同的"政务环境—守信践诺—市场环境—开放环境—法治环境—监督保障—法律责任"。从表面上看，陕西模式是较为理想的主动契合式立法，但这种修改其实也可能产生问题，即如何突出地方的实际需求和地方立法的特色。黑龙江模式则是在章节的创制性上比较明显，但是否是真正的创新，还需要从条文上来分析。毫无疑问，这些"前中央立法时代"以及跨越两个时代的立法，对于"后中央立法时代"的立法结构影响是非常大的，尤其是"政务环境—市场环境—法治环境"这种组合，成为"后中央立法时代"20多部立法中普遍采用的概念，但其中有些概念并不是由中央立法所创设。如"政务环境""法治环境"，《优化营商环境条例》中只出现了"市场环境"。尤其是《湖北省优化营商环境办法》以及《新疆维吾尔自治区实施〈优化营商环境条例〉办法》这种规章，到底对上位法的章节和概念设计有多大的空间，是需要直面的问题。总体来看，营商环境央地立法的不同篇章架构，实际上反映了地方对待立法与立法权的不同态度，一定程度上带有相应的偶发性，但这种偶发性可能会导致立法的合法性出现问题。这也是未来地方立法在尺度上应该重点把握的。总结引言中提出的六个问题，结合前述分析，可以进一步总结出三个具体的问题：第一，地方营商环境立法权存在的必要性与空间；第二，地方营商环境立法权运行结果的合法性及其补强；第三，地方营商环境立法权系统内部的权力划分的合理性。这三个问题分别涉及地方营商环境立法的对上关系、地方营商环境立法权行使时的前后关系及地方营商环境立法"集合"内部的关系，这些问题涵盖了地方营商环境立法权的"上下—前后—左右"，可以说是地方营商环境立法权证成必须回答的首要问题。

从目前《立法法》第十一条的规定来看，没有直接对"营商环境"的设置，从《优化营商环境条例》对营商环境的界定来看，所谓的"体制机制性因素和条件"与第十一条列举的各项之间也没有明确的对应关系。但毫无疑问"体制""机制""因素""条件"等这些概念涵盖的外延相当庞大。如前所述，这些概念有些是相对统一的，如"体制"和部分"机制",有些是需要中央统一立法或国家宏观调控(立法或政策)统一调整的。但在某些地方甚至连体制也需要单独立法,比如经济特区和海南自由贸易港的单独立法,其实就说明这些立法权力首先在特殊功能区域是有必要单独存在的。就海南自由贸易港法规而言,其还可以依据《海南自由贸易港法》第十条第三款"涉及依法应当由全国人民代表大会及其常务委员会制定法律或者由国务院制定行政法规事项的"场合,只需分别报全国人大常委会或国务院批准后生效。这说明,确实有可能出现地方立法"染指"法律保留或行政法规事项的可能。而根据该法第十条第一款,海南自由贸易港法规与一般地方性法规的立法原则接近,但立法事项主要集中在贸易、投资及相关管理活动,这些事项可能涉及"体制""机制",再结合该法第四条对海南自由贸易港的框架解读,"以贸易投资自由化便利化为重点,以各类生产要素跨境自由有序安全便捷流动和现代产业体系为支撑,以特殊的税收制度安排、高效的社会治理体系和完备的法治体系为保障"。这就彰显了海南自由贸易港法规可以涉足的范围,同时也对"营商环境"进行了"解释",比如特殊的税收制度安排、高效的社会治理体系等,都是海南自由贸易港法规可涉及的立法领域。就税收体制而言,这是属于法律保留或授权(行政)立法的领域,但在海南自由贸易港的特殊环境下,地方立法是可行且必需的。而对于其他一般地方而言,需要调整的主要是各地的机制性因素,但就各地的自由贸易试验区来看,也属于特殊的功能区域,其单独立法可能涉及相应的体制性因素。

　　按照我们通常对政府职能的类别划分,宏观调控、市场规制、公共服务、社会管理和环境保护,是政府的五大类职能,有些职能如宏观调控主要为中央政府或省级政府行使,市场规制、公共服务、社会管理的决策统称也由中央政府或省级政府行使,这些权力的执行则主要倾向于由基层政府来进行,环境保护则兼及中央政府与地方政府的共同事权领域。这种行政事权领域的央地分权,在立法事权领域同样会获得回应。就营商环境而言,其实是涉及这五个方面中前三个领域的绝大部分,比如"宏观调控"的行政事权行使要求呼唤相应的中央立法与省级立法的对应规定，如《优化营商环境条例》"市场环境"部分第二十六条"鼓励支持类"表述和第二十七条的"促进类"表述的规定，"国家鼓励和支持金融机构加大对民营企业、中小企业的支持力度，降低民营企业、中小企业综合融资成本"，"国家促进多层次资本市场规范健康发展，拓宽市场主体融资渠道，支持符合条件的民营企业、中小企业依法发行股票、债券以及其他融资工具，扩大直接融资规模"。"市场环境"的另一部分内容以及"市场主体保护"则与"市场规制"职权的行使相对应，"政务环境"更多对应"公共服务"职权的行使，《优化营商环境条例》中涉及"市场主体保护""市场环境""政务服务"等章中的"统一""全国统一"的十多处表述，都是立法事权配合行政事权行使的表现。"全国统一"表明的态度是"统一市场环境""统一政务服务环境"的明显表现，其他领域的行政事权和相应的立法事权则可以交由地方政府或地方人大及其常委会行使。有些"统一"则是《优化营商环境条例》赋予"地方政府"要实现的义务，如《优化营商环境条例》第三十六条第三项，在有些地方（如上海市）的地方立法中，关于"统一"的表述要求超出了《优化营商环境条例》的数量要求，这就说明地方可以在"国家标准"上提出"地方标准"，符合基本法理要求。另一方面，从《优化营商环境条例》中46处"不得"和4处"禁止"的央地立法对比来看，地方也没有完全照搬，而是按照本地的实际需要来"定数"，比如2023年3月1日施行的《湖北省条例》和《黑龙江省条例》分别有"38（不得）+6（禁止）"和"57（不得）+3（禁止）"，这就说明，地方在设定禁止性规范上可能会突破中央对权力行使的限制范围，也可能在兼顾中央限制范围的同时"另划重点"，选择地方最急于规制的损害营商环境行为，这些都符合"法无授权不可为"的"反向限制"要求，也是地方将行政权力同时"装进（地方）制度的笼子"的实际需求所致。①

---

① 关于损害营商环境行为的类型化分析研究，参见谭波、赵智《损害海南自贸港营商环境行为追责机制体系化研究——基于类型化分析的视角》，《南海法学》2023年第1期。

地方营商环境立法权,必然需要围绕"环境"做文章,对"环境"的类型化便成为各地立法相继采取的选择,比如前述所述及的几方面"环境"之表述("政务环境""法治环境"甚至"人文环境"),但有些地方对"环境"一词的解读甚至超过了"机制"本身,经修订的《黑龙江省条例》规定的"开放环境",其实主要是涉及"外商投资",但在2020年1月1日施行的《中华人民共和国外商投资法》已经统合了"外资三法"之后,这种"开放环境"单独置于"市场环境"列专章的规范模式,既不符合上位法"国民待遇""内外资一致"的原则,"过于强调对重点领域、国外投资等企业的政策扶持,一定程度上造成了对其他市场主体的不公平",[1] 也不完全契合习近平法治思想中"坚持统筹推进国内法治和涉外法治"的精神。而且,《黑龙江省条例》采用了《优化营商环境条例》的"营商环境"定义,因此,在章节划定方面更应谨慎。《河南省条例》第五章"优化宜居宜业环境"第六十四条规定"县级以上人民政府在优化市场环境、政务环境、法治环境的同时,还应当加强生态环境、人文环境、城市环境建设,提升区域竞争力,营造良好的宜居、宜业的营商环境"。该条文等于在现有"三类环境"或"四类环境"的基础上又将"生态环境"和"城市建设环境"纳入了营商环境的外延,但其依据在于《河南省条例》第二条对"营商环境"的定义,但这一定义本身是否符合《优化营商环境条例》对"营商环境"的定义,也值得商榷。从对"环境"一词的理解来看,我国的《环境保护法》第二条已经将生态环境定位为"各种天然的和经过人工改造的自然因素的总体",包括"城市和乡村"在内的各类环境要素都已经成为环境保护法律规范所应调控的对象。从地方立法的实际状况来看,各省以及设区的市都已经进行了大量的环境立法实践,同时"城乡建设与

---

[1] 李芳、何得佳:《协同治理视野下法治化营商环境营造路径的优化》,《行政科学论坛》2021年第6期。

管理"对应的城市建设环境领域的立法权和"历史文化保护"对应的部分人文环境立法权都已经下放至设区的市,从这一角度来看,没有必要对地方"营商环境"立法权的外延再进行扩容,这种扩容将导致立法事权概念之间的混淆,同时,2023年全国人大修改通过的《立法法》将"基层治理"纳入设区的市立法权,其足以再次说明,全国人大在致力于细化设区的市之立法权力事项,而不是对以"营商环境"为代表的这类词汇进行无限制的立法实践扩容,使之成为涵盖一切的"万能立法事项"。同时,在2020年施行的《优化营商环境条例》中,"营商环境"与"市场环境"之间是种属概念的关系,而在前文提到的2021年施行的《海南自由贸易港法》中,其第四条提到的"营商环境"与"市场环境"并列的表述,这说明,"营商环境"一词的法定化生成及全面铺开还需要时间和过程,对于这种政策性词汇"入法"的问题,需要通过一系列相关立法(含法律、行政法规、部门规章、地方性法规、地方政府规章)等形成相互配合的"补台"关系,而不是不同立法之间的"概念拆台"。"概念拆台"也不符合当下合宪性审查与合法性审查不断强化的趋势,尤其是"营商环境"这种新生概念短期之内还不可能再通过修宪进入宪法之时,以法律、行政法规为代表的中央立法更应担起这种概念统合的职能。地方营商环境立法权不仅肩负着"同姓法家族"的家族精神"不抵触"之重要任务,还对其他的"异姓上位法"负有维系法制统一的目标。

如果地方营商环境立法权确有存在的必要和既定的空间,那么该权力在经由法定程序后,便自然成为相应的地方性法规或地方政府规章。但仍需要考虑该地方立法本身是否合法的问题。地方性法规的立法秉承"不抵触"上位法的原则,根据《立法法》第八十二条的规定,地方性法规一般可以分为自主性法规、执行性法规和先行性法规。在"前中央立法时代"6省1市的营商环境立法中,6省的表述都是"根据有关法律、法规",这说明,这几部省级立法并不是完全无"据"可查,但根据"是否已经制定上位法"这一传统判断标准严格判断,^① 这几部立法还是应归属于先行性法规。倒是后来居"上"的《优化营商环境条例》，并没有表明任何的上位"法律"依据。而根据前文对"后中央立法时代"省级立法对立法依据的表述，地方营商环境立法已经从先前的先行性立法转为典型的执行性立法，只不过有些地方（如山东省、山西省）在立法时并没有明确表明作为上位法依据的《优化营商环境条例》。对于以《优化营商环境条例》作为上位法依据的"写"与"不写"，虽不是判断地方立法是否合乎《优化营商环境条例》的最实质标准，但对于"后中央立法时代"的地方营商环境立法来说也具有形式要件意义。

　　观察地方营商环境立法的另一个形式标准，就是前文不断述及的章节结构。从《山西省条例》的规定来看，"优化审批"虽然专章单列，但依然符合《优化营商环境条例》的立法精神。而"法治保障"部分第四十九条第二款创设了向制定机关本身申请审查公平竞争等问题的，不仅不符合《优化营商环境条例》的精神，也不符合我国现有的备案审查机制之要求，虽然对行政权力来说本身是增加了限制和职责，但这种规定其实有违反上位法精神的嫌疑。

　　地方营商环境立法的合法性还需要补强措施。这里的合法性补强措施，主要从实质上来判断，但形式要件有时也不可或缺，总结前文提到的问题与合法性风险，可以将这些补强措施设定为"上位法依据明示—核心概念意思统一—章节结构符合核心理念—创设制度不突破上位法"四步法。

　　为了更加清楚地表现"后中央立法时代"的地方营商环境立法特点，还是应该首先在立法依据中明确列举《优化营商环境条例》。在

---

① 程庆栋：《执行性立法"抵触"的判定标准及其应用方法》，《华东政法大学学报》2017年第5期。厦门大学法学院的程庆栋认为执行性立法的分类标准是"是否存在上位法的具体规定"，自主性立法的分类标准是"事项的性质"，先行性立法的标准是"是否已经制定上位法"。厦门人大常委会的张彬彬也认为在推动营商环境优化方面厦门已制定了数十部先行性法规。参见张彬彬《把好法治化营商环境建设源头环节——以厦门市人大常委会立法实践研究为视角》，http：//www.fjrd.gov.cn/ct/1300-161337，访问日期：2023年6月18日。

未来会有更多营商环境立法产生的背景下，这种明示就显得更有必要，比如河北省人大常委会2022年9月28日通过的《河北省优化行政审批条例》，其中就明示了《中华人民共和国行政许可法》与《优化营商环境条例》的"双依据"，这也说明"营商环境法家族"可能会出现各种类型立法支系的不断扩容，围绕各种"营商环境系"概念的领域法会层出不穷，各地对于其他地方的立法效仿可能更进一步地加剧这种"立法锦标赛"的态势，在这种情况下，如果不对《优化营商环境条例》的"家长"地位充分明确，就可能造成地方立法之间的盲目"引用"，甚至忽视了《优化营商环境条例》的"依据"地位。

对于《优化营商环境条例》"依据"地位的强调，实际上是地方营商环境立法合法性补强的第一步，对于"营商环境"的界定，则是实现这种"依据"地位的首要问题。是否在法条中全盘复刻国务院的定义，其实并不是最重要的表现。关键在于，在没有复刻的情况下，是否再给"营商环境"下其他定义，这就可能成为地方营商环境合法性阻却的第一步。前文述及的《河南省条例》，便是其典型。这种将"营商环境"与"环境保护"外延过分融合的做法，其实完全有可能造成"营商环境"的"软环境"特征逐渐变硬，甚至模糊其与地方环境保护立法之间的界限，造成"法体形"的无限"增肥"，从而造成地方营商环境立法的"走样"。

对于《优化营商环境条例》及各省的营商环境立法而言，以"市场主体保护""政务服务""市场环境""政务环境"等各种鼓励和促进类措施乃至禁止类措施的相关章节而言，属于增加行政权力的公共服务权能或职责的"权力自我设限加码"，不存在合法性的障碍，凸显"法无授权不可为"的同时也强调服务型政府和"放管服"改革的本质。对于"监管执法"部分，在强调"创新"监管方式（创新性）的同时，也重点关注"规范"执法行为（合法性），[①] 配合前述

---

① 参见新华社《为各类市场主体投资兴业提供制度保障——司法部、发展改革委负责人就〈优化营商环境条例〉有关问题答记者问》，http://www.gov.cn/xinwen/2019-10/24/content_5444574.htm，访问日期：2023年6月18日。

的市场环境、政务环境的营造和"放管服"改革进行。对于"法治保障"部分的规定，也是出于落实党中央、国务院关于深化"放管服"改革、优化营商环境的决策部署的需要，① 最直接对位的文件要求就是2018年5月由国务院办公厅下发的《全国深化"放管服"改革转变政府职能电视电话会议重点任务分工方案》，其中重点提到了"支持地方和基层大胆探索"，"创造更多管用可行的'一招鲜'"，"要解决改革推进中存在的'最后一公里''中梗阻'和'最先一公里'问题"，② 这些概括性的概念俗称，其实就是营商环境中的各种创新性做法及其所要针对解决的问题，从章节对应上来说，就是这里的"法治保障"和"市场环境""政务环境"中面临的制度性障碍。

对于作为下位法的营商环境的地方性法规来说，"不抵触"原则不仅在于大体的结构和章节设计上，更在于制度和概念的"不抵触"上，这种问题既出现在对核心概念的内涵与外延的表述上，也出现在对相关监督或救济制度的设计上。因此，对于"法律责任"部分就需要严格贯彻"不抵触"原则。虽然《立法法》第十一条只是规定"诉讼和仲裁基本制度"属于法律保留的事项，但其他监督与救济制度设计，也并非地方能单独创设。伴随着党和国家监督体系的逐渐完善，相对明确的"5+9"的组合制度设计逐渐浮出水面，③ 这些制度不论是被规定于国法还是党规，都不是地方立法能够单独设计的事

---

① 参见《〈优化营商环境条例（征求意见稿）〉起草说明》，http：//www.gov.cn/hudong/2019-07/15/ content_ 5409362. htm，访问日期：2023年6月18日。

② 该文件是经国务院同意，2018年8月5日由国务院办公厅发布；另一项与之相关的文件是2018年11月8日发布的《国务院办公厅关于聚焦企业关切进一步推动优化营商环境政策落实的通知》，该文件也是聚焦于"市场环境""政务服务"等具体工作领域和方式的改革，防止出现地方执法中的"一刀切"，鼓励在具体的制度领域创新。

③ 我国党和国家监督体系的完整外延包括党委（党组）全面监督、纪委监委专责监督、党的工作部门职能监督、党的基层组织日常监督、党员民主监督等党内监督形式和人大监督、民主监督、行政监督、司法监督、审计监督、财会监督、统计监督、群众监督、舆论监督等国家监督形式。参见新华社《习近平在十九届中央纪委四次全会上发表重要讲话：一以贯之全面从严治党强化对权力运行的制约和监督　为决胜全面建成小康社会决战脱贫攻坚提供坚强保障》，www.gov.cn/xinwen/2020-01/13/content_ 5468732. htm，访问日期：2023年6月18日。

项，在群众监督和舆论监督这种非权力监督方式中，可能存在地方的制度灵活创设，但在与上位法有关的其他"交叉地带"，这种监督设计也是带有一定的中央立法保留属性。具体来说，就是需要严格考虑上位法依据，考虑行为的设定依据、对上位法规定的遵循度以及在责任幅度和范围上的严格依（上位）法。对这类行为方式或手段的创设必须有严格的依据，即便是执行性立法或补充性立法，也必须考虑不抵触法律、行政法规的精神，[①]而这里的法律、行政法规不限于本领域的上位法，还包括相关的其他上位法律规范。

同时，省级地方性法规和省级地方政府规章也需要展开合理联动。如果说对于设区的市来说，制定地方性法规与制定地方政府规章有原则规定上的区别，那么对于省级立法而言，则可以选择不立法或选择制定省级政府规章。省级政府规章与市级政府规章的区别在于，省级政府是国务院的下一级政府，对于《优化营商环境条例》有着直接的执行义务。根据《立法法》第九十三条第二款第一项，省级政府规章在这里属于典型的执行性规章，在"前中央立法时代"没有省级政府规章出台，因此，在"后中央立法时代"这些规章存在的必要性要强于市级地方政府规章，但对于云南、湖北两省而言，地方性法规和地方政府规章都属于尚在生效中的省级立法。根据《立法法》第八十六条的规定，本行政区域特别重大事项的地方性法规，应当由人民代表大会通过。根据《立法法》第一百条第一款的规定，地方性法规的效力高于本级和下级地方政府规章。从这两项标准来看，云南省和湖北省同时在2020年和2022年先后通过省级地方政府规章和省级地方性法规，一方面源于其对"营商环境"这一立法事项的"特别重大"属性缺乏足够的论证和重视，另一方面，从《立法法》本身来说，也需要明确对"特别重大事项"的判断标准。《湖北省条例》之于《湖北省办法》，新法取代旧法，地方性法规高于本级地方政府规

[①] 2021年《中华人民共和国行政处罚法》修订后，对于补充设定行政处罚有明确的规定，《行政处罚法》第十二条规定地方性法规的补充设定必须是为了落实法律、行政法规的规定。

章，出现立法冲突时应该没有什么太多争议，从立法结构上来看"六章型"取代了"五章型"，"开放环境"单列一章，其他更多的是对《优化营商环境条例》的回归，"政务环境""法治环境"变回"政务服务""法治保障"，这是一种备案审查强化背景下的制度性选择；《云南省条例》则是在《云南省办法》符合《优化营商环境条例》的基础上，选择了"九章型"的创新做法，提出了"政务环境—创新环境—市场环境—法治环境—人文环境"的五大目标性环境，将"市场主体保护"变为"市场主体培育和保护"，放弃了"监管执法"章，但单列了"法律责任"章，将"法治保障"内容变为"法治环境"。这里的优劣，其实不在于哪部立法在形式上更契合《优化营商环境条例》的章节结构，而在于其在改变立法结构过程中有无缺项，是否将原来应有的项目单列或补强，应有的项目有没有无端放弃，法条的重新排列组合是否为传统法理所包容。以"监管执法"为例，《云南省条例》将其打散，分别融入"法治环境""人文环境"部分，但将"法治保障"也融入了"法治环境"，这就造成"法治环境"本身的概念包容性过大，承担了过于庞大繁杂的制度表述功能，其与其他四类环境的并列也因此出现问题。作为政策性较强的营商环境立法，在结构上其实更应该考虑与相关行政规范性文件或政策性文件对应的程度，对于政策性文件或其他规范性文件而言，位居文件末尾的"组织实施""工作责任"其实都是其标配，对于这些内容的法律专章单列也自然应成为地方营商环境立法的重点关注事项。"营商环境的制度化程度、稳定性与透明度越高，政策位阶与权威性越高，则营商环境的法治化程度越高"，"应当在治理规划中提高地方性法规的比重"，"提高治理文本位阶，以地方性法规确定当地营商环境建设法治化建设的基本路径、原则和内容"。①

地方营商环境立法权的出现及其规范行使，其实是中央与地方在

---

① 许中缘、范沁宁：《法治化营商环境的区域特征、差距缘由与优化对策》，《武汉大学学报》（哲学社会科学版）2021年第4期。

立法事权划定方面的一个重要缩影。"基层治理"作为设区的市立法事权的选项之后，这种问题同样可能再次出现。在《立法法》供给侧远不能非常细致地划分中央与地方在每一领域的立法权之时，就注定了必然要有一种方式来关注和解决未来新生立法事项的行使限度与标准问题。但不可否认的是，营商环境以其兼容并包的"大制作"方式已经迅速进驻了各地的立法"集合"之中，成为补充新时代"放管服"改革的重要规范依据。就"基层治理"而言，其在之前已经纷纷"进驻"各级地方的"立法行囊"之中，诸如"社会治理""社区治理"的概念先后出现在中央立法的征求意见稿和地方立法的成稿之中，① 隐含了"小区治理"的含义，而《家庭教育促进法》的出台又让"家庭治理"的理念走向前台，这些交织着中央立法事权和地方立法事权的事项，其实还需要在未来的立法事权可及性的问题上再进一步，同时对其行使方式也需要进一步界定清楚。在这种模式和趋势之后，是否会因此影响到下一步《立法法》的原则与规则设定，其实还需要通过关注中央立法的动态和地方在实践中的应对举措，从而形成一种于法于实都能够为各方所接受的折中方案，而地方立法也会在这种方案之下走向更为理性的制度创设与空间划定，契合我国地方立法备案审查日益强化的趋势。

2023 年 3 月，全国人大通过了《全国人民代表大会关于修改〈中华人民共和国立法法〉的决定》，其中《立法法》第八十一条第一款和第九十三条第三款分别除将"环境保护"的立法事项改为"生态文明建设"外，还增加了"基层治理"的事权表述，从对应范围来讲做了扩张，但就"营商环境"而言能否被归入"基层治理"中，仍值得考虑。就"营商环境"这类政策性极强的新生概念而言，其在不同级别的中央与地方立法中所表达的意思未必完全相同，除了

---

① 如 2021 年 8 月民政部公布的《中华人民共和国城市社区居民委员会组织法（修订草案征求意见稿）》中"基层社会治理"出现两次，另一处为"推动社会治理重心向基层下移"。经修订于 2021 年 11 月 1 日实施的《海南经济特区物业管理条例》中，"社区治理"出现了三处。

要通过严格的备案审查来尽可能实现法制统一，需要准确界定新生概念与一定级别地方可立法事项之间的关系，并准确厘定中央与地方立法事项和中央与立法行政事权之间的对应关系。

其实，这类概念绝不仅限于"营商环境"，诸如"社会信用"①"乡村振兴"与"基层治理"的关系，都值得探讨。从目前政治性概念或政策性概念转化为法律概念的过程来看，"基层治理"与"营商环境""乡村振兴"等有类似的生成与作用机理，"营商环境"在《优化营商环境条例》和地方（含省级和设区的市）立法中多有规定，且地方立法先于国务院立法出现对"营商环境"的界定，"营商环境"强调"体制机制性因素和条件"，② 这与"治理"所强调的"基层社会建设、管理、服务"活动相契合。"乡村振兴"中的"治理"则包容更广，对应了前文所说的现行有效法律中的"社会治理"和"环境治理"的多种情形。"乡村振兴"作为典型的地方"先行先试"之立法事项，最早出现的省级立法场合是2021年1月江西省人大常委会通过的《江西省乡村振兴促进条例》，其提到了"党委领导、政府负责、社会协同、公众参与、法治保障、科技支撑的现代乡村社会治理体制和自治、法治、德治相结合的乡村社会治理体系"，这与党的十九大报告提出的"健全自治、法治、德治相结合的乡村治理体系"和党的十九届四中全会提出的"健全党组织领导的自治、法治、德治相结合的城乡基层治理体系"相契合。2021年4月29日第十三届全国人民代表大会常务委员会第二十八次会议通过《中华人民共和国乡村振兴促进法》（以下简称《乡村振兴促进法》），基本采用了江西省地方立法有关"乡村社会治理体制"和"乡村社会治理体系"的表述，只是在"乡村社会治理体制"中增加了"民主协商"

---

① 从目前涉及社会信用或信用修复的70多部省级地方性法规和34部设区的市地方性法规来看，其中大部分都规定了信用修复的适用主体、信用修复的条件和程序、信用修复的方式、信用修复情况的信息公开系统、信用修复的效果，可以说这与"基层治理"的联系也值得探讨。

② 2020年1月1日起施行的《优化营商环境条例》第二条对"营商环境"的定义为"企业等市场主体在市场经济活动中所涉及的体制机制性因素和条件"。

的要求。2021年7月30日浙江省人大常委会以《乡村振兴促进法》为上位法依据通过《浙江省乡村振兴促进条例》，在保持对上述"治理体制"和"治理体系"定语的基础上在"治理体系"建设目标的最后表述上增加了"智治"，随后在2022年新疆、广东、重庆、河北、上海、湖南、江苏等地的人大常委会先后也均以《乡村振兴促进法》为依据通过了地方的乡村振兴促进立法。其中江苏的"治理体系"建设目标为"党建引领、自治法治德治智治融合、农村集体经济充分发展"，多数省份则保持了跟上位立法相同的表述，而湖南省立法强调了实时性立法属性，未对此表述再做重复性规定。基于此，一方面我们不难看出"基层治理"与"营商环境""乡村振兴"在外延上的高度交叉，另一方面也可以看出"基层治理"在"城乡"等不同地域及"营商"与"振兴"等不同领域所表现出的不同侧重，但同时也显示在"体制机制性因素和条件"上的融合性。最关键的是，它们都是对新时代党和国家经济社会发展的方向和大政方针的集中体现，是国家治理体系和治理能力现代化的重要表现和制度抓手。

2. 补充设定权可能引发的矛盾

前文提及的所谓补充性地方性法规，实际上是在补充上位法的相应条文，在确保符合上位法内容与精神的基础上，起到细化规定的作用。《立法法》只规定了自主性法规、执行性法规和先行性法规。但补充性法规也存在于诸多行政法律规范之中。在上位法已经对行政处罚、行政许可、行政强制等作出规定的情况下，下位法只能作出落实、执行性规定，不能对上位法规定的条件、种类、幅度等要素作出调整和改变，否则应予撤销或纠正。[①] 比如作为地方性法规的《海南省统计管理规定》第三十五条第三款和第三十六条第二款在法律责任的设定方面不同于《中华人民共和国统计法》（以下简称《统计法》）第四十一条第三款和第四十二条第三款，分别在《统计法》设定的处罚幅度（一万元以下）内增设了"一千元以上"的下限。

---

① 全国人大常委会法制工作委员会法规备案审查室：《〈法规、司法解释备案审查工作办法〉导读》，中国民主法制出版社2020年版，第107页。

同时，法律在设定相应的制度时，"需要充分考虑各地的差异和不同需求，必要时为地方性法规留有适当的空间"，既可以授权地方立法增加规定违法行为，也可以授权地方就特定事项规定管理制度，并相应规定行政处罚。①

在2021年《行政处罚法》修订过程中，其也作出了相应的"补充性"的制度设置，"法律、行政法规对违法行为未作出行政处罚规定，地方性法规为实施法律、行政法规，可以补充设定行政处罚。"从《行政处罚法》的修订意图来看，补充设定的功能介于行政处罚的创设与行政处罚的规定之间，从理论上看，具有与创设和规定不同的性质，有学者认为其本质上属于"准创设"。② 如果从法律规范的视角来分析，相当于其"假定"和"处理"都处于法律和行政法规等中央立法之中，而"制裁"等法律后果处于地方立法中。其主要包括的情形是："上位法对某一行为作了禁止性规定但未规定行政处罚、上位法明确了当事人的某项义务但未规定行政处罚、上位法对某违法行为规定了行政处罚但未对同类违法行为或者相关联主体规定行政处罚"。③ 这属于上位法"作为法律规范结果缺失"的情形，另外，其他的缺失还包括"主体缺失、假定条件的缺失，以及对法律、行政法规规定的与确定行为模式具有相当性行为补充的情形等"④。从《行政处罚法（2021）》对地方性法规在行政处罚管辖、违法所得计算方式、行政处罚构成要件等方面的限制和刻意"排斥"，⑤ 可以看出，中央立法者在这些方面还是以法制统一作为更重要的价值判断和维系标准。但对这些要件进行补充时，需要顾及中央立法的文义射程，同

---

① 闫然：《立法法修改五周年设区的市地方立法实施情况回顾与展望》，《中国法律评论》2020年第6期。

② 杨伟东：《行政处罚设定制度：变化、理解与控制重点转换》，《广东社会科学》2021年第4期。

③ 黄海华：《新行政处罚法的若干制度发展》，《中国法律评论》2021年第3期。

④ 刘康磊：《地方性法规行政处罚设定的权限及边界——以新修订的行政处罚法第十二条第三款为视角》，《民主与法制时报》2021年7月15日第06版。

⑤ 参见王太高《论地方性法规行政处罚补充设定权》，《苏州大学学报》（哲学社会科学版）2021年第6期。

时不能违背中央立法的立法目的，并且必须要有充足的理由，同时需要符合比例原则。① 具体来说，"地方性法规补充设定的行政处罚，应限于上位法所规定的行政处罚种类。如果要在上位法所规定的行政处罚种类之外设定处罚，则应设定相对较轻的行政处罚种类。在处罚幅度方面，单一行政处罚不得突破上位法规定的处罚上限，但可以设定低于上位法处罚幅度的行政处罚"。②

无论是上述"增设型"地方立法规定还是"补充型"地方立法规定，都有可能成为立法事权矛盾产生的重要因由，究其原因，主要在于这种"增设"或"补充"主要针对法律责任领域，而法律责任领域恰恰是下位法与上位法之间最容易产生抵牾的领域，这一点在《行政处罚法》对设定的规定亦可以看出。在各省配合全国人大常委会委员长会议通过的《法规、司法解释备案审查工作办法》制定的地方的备案审查立法中，③ 一般都会涉及超越法定权限，违法设定公民、法人和其他组织的义务与违法设定国家机关的责任的情形，同时也会有涉及违法设定行政处罚的规定。这些情形从根本上说明法律责任设定往往可能成为违反上位法的高发区域。因此，在现今的地方立法中，反向"套用"成为地方立法面对法律责任规定时经常采取的立法态度，违反本立法的行为，本立法"未设定处罚而相关法律、法规另有处罚规定的，从其规定"。在更多的立法场合，地方立法往往采取一种"立法迂回"的方式"曲线救国"，如国务院通过的《物业管理条例》规定，④ 如果违反本条例的规定，建设单位没有在物业管理区域内按规定配置必要的物业管理用房，则由县级以上地方人民政府房地产行政主管部门责令限期改正，给予警告，没收违法所得，并处 10 万元以上 50 万元以下的罚款，面对该项规定，各地因其对该条款的关注度不同，就往往采取不同的立法态度，有些地方直接照搬该法

---

① 参见程庆栋《地方补充性立法与行政处罚设定权的配置》，《政治与法律》2021 年第 5 期。
② 王克稳：《地方性法规设定行政处罚的空间》，《法学研究》2022 年第 1 期。
③ 如《海南省各级人民代表大会常务委员会规范性文件备案审查条例》等。
④ 《物业管理条例》2003 年出台并施行，2007 年、2016 年和 2018 年经历三次修订。

条，如浙江省的地方立法规定，有些地方则没有再专门设计相关规定，如江苏省；还有的地方则采取了细化上位法规定的做法，不仅对"限期"的规定进行了细化，将其规定为"三个月内"，同时还对逾期未提供的行为规定了后果，即按照本区域物业平均售价和规定的面积支付专款，在法律责任上也将10万元的下限规定为30万元，可以说从操作性和严格性上大大提高了该条款的"活力"，但是否可能由此引发上下位法之间同类条款之间的矛盾，确实值得商榷。再如，《中华人民共和国安全生产法》（以下简称《安全生产法》）2021年由全国人大常委会修订，其中有关法律责任的规定非常详细，对地方同类立法而言，在法律责任方面"发挥"的空间不大，即便是在安全生产方面有较高需求的山西省，在其2022年修订的《山西省安全生产条例》只有四条相关内容，对《安全生产法》第九十七条第一款第一项规定的情形，《山西省安全生产条例》第七十一条也只是对生产经营单位未按规定设置安全生产管理机构或配备安全生产管理人员、注册安全工程师的情形在罚款方面增加了一万元的下限，这就足以说明《行政处罚法》在补充规定法律责任的这种模式建构上实际上是给地方出了不大不小的难题，当然相对上位法已有规定的情形，上位法没有法律责任规定的情形实际上产生矛盾的可能相对减小，这也是这类立法的另一个特点。但是这种矛盾一旦具备产生的条件，则可能是因违反上位法精神或原则而导致的矛盾。

3. 其他特殊省级地方性法规与上位法之间的矛盾

相比其他经济特区所在地的市制定的法规和浦东新区法规、海南省人大及其常委会制定的海南自由贸易港法规以及海南经济特区法规一样，也具有省级地方性法规的属性。正如有学者所言，海南自贸港法规立法权的定位问题包括海南自贸港法规立法权的横向定位与纵向定位，前者是指海南自贸港法规同经济特区立法权和省级地方性法规立法权之间的关系，后者则是指这一立法权与中央立法事权的划分。[①]

---

① 参见童光政、赵诗敏《论海南自由贸易港法规的开放属性》，《海南大学学报》（人文社会科学版）2023年第1期。

但自贸港法规可以对中央立法的专属法律保留事项加以规定，即有关贸易、投资及相关管理活动领域方面的事项，这也是《中华人民共和国海南自由贸易港法》第十条第一款的明文规定。按照2018年时的统计，海南在建省30年后制定的地方性法规有280多部，其中经济特区法规40多部。① 而在短短的一年多时间里，海南自由贸易港法规就已经出台了17部之多。② 如果不考虑立法成本和立法效果，我国的中央立法权可以对全国范围内任何事项展开立法活动。但海南自由贸易港作为一个制度创新高地，制度创新所导致的立法需求瞬息万变，中央立法权未必能满足海南自由贸易港灵活多变的立法需求。③ 2021年6月10日施行的《中华人民共和国海南自由贸易港法》第十条第三款明确规定，海南自由贸易港法规可以涉及依法应由全国人大及其常委会制定法律或应由国务院制定行政法规的事项，但应报全国人大常委会或国务院批准后才能生效。这一看似跨越法律保留原则的事权规定，实际上引发了对中央立法权与地方立法权之间矛盾的思考与可能尝试。这种授权规定是否如某些学者所言的会导致破坏法制统一，还是在当前的全面深化改革开放的格局下，在海南这一全面深化改革开放试验区的热土上必然会诞生这一改革自主权。这种纵向事权的重新配置首先在立法权配置层面打开了缺口。中央除了将许多具体事权（如一些原应由国务院审批的土地转用权限等）通过《海南自由贸易港法》下放给海南省政府外，也将立法权这种法律保留的固有权限通过立法授给了海南省人大及其常委会。而一旦海南省的国家权力机关或常设机构通过了涉及法律保留或行政法规保留事项的海南自由贸易港法规，并获得全国人大常委会或国务院批准。这一地方立法中规定的行政事权也必然会侵越到中央的行政事权范围。这就造成了一个

---

① 邢东伟、翟小功：《30年制定40多件经济特区法规》，《法制日报》2018年4月6日。
② 周亚军：《海南自由贸易港法出台一年来，海南省人大常委会制定17件自贸港法规——为自贸港建设夯实法治基础》，《人民日报》2022年6月23日第18版。
③ 臧昊、梁亚荣：《论海南自由贸易港立法权的创设》，《海南大学学报》（人文社会科学版）2021年第5期。

"二律背反"的难题,即在当前备案审查日益严格的背景下,这种来自中央批准的代行国家立法权的地方立法,是否成为突破中央立法实现法定分权的启始按钮。其他地方有无可能获得这种立法权,一旦越来越多,法律保留的意义何在? 如果其他地方不能获取这种立法权,那么我们的法制统一是否允许这种例外? 海南自由贸易港的法治体系就成为一种既要适用大量全国统一立法的同时也有不少越过中央立法权之外的单独立法,这种状态与海南自贸港作为一种功能区的地方是否相符? 在目前已经出台的海南自由贸易港法规中,《海南自由贸易港征收征用条例》中的"对非国有财产的征收、征用"是否属于典型的法律保留事项?

2022年1月1日起施行的《海南自由贸易港公平竞争条例》第三十四条规定,"违反本条例规定的行为,本条例未设定处罚但其他法律、法规已设定处罚规定的,依照有关法律、法规的规定处罚;有关法律、法规的规定严于本条例的,依照有关法律、法规的规定执行。"这里存在的问题在于,海南自由贸易港法规作为下位法,是否可以在处罚规定方面"降格",按照目前备案审查的要求,行政处罚在规定权上不能"缩水"。比如,2019年,某市人大常委会法工委对某市政府规章《某市石油天然气管道保护规定》进行了审查,发现该规章中对处罚的上限为5万元,与石油天然气管道保护法第五十条处罚上限为10万元不一致,于是向市司法局发函,要求对初步审查意见予以研究处理,市司法局回函称已将《规定》纳入2019年市政府规章集中修正项目,将按审查意见对相关条款进行修改。2019年11月14日市政府公布《某市人民政府关于修改和废止部分市政府规章的决定》,将《规定》中的相关法条中的"5万元"改为"10万元"。[①] 如果说这是对有关法律、法规的规定变通的话,是否应该执行海南自由贸易港法规的规定? 如果不是变通,单纯强调执行有关法律、法规的规定,那自由贸易港法规的

---

① 全国人大常委会法制工作委员会法规备案审查室编著:《规范性文件备案审查案例选编》,中国民主法制出版社2020年版,第203—204页。

制定权又有何单独存在的意义。《海南自由贸易港知识产权保护条例》第六十一条规定，"违反本条例规定，本条例未设定处罚而法律、法规另有处罚规定的，从其规定"。而如果只是在公平竞争方面才执行这种原则，那其独特性在哪里？为什么要单独规定？

《中华人民共和国海南自由贸易港法》作为海南自由贸易港建设的基础法，对一些问题做了原则性规定，但过于简单。比如，该法第五十三条规定，"海南自由贸易港加强社会信用体系建设和应用，构建守信激励和失信惩戒机制"。2021年9月29日，海南省六届人大常委会第三十次会议表决通过并公布《海南自由贸易港社会信用条例》，该《条例》第二十二条规定了海南省地方性法规可以规定的失信惩戒措施的种类。2021年12月1日海南省第六届人民代表大会常务委员会第三十一次会议通过《海南自由贸易港免税购物失信惩戒若干规定》，其第六条和第七条分别明确了对法人和非法人组织以及自然人的失信惩戒措施。该《规定》与上述《条例》都是2022年1月1日起施行。在内容上，该《规定》在第一条明确，其是"根据《中华人民共和国海南自由贸易港法》《海南自由贸易港社会信用条例》等法律、法规和国家有关规定"制定，并在其第九条规定，"免税购物失信信息归集、共享、公开、异议处理和信用修复等工作，按照《海南自由贸易港社会信用条例》有关规定办理"，明确了《规定》和《条例》之间的补充适用关系，可以认为在免税购物失信惩戒问题上，这是特别法与一般法的关系。

2005年海南省人民政府在修改《关于地方性法规起草和行政规章制定程序的规定》时，① 对海南经济特区法规的可规定事项做了规

---

① 2005年海南省人民政府又通过《海南省人民政府关于修改〈海南省人民政府关于地方性法规起草和行政规章制定程序的规定〉的决定》，将1995年制定的该规章更名为《海南省人民政府法规起草和省政府规章制定程序规定》，有关经济特区法规可规定事项的内容未做调整。2001年制定且经过两次修正的《海南省制定与批准地方性法规条例》的第五条对海南经济特区法规可以规定的事项也做了规定，包括海南经济特区体制改革需要制定法规的事项、海南经济特区对外开放需要制定法规的事项、法律规定应由国家制定法律的事项以外国家尚未制定法律、行政法规的事项以及海南经济特区需要制定法规的其他事项。

定，其第三条规定，根据全国人大授权，海南经济特区法规草案在遵循法律、行政法规原则的前提下，可规定以下事项：为促进体制创新、产业升级和对外开放需要先行先试的事项；为行政管理制度的重大改革需由省人大及其常委会制定特区法规规范的事项；根据海南经济特区经济发展和改革开放的实际需要，依照法律、行政法规的基本原则，需对国家法律、行政法规进行必要变通、补充和细化的事项；法律规定应当由国家制定法律的事项以外国家尚未制定法律、行政法规，根据海南经济特区的具体情况需要制定特区法规的事项；海南经济特区需要制定特区法规的其他事项。

这些事项的确定，一方面是结合2000年《立法法》第六十四条和第六十五条的规定，但更侧重于是对当时《立法法》的第六十五条予以细化，上述五项事项中，其中第四项更类似于2000年《立法法》第六十四条第二款的先行性立法，但第一项立法事项也突出了经济特区"先行先试"的权力，可以认为经济特区法规本身确实具有地方性法规的一般属性，但在具体操作过程中又更具灵活性，比一般地方性法规能够施展的空间更为广阔。而在1995年的《海南省人民政府关于地方性法规起草和行政规章制定程序的规定》和1990年的《海南省地方性法规起草和行政规章制定程序暂行规定》中都没有相关规定。海南自由贸易港法规比经济特区法规又更进一步，其涉及中央专属的立法权由地方行使的问题，但需要报全国人大常委会或国务院批准。而从其一般的立法前提来看，海南自由贸易港法规的制定，一方面是要结合海南自由贸易港建设的具体情况和实际需要，另一方面需要遵循宪法规定和法律、行政法规的基本原则，这些立法前提的表述都类似于前述《海南省人民政府关于地方性法规起草和行政规章制定程序的规定》（2005）第三条的第三项表述，且海南自由贸易港法规也有相关变通上位法的规定，就立法事项而言，主要是关于贸易、投资及相关管理活动，且实施范围有一定限制。海南自由贸易港法规作为最初在《海南自由贸易港法》中规定的立法形式，其本身与《海南自由贸易港法》之间还存在一种衔接的关系，由海南省人大常委会通过的《海南自由贸易港生态环境保护考核评价和责任追究规定》，2023年1月1日起施行，很大程度上是《海南自由贸易港法》和《环境保护法》的相关规定，尤其是《海南自由贸易港法》第五章的相关内容，如该法第三十六条"环境保护目标责任制和考核评价制度"、环保目标完成情况"一票否决制"、对未完成环保目标地区的环境影响评价制裁与相关责任人的处分、"生态环境损害责任终身追究制"，这些机制的设计在《海南自由贸易港生态环境保护考核评价和责任追究规定》中均有相关细化规定。《海南自由贸易港法》作为一部海南自由贸易港发展的基础法，其中有关于贸易自由便利和投资自由便利的专章规定，其他诸如财政税收（第四章）、生态环境保护（第五章）乃至综合措施（第七章）的规定，都可能成为诸多海南自由贸易港法制定的上位法依据，但另一方面《海南自由贸易港法》第十条又是一条概括式的授权规定，将海南自由贸易港法规的制定权在该法的"总则"中予以确认，实际上又成为其他海南自由贸易港法规自由发挥和施展的空间，可以说，这部特殊的框架法对海南自由贸易港发展的功能是双重的，同时也对央地立法事权划定模式的更新提出了一条新的思路。

（二）设区的市地方性法规与上位法之间的矛盾

对2015年的地方立法权的变动来讲，最典型的一个特征就是设区的市立法权的"有放有收"，"收"针对的是收回旧市的一部分立法权限，"放"表示对新市进行一定程度的立法权赋予。① 比如新授予的立法权限主要包括城乡建设管理、环境保护和历史文化保护三类。但当时三者之间划分可能存在相互交叉的地带，与上位法之间的"对位"也容易出现问题。以风景名胜区的管理为例，其本身可能是城乡建设与管理的下设领域，同时也可能涉及环境保护。因为《中华人民共和国环境保护法》第二条对"环境"的界定，包括了"风景

---

① 杨惠琪：《市级立法的权能、实践与优化——以主体扩容为分析背景》，中国法制出版社2021年版，第104页。

名胜区",而"风景名胜区"本身如果有与历史文化的交叠,又可能涉及历史文化保护的立法意味。因此,上述三者之间的划分本来就具有相对性,不是截然明确划分的事项与区域。2023年《立法法》又对设区的市立法事项增加了"基层治理",将"环境保护"改为"生态文明建设",表面上看似乎是减少了产生争议的可能,但依然无法完全杜绝可能产生的争议。

以相对不明确的"城乡建设与管理"为例,有学者提出首先要在法理上准确明晰其所涉权限之基本范围,即城市公用事业管理、公共设施管理、公共事务管理、环境管理、交通管理、应急管理和城市规划实施管理等内容。[①] 按照全国人大常委会法工委主任沈春耀的说法,城乡建设既包括城乡道路交通、市政管网等基础设施建设,也包括医院、学校、体育设施等公共机构、公共设施建设;城乡管理除了包括对市容、市政等事项的管理,还包括对城乡人员、组织提供服务和社会保障以及行政管理等。[②] 实践中,有些地方将妇女与老年人权益保障、养老服务业促进、旅游业促进、文明行为促进、信息经济应用促进、社区教育促进、科技创新促进、气候资源开发利用、政府数据共享开发、特种行业和服务场所治安管理、市场中介组织管理、农村留守儿童保护、职业技能培训、绩效管理、义务献血等也归入"城乡建设与管理"。[③] 但是,这其中有些具体领域可能会产生设区的市立法权与省级立法权之间的权力划分问题,比如在电力领域的立法方面,全国各地基本上采取的是省级地方性法规或省级地方政府规章的立法方式,这其中涉及的领域就包括电力设施保护、窃电行为规制、电能保护、供用电、电力建设、农村电价等多领域和多种表现形式,但如果有的省没有相应的地方电力规范,一些设区的市便在此领域出台相应

---

① 魏治勋:《市域社会治理视阈下设区的市城市管理权限界定》,《法律科学》2021年第5期。

② 闫然:《立法法修改五周年设区的市地方立法实施情况回顾与展望》,《中国法律评论》2020年第6期。

③ 参见高绍林主编《地方立法工作体系研究》,天津人民出版社2019年版,第66页。但从实际的性质界定来看,这些事项有些更倾向于"基层治理"。

的电力设施保护立法，这属于前文所述的"城乡建设与管理"之下的城市电网建设，如汕头市 2016 年制定的《汕头市电力设施建设与保护条例》、中山市 2017 年制定的《中山市电力设施保护条例》，但有些地方就不单单是局限于电力设施保护，而是直接制定了电力管理方面的立法，如《济南市电力管理条例》，本溪市也在辽宁省之前出台了《本溪市电力设施保护条例》，但在七年后辽宁省立法出台后也没有再进行相应修改。① 在学者对"城乡建设与管理"的权限范围总结中，城乡规划、基础设施建设和市政管理是其三大主要组成部分，但"供电"属于"城乡规划"，"城市电网建设"属于"城市管网"中的"城市电网建设"，"城市照明"则属于"市政管理"。② 可见，就电力领域立法而言，其因有不同的环节而导致其归属于不同的领域立法，但是否这种立法权为设区的市所专有，则值得探讨。

根据有些学者的分析，在 2015 年新授的三种立法权限之中，历史文化保护方面的立法整体上呈现出较高的创制性，在城乡建设与管理领域，整体创制的法规占比不高，但与上位法相比也体现了一定的创制性。③ 而这种"创制性"在不同领域的立法事项中表现不均衡，总体来说，"地方立法主体应当在综合考虑本行政区域具体立法需求和立法实践情况的基础上，在创制对象范围内，科学、民主进行创制性立法活动。"④ 不仅在三大类事项中表现不均衡，在同一大类立法事项中其表现也并不均衡，如果我们以"环境保护"方面的立法事权为例进行比较，会发现各设区的市进行的主要是自然环境保护立法，从数量上来看又是水环境保护方面的立法更为突出，究其原因，一方面在于"水流"虽属于国家所有，但其往往位于各地方，且其对地方经

---

① 参见王学棉、王书生、王重阳《地方电力立法研究》，中国政法大学出版社 2019 年版，第 27—30 页。

② 参见李园园《地方立法权之"城乡建设与管理"范围研究》，转引自郑磊、田梦海主编《立法研究》（第五辑），浙江大学出版社 2022 年版，第 33 页。

③ 付子堂主编：《中国地方立法报告（2019）》，社会科学文献出版社 2020 年版，第 49 页。

④ 曹瀚宇：《地方创制性立法研究》，中国社会科学出版社 2023 年版，第 36—37 页。

济的发展承担着非常关键的功能，还有一些立法则侧重于城市环保的同时容易忽视农村的环保，另外，"城市绿色条例"方面的地方性法规数量相对增长较快，且集中在2016年以后，这表明了五大发展理念中的"绿色"这一宏观理念对地方立法理念影响较大，尤其自党的十八届五中全会首次提出了创新、协调、绿色、开放、共享五大发展理念。而就"历史文化保护"而言，其在《环境保护法》所规定的"环境"定义上属于"人文环境"，但在地方却被归入与"环境保护"并列的立法"范畴"，而从城市生活垃圾管理方面来看，其被归入"城乡建设管理"其实比被归入"环境保护"更适合。这说明《立法法》对于设区的市立法授权项目的表述并不是绝对的，这种授权可能随着地方实际需要的不同而产生各种不同的表现形态。

对于设区的市地方立法权来说，其立法权限边界是可以通过总结一定的规律予以框定。以上所说的《环境保护法》对"环境"的定义，以及《立法法》对设区的市环境保护与城乡建设管理甚至历史文化保护立法权的下放，到底在多大程度上有契合的空间。或者说，两者是不是一开始就存在一种"特别法"与"一般法"的关系，而哪部法为"特别法"，也值得探讨。[①] 从立法出台时间来看，这些立法之间的关系并不像其名称所显现的那样。这种广泛布局的环境立法体系，实际上对地方立法在选择上位法时影响也较大，不同上位法的选择可能会导致地方立法所呈现的"立法面目"截然不同，尤其是在设区的市立法权限本身就缺乏明确的界定前提下，更是如此。不仅如此，在法律之外，还存在大量的行政法规，这些行政法规也会对下位法的制定产生各种影响。

1. 生态文明建设与城乡建设管理立法对比分析

我们仍以浙江省为例分析生态文明建设方面的设区的市的地方性法

---

① 很多环境单行立法也没有把《环境保护法》作为其立法依据，《环境保护法》并未发挥其对环境单行法的约束作用，环境单行法大多采取对《环境保护法》不破不立的态度。参见徐祥民、刘宏《环境基本法：环境法治建设的必需品》，《中华环境》2014年第6期；另参见吴凯杰《历史视角下中国环境法典编纂的再体系化功能》，《荆楚法学》2022年第1期。

规。在大气污染防治方面，其现有立法包括《嘉兴市餐饮业油烟管理办法（2019）《金华市大气污染防治规定（2020）》《丽水市烟花爆竹经营燃放管理规定（2020）》《温州市气候资源保护和利用条例（2020）》《温州市销售燃放烟花爆竹管理规定（2021）》《丽水市扬尘污染防治规定（2021）》；在水污染防治方面，现有立法包括《宁波市城市排水和再生水利用条例（2007）》[①]《温州市楠溪江保护管理条例（2019）》《台州市长潭水库饮用水水源保护条例（2020）》《杭州市钱塘江综合保护与发展条例（2020）》《舟山市港口船舶污染物管理条例（2020）》；其他比较有特色的立法还包括《嘉兴市生活垃圾分类管理条例（2020）》《金华市城市绿化条例（2020）》《衢州市工业固体废物管理若干规定（2021）》《杭州市淳安特别生态功能区条例（2021）》《湖州市绿色金融促进条例（2021）》《嘉兴市建筑垃圾管理条例（2021）》。除此之外，还有很多地方出台了相应的历史文化保护方面的立法，如《温州市泰顺廊桥保护条例（2020）》《丽水市革命遗址保护条例（2021）》，这些立法如果从省一级的立法权限而言，可能更倾向于属于广义的环境保护范围，但是从设区的市的角度而言，就是比较典型的历史文化保护的范围；另外，2019年到2021年温州、宁波、舟山、丽水、台州、湖州等设区的市先后通过了养犬管理方面的立法，台州、丽水先后通过文明行为促进方面的立法，这些立法虽然跟环境保护有一定关联，但明显更倾向于归属"城乡建设管理"的立法事权种类，稍微在立法事权关联度上更远一点的立法还包括《衢州市农村住房建设管理条例（2020）》《绍兴市村庄规划建设条例（2020）》《宁波市国土空间规划条例（2020）》《宁波市菜市场管理条例（2020）》，正像光谱中"赤橙黄绿青蓝紫"各类可见光光波的长短分布一样，从前文列举的最为典型的设区的市环境保护立法到非典型的兼具"环境保

[①] 宁波市属于国务院批准的较大的市，其立法权依据是2000年的《立法法》及之前的《地方组织法》的相关规定。

护"与"历史文化保护"或"环境保护"与"城乡建设管理"等内容特征的立法,实际上反映了"光波的波长"越来越短,但频率却越来越大,对环境保护这一立法事权本身而言,其仍具有"可见性"。因此,对设区的市来说,有学者提出首先要在法理上要明确事关立法权限概念"城乡建设管理"等各类立法权限之基本范围,比如"城乡建设管理"这一立法事项中,需要由设区的市立法的事项,主要是那些不能通过全国、全省统一立法解决的问题,如具有本地特殊性的自然环境保护、特色文化传承保护等。[①] 有些地方为了避免立法风险,一方面照抄上位法的禁止性规定,或采取"法律法规有禁止性规定的从其规定",或增加一些发生概率极小的规定,或同时规定"法律责任另有规定的从其规定",或在草案说明中具体列明与上位法不一致的情况。[②]

具体来说,"城乡建设管理"主要具体涉及城乡规划、基础设施建设、市政管理三个分支。其中,城乡规划包括城市和镇的发展布局、功能分区、用地布局、综合交通体系和禁止、限制和适宜建设的地域范围、各类专项规划以及住宅、道路、供水、排水、供电、垃圾收集、畜禽养殖场所等农村生产、生活服务设施、公益事业等各项建设的用地布局、建设要求和对耕地、自然资源和历史文化遗产保护、防灾减灾等的具体安排。基础设施建设则包括城市道路交通基础设施(公共交通基础设施建设、城市道路桥梁建设改造、城市步行和自行车交通系统建设)、城市管网和垃圾处理及其相应的处理设施建设(城市供水、污水、雨水、燃气、供热、通信等各类地下网管的建设改造、城市供水、排水、防涝和防洪设施建设、城市电网建设)、生态园林和城市公园建设等方面;市政管理则主要涵盖城市公共事业管理(对城市教育、科技、文化、卫生的管理)、城市公共设施管理

---

① 冯玉军主编:《完善以宪法为核心的中国特色社会主义法律体系研究》(下册),中国人民大学出版社2018年版,第642页。
② 付子堂主编:《中国地方立法报告(2019)》,社会科学文献出版社2020年版,第36—37页。

（对城市公共设施的管理，主要是对市政设施、供水设施、公交设施、园林设施、环卫设施的管理）、城市公共事务管理（城市基础设施的投资和维护，提供和加强就业岗位，社会保障服务，兴办和支持教育、科技、文化、医疗卫生、体育等公共事业，及时发布有关社会信息，为社会公众生活质量的提高和参与公共事务提供有力的保障和创造相关的条件）等方面。

经过目前的统计，在全国范围内设区的市制定的此类地方性法规大体主要涵摄方向如下：市容和环境卫生类有99部、绿化管理方面有92部、招牌设置方面有6部、供水和用水管理方面有29部、烟花爆竹管理方面有54部、文明促进方面有102部、物业管理方面40部、风景名胜区保护有2部、城乡规划管理方面有38部、餐厨废弃物管理方面有5部、城市综合管理方面有5部、交通管理方面有43部、公园管理方面有23部、河道管理方面有27部。通过对上述数据的分析，不难看出各个设区的市对文明促进、市容和环境卫生管理方面的立法尤为重视。但就具体的立法来看，各地由于立法的前期速度不一，导致相应的上位法依据也不完全一致，比如就"市容和环境卫生管理"方面的立法，安徽省合肥市作为省会城市在1997年9月26日制定，没有相应的上位法依据，在此之前，1992年6月28日国务院《城市市容和环境卫生管理条例》通过（2011年和2017年经过两次修订），而2019年9月11日《阜阳市城市市容和环境卫生管理条例》就明确了以国务院行政法规作为上位法依据。比如山东省在城市供水方面表现就差异较大，《青岛市城市供水条例》于1996年7月26日出台，1997年1月1日起施行，其在立法依据方面并没有明确表述，即便是2017年10月27日该立法经过两次修正和一次修订后仍是如此。而《山东省水资源条例》作为省级地方性法规明确了《中华人民共和国水法》作为立法依据，但其通过时间较晚，2018年1月1日起施行。因此，其与各个设区的市之间的供水立法并没有直接的关联，而城市的供水立法与省一级行政单位将水作为资源来管理在视角上并不完全相同，理应归入不同的"城乡建设管理"和"环境保护"领域。从山东省各地（按时间顺序含济南、烟台、东营和菏泽）对供水立法的上位依据表述都明确了《水法》和《城市供水条例》，而没有对山东省的水资源立法提及，即便是有些立法出台于《山东省水资源条例》之后，如东营市、菏泽市的供水地方立法。这说明，设区的市地方性法规的立法原则更多是对省级地方性法规的"不抵触"回应，同时，对于属于不同序列的立法，设区的市更多愿意选择法律和行政法规作为上位法。

同样的情况也发生在生活垃圾治理领域，将其归入"城乡建设管理"或"生态文明建设"领域均无不可。如果按照各地对其上位法依据的选择，似乎可以看出地方对生活垃圾治理的类别归属态度之选择倾向。在固体废物污染防治领域，有些省（如湖北）不同设区的市对不同领域垃圾处理立法采取不同的归类，比如在建筑垃圾领域，荆门市在其城市建筑垃圾管理立法中就将其上位法固定为《固体废物污染防治法》和国务院的行政法规《城市市容和环境卫生管理条例》，而农村生活垃圾治理领域，咸宁市的立法以《环境保护法》和《固体废物污染防治法》作为上位法依据。湖北省襄阳市则对农村生活垃圾、城市生活垃圾、城市建筑垃圾先后分别进行立法，除《襄阳市城市生活垃圾治理条例》明确以《固体废物污染防治法》《城市市容和环境卫生管理条例》《湖北省城市市容和环境卫生管理条例》为依据，《襄阳市农村生活垃圾治理条例》《襄阳市城市建筑垃圾治理条例》都没有明确相应的依据。这反映了我国有些地方立法的涵盖度相对于上位法逐渐缩小，但国务院行政法规《城市市容和环境卫生管理条例》作为上位法能否涵盖不同领域的立法（如地方的城市市容和环境卫生管理条例抑或城市生活垃圾治理条例），一方面取决于地方在某些立法用意和倾向方面的重点考虑，另一方面也反映了我国地方性法规制定的"不抵触原则"在实际运用中的相对不受限，这种"不受限"实际上导致了地方立法的"分裂性"，即地方立法容易出现所谓的"地方立法锦标赛"而分门别类多头立法的可能。城市市容管理本来就是因地制宜，虽然 1992 年的

《城市市容和环境卫生管理条例》在2011年和2017年经过两次修订,[①]但已经无法跟上地方治理蓬勃发展的形势规制之需,更不能与国家在此方面的政策要求并驾齐驱,[②]同时更缺少统一的国家立法标准作为衡量依据,因此,地方立法五花八门就不难理解。对于农村生活垃圾的处理这种环境保护的"分支"问题而言,其更是很难找到中央的集中统一立法作为上位法依据。但从农村生活垃圾的处理来看,其也很容易影响到农业环境卫生甚至农业生产,尤其是对农业生产大省而言,比如在目前统计的黑龙江、河南、山东等三省设区的市农村环境卫生整治的立法来看,数量偏少,仅有《哈尔滨市城乡容貌和环境卫生条例》《濮阳市农村生活垃圾治理条例》《德州市城乡容貌和环境卫生管理条例》,其中哈尔滨市的地方立法是2011年制定的,德州市的立法虽然是2017年通过且2018年批准实施的,但其与哈尔滨市的立法都更偏向于"城乡建设管理"与"环境保护"的交叉领域,而且对农村地区或农业的关注或规制十分有限,对于解决农村生活垃圾污染或农业面源污染可以说是少法可依,这些情况都还说明,我国设区的市获得立法权之后,对于解决农村问题、农业问题等"三农"领域的问题还相对有限。从另一方面来说,我国农村方面的立法依然是在力图解决基本的环境保护问题,当然有些地方也采取了相对有特色

[①] 《城市市容和环境卫生管理条例》(1992年6月28日中华人民共和国国务院令第101号发布,根据2011年1月8日《国务院关于废止和修改部分行政法规的决定》第一次修订,根据2017年3月1日《国务院关于修改和废止部分行政法规的决定》第二次修订),参见http://www.gov.cn/gongbao/content/2017/content_5219144.htm,访问日期:2023年1月2日。但就其修改内容来看,其实应为"修正",第一次"修订"是将已经更名的法律在本法中及时更名,第二次"修订"改了四十五条中的其中一条。

[②] 《上海市市容环境卫生管理条例》已由上海市人大常委会于2022年9月22日修订通过,自2022年12月1日起施行。其条文规模达到68条,将农村地区纳入管理范围,立足城乡一体,聚焦村容村貌塑造、环境品质提升。同时,又结合农村特点,明确要加强城乡容貌标准制定和标准化体系建设。参见陈静《新修订〈上海市市容环境卫生管理条例〉构建新发展阶段下共治、共享工作新格局》,http://www.sh.chinanews.com.cn/shms/2022-11-29/106007.shtml,访问日期:2023年6月18日。除了在内容上契合城乡社会治理一体化的需要外,还承载了更多的社会管理功能,成为包括《突发事件应对法》《传染病防治法》等中央立法在某些内容落实方面的"对位"立法。

的做法，如2021年3月1日起施行的《威海市农业废弃物资源化利用管理办法》，而城市的环境立法却已经过渡到对于美好环境的享受层面，比如建筑垃圾管理、厨余废物管理等层面。

但是，从目前地方立法能够接受中央立法影响的领域来看，城乡规划表现相对明显。一方面，国家在机构设置层面只有住房和城乡建设部，而没有统一的"规划部"，2018年党和国家机构改革之后多数地方的规划部门已经和地方的自然资源部门（原为国土资源部门）合并设立，这就更加强化了其机构功能的统筹性，另一方面，城乡规划方面有统一立法，这就比较容易形成"中央有决策立法"而"地方有执行立法"的格局。从目前中央的立法来看，"城乡一体化"是一条立法主线，2008年1月1日《城乡规划法》取代《城市规划法》施行后，对我国相关的城市立法还是产生的一定的影响和带动。以湖南省为例，《岳阳市农村村民住房建设管理条例》《长沙市农村村民住宅建设管理条例》《娄底市农村住房建设管理条例》等都在上位法依据中将《城乡规划法》和《土地管理法》《村庄和集镇规划建设管理条例》等相并列。就我国立法的实际发展趋势来讲，中央立法尤其是法律这一层级的规范，实际上在尽可能拓宽口径，延展适用面，比如2021年12月24日通过的《噪声污染防治法》取代了《环境噪声污染防治法》，并于2022年6月5日起施行，表面上看是在名称上做了修改，去掉了"环境"两个字，但在实际上是将适用范围扩展到了更多领域，尤其是将该新法的适用拓展到了农村地区，[1] 也对于城乡一体化和打破我国立法适用的"两张皮"有着重要的作用，实际上是贯彻宪法平等精神或社会主义核心价值观的重点尝试。这与2015年新的《国家安全法》和1993年旧的《国家安全法》[2] 之间的关系还不完全相同，这种《国家安全法》的更新迭代实际上是为了贯彻总体

---

[1] 刘毅：《噪声污染防治法今年6月5日起施行：标本兼治 维护生活环境和谐安宁》，《人民日报》2022年1月24日第14版。
[2] 1993年的《国家安全法》从内容上讲被2014年的《反间谍法》所取代。2023年《反间谍法》被修订。

国家安全观、应对国家安全工作开展的总体需要而进行，不是适用地域上的拓展，更多的是内涵与外延的拓展。当然，对于《噪声污染防治法》和《城乡规划法》而言，除了在适用地域上更广阔外，其对于生态环境保护与住房和城乡建设等工作而言，也同时有功能拓展的作用，尤其是在"多规合一"的背景下，对于环境保护和城乡规划之间的联系也更注重，"生态规划在多规合一源头、过程与末端三个层面的地位，应首先基于科学划定生态保护红线，其次通过资源环境承载力实现生态与其他规划在人口规模上限、产业及其布局与城市开发边界的融合，最后编制污染的治理规划"①。这属于在生态文明治理大视角下展开的技术与法治的多层级组合，这种组合从中央立法延展至地方立法，共同形成多功能、宽口径的治理体系和治理能力现代化。

同时，一些特色立法在某些地方相继出现，比如2018年《大庆市露天市场管理条例》就属于全国范围内首例相应立法，是"城乡建设管理"在特殊领域的表现。而2020年《宁波市法治乡村建设促进条例》②给"法治乡村建设"所下的定义是"乡（镇）、村的法规制度健全、治理方式改进、公共法律服务完善、执法规范化水平提高、公众法治意识提升"，而这也是政府社会管理或现代社会治理的职能体现，从类别归属上是否可以被置于"城乡建设管理"的广义范畴？如何判断某项事务是否属于"城乡建设管理"方面的内容，根据前文所述，城市公共事业管理主要包括对城市教育、科技、文化、卫生的管理，而经过综合各个设区的市制定的"养犬管理条例"可知该法的主要立法目的是加强养犬管理，规范养犬行为，保障市民身体健康和人身安全，维护社会公共秩序和市容环境卫生，提升城市文明形象。而市容环境卫生和城市文明形象本身就属于城乡建设管理的范围，因

---

① 王奇、刘蕾：《生态文明视角下多规合一的"合"与"分"》，《环境保护》2016年第9期。

② 与之相似的还有《湖州市法治乡村建设条例》，其与《湖州市美丽乡村建设条例》在立法事权的类型化判断上就不能完全归属于一类，后者应该属于以"环境保护"为主的立法事权的体现，与后者属于同一类的国内立法还包括2020年10月1日起施行的《临沂市美丽乡村条例》和2021年1月1日起施行的《海东市美丽乡村建设条例》。

此，结合立法目的，"养犬管理条例"应当属于城建管理方面的立法。但如果我们以"养犬管理"为例来加以分析，会发现很多"养犬管理条例"里并未明确说明其上位法，但实际上多数"条例"的上位法是《民法典》和《动物防疫法》。在《民法典》出台前，有些设区的市就已经根据《动物防疫法》制定了相关条例，但后来随着经济社会的发展和行政管理体制改革的不断深入，特别是相关上位法的制定、修订，为了落实《民法典》《动物防疫法》相关要求，一些设区的市地方立法也做了相应的修改。

但从设区的市实际的立法情况来看，设区的市地方性法规制定和上位法之间的关系也呈现多种多样的情形。如果以同样的立法主体来看，设区的市地方性法规相互之间及其与省级地方性法规在依据表述上也不尽相同。比如风景名胜区方面的立法，在设区的市获得立法权之前，通常是由省级人大或人大常委会制定相应的立法，有些立法就表明了相应的上位法依据，如《黄山风景名胜区管理条例》是由安徽省人大常委会最早于1989年通过的，至今经过四次修正和一次修订，最初该立法依据的是国务院1985年通过的《风景名胜区暂行条例》和"有关法律、行政法规"，很明显这里的行政法规不包括《风景名胜区暂行条例》以及后来的《风景名胜区条例》。2006年9月国务院《风景名胜区条例》公布，《黄山风景名胜区管理条例》在其第一条立法依据将《风景名胜区暂行条例》改为《风景名胜区条例》，也是在2014年修订时进行的，而没有在2010年第三次修正时将最新的上位法依据予以明示。而2002年通过的《九华山风景名胜区管理条例》和2009年通过的《淮南市舜耕山风景区管理条例》对上位依据的表述分别为"根据有关法律、行政法规"和"根据有关法律、法规"，这种表述不同于"黄山风景名胜区"。当然，对《黄山风景名胜区管理条例》而言，其第一条的表述也不同于其他立法，比如其开篇是"黄山是国家级风景名胜区，世界文化与自然遗产，世界地质公园"。作为国家级风景名胜区，对《风景名胜区暂行条例》的单独强调并不为过。但九华山作为与黄山一样的1982年获批的第一批国家级风景名胜区（原被称为"国家重点风景名胜区"），在2002年由安徽省人大常委会立法时没有采取与黄山一样的立法上位依据表述，而采取了模糊的处理，也着实值得反思，这实际上也是对我国地方立法在上位法依据表述方面的要求过松导致。而《淮南市舜耕山风景区管理条例》作为当时的"较大的市"（属国务院批准的较大的市）立法，没有刻意强调"法律"和"行政法规"的上位法属性以及是否涵盖省级地方性法规作为上位依据，这种情况也值得反思。在2015年设区的市获得"环境保护"和"历史文化保护"方面的立法权后，有关风景名胜区的地方立法也变得更为常见，这其中既有不同批次的国家级风景名胜区立法［如《滁州市琅琊山风景名胜区条例（2017）》《齐云山风景名胜区保护管理条例（2017）》《安庆市天柱山风景名胜区条例（2018）》］，也有并不属于国家级风景名胜区的省级风景名胜区立法［如《宣城市敬亭山风景名胜区条例（2016）》］，但这里的共同的特点在于，它们作为设区的市地方性法规，都将国务院《风景名胜区条例》作为明确的上位法依据。在有些省（如湖南），一些设区的市在制定本市的风景名胜区的保护条例时，会将相应的省级风景名胜区立法同样纳入为上位法依据，比如娄底市《湄江风景名胜区条例》和郴州市的《苏仙岭—万华岩风景名胜区保护条例》都同时将《风景名胜区条例》和《湖南省风景名胜区条例（2011）》作为上位法依据，但长沙市的《沩山风景名胜区条例（2017）》却并没有将其列入，这与省级地方性法规出台之前同样由长沙市人大常委会通过的《岳麓山风景名胜区保护条例（2006）》对上位法依据的描述应有不同，后者因出台时间原因只提到"根据国家《风景名胜区条例》等法律法规"，而前者则是在省级地方立法已经通过后仍表述为"根据国务院《风景名胜区条例》等有关法律、法规的规定"。这里对"法规"外延的理解自然不同。就《湖南省风景名胜区条例》第二条第二款中所界定的"风景名胜区"而言，既包括国家级的，也包括省级的。所以作为沩山风景名胜区这一国家级风景名胜区的规范调控，也应理解为被包括在《湖南省风景名胜区条例》的调控范围之内。

以同省制定的设区的市地方性法规的上位法依据为例,各地就存在不一样的做法,比如,在浙江省杭州市、湖州市和金华市制定的禁止销售燃放烟花爆竹管理方面的立法中,只有《湖州市禁止销售燃放烟花爆竹规定》明确同时以《大气污染防治法》和《烟花爆竹安全管理条例》作为上位法依据,其他两市只明确了国务院行政法规,但未明确法律作为上位法依据。在山东,有菏泽、临沂、潍坊、日照、聊城等五个设区的市制定有大气污染防治方面的地方立法,但在其上位法的表述中,各有不同。《菏泽市大气污染防治条例》《潍坊市大气污染防治条例》和《日照市大气污染防治条例》表述最为完整,三地是根据《环境保护法》《大气污染防治法》《山东省大气污染防治条例》制定,临沂和聊城两地没有提及《环境保护法》作为依据。这也从侧面反映了当前不同环境保护立法尤其是中央环境保护法律在环境法体系化过程中的不同地位。随着《大气污染防治法》《海洋环境保护法》《水污染防治法》等环境保护单行法修订工作的展开,如何处理与《环境保护法》的关系,成为一个现实的问题。[1]

2. 营商环境立法对比分析

对于设区的市来说,除了上述四个方面明确的立法事项,越来越多的地方开始紧跟地方的政策推行任务和实际需要,进一步开展对市一级立法的探索。以前文述及的地方营商环境立法为例,其就明显体现出体系化的内部联动。地方营商环境立法这一大的"立法集合"中,包含各类立法"元素"。《优化营商环境条例》出台之后,有些地方出台省级地方性法规,有些地方则在没有省级地方性法规的前提下直接出台设区的市地方性法规,还有些地方以省级地方政府规章代之以省级地方性法规,或者先后出台地方政府规章和地方性法规,这些做法的多元并立,恰恰说明我国地方立法权在行使过程中还存在立法形式选择的困惑。我们以各地立法中的典型做法为例来说明如何解

---

[1] 吕忠梅:《标示"绿典"之路》(2018),转引自刘长兴主编《环境法体系化研究》,法律出版社2021年版,"代总序"第2页。

决这一问题。

正如前文省级营商环境立法一样，设区的市营商环境立法也在近年经历了蓬勃发展。从设区的市对营商环境立法的"燎原式"开展来看，实际上已经在实践层面"反证"了"营商环境"属于设区的市立法权范围。但如前文所述，"营商环境"与"生态文明建设"有含义上的差距，与"历史文化保护"更是有明显不同。唯一比较接近的立法事项便是"城乡建设与管理"，但两者从根本上仍然存在可视性的不同，但据此将"营商环境"标准化地排除于设区的市立法权范围之外，也不是可以必然证成的结论。就设区的市的立法而言，2023年3月，"基层治理"与"城乡建设与管理""历史文化保护""生态文明建设"（由环境保护改动而来）并列成为设区的市立法的事项。"营商环境"与"基层治理""城乡建设与管理"与"政务服务""法治环境""人文环境"等领域可能产生交叉，但与"生态文明建设""历史文化保护"等领域有一定差距，前者主要是考验政府"公共服务""依法治理"等（服务）软实力，属于"软环境"，而后者往往是一种具有可视性的硬实力，两者之间存在区别。

合理的解释就是"营商环境"在设区的市立法权事项中属于"等外等"事项，或者说"营商环境"属于"城乡建设与管理"的衍生领域。但从有些设区的市对上位立法的态度来看，这种执行性立法的属性非常明显，从执行的角度凸显了市级立法存在的必要性。比如，作为全国首部设区的市营商环境立法，《辽阳市优化营商环境条例》由于是在首部省级营商环境立法《辽宁省条例》之后制定，其表述为"根据《辽宁省优化营商环境条例》及相关法律、法规"，但对于《山东省条例》之后的八个设区的市，在立法中表现不一，德州、枣庄、滨州、临沂等四地的"条例"都同时表明了以《优化营商环境条例》《山东省条例》作为依据，青岛、济南、烟台、济宁则未明示任何"立法依据"，其中枣庄、滨州和临沂都是2022年下半年以后通过的立法，但德州、烟台同为2022年1月1日起施行的立法，立法依据上表述各不相同。对于设区的市的立法而言，选择《优化营商环境条例》或是省级立法作为依据，实际上是一种选择难题，但问题在于，如果选择省级立法作为上位法依据，必然首先面临省级立法本身是否经过严格备案审查的问题，省级立法本身的合法性才是市级立法考虑立法依据之针对性的首要前提，而同时选择作为上位法依据则不失为一种兼顾合法性与适应性的做法。由于设区的市地方性法规要经过省级人大常委会的批准，即便是只选择了《优化营商环境条例》而未言及省级立法作为上位法依据，也不因此而丧失其对省级地方性法规的契合性可能。但同时需要把握的标准在于，制定地方性法规，对上位法已经明确规定的内容，一般不作重复性规定，这也是《立法法》第八十二条第四款强调的立法内容标准，相关下位立法给予此条务必随时准备"瘦身"，以收"小快灵""短平快"立法之功效。

在市级立法中，对于地方性法规和规章的选择亦有不同。除25个设区的市选择以"条例"形式制定地方性法规，唐山市、吉林市、合肥市、三亚市则以"规定"为名制定地方政府规章，昆明、兰州、南阳、沈阳、温州、南京、哈密则以"办法（含实施办法）"为名制定地方政府规章。总体来看，各地在选择地方性法规还是规章来规范地方营商环境的问题上，差别不明显，其立法在内容与结构上都严重趋同。从立法依据的选择上，与地方性法规不同，规章基本上都同时涵盖本省的立法作为上位法依据，这其中就出现规章以行政法规和地方性法规作为依据（如唐山、吉林、沈阳、南京等四市）和规章以行政法规和省级地方政府规章作为依据（如哈密、合肥等两市）两种情况。兰州和温州则属于没有省级立法作为依据的情况。南阳市作为既有规章又有地方性法规的城市，《南阳市优化营商环境办法》的上位法依据包含了"法律（《民法典》）+行政法规（《优化营商环境条例》）+省级地方性法规（《河南省条例》）"，后期通过的《南阳市优化营商环境条例》则只有后两项作为依据。昆明市政府规章面对两项省级立法，在立法依据上回避了省级立法依据的表述。

从上述各地在上位法依据选择和规范形式的选择上来看，规范形式的选择相对具有"灵活性"，而在上位法依据的选择上，有些地方是"没得选",比如沈阳市在制定规章时《优化营商环境条例》还没有出台,有些是"有得选"却回避,如昆明市只规定了《优化营商环境条例》作为依据,更多的是采取"多选"的方式,也可谓是"灵活多样"。这种"灵活性"其实恰恰证明了我们在这些问题上缺乏"原则性"的判断标准。"营商环境"的重大事项立法性质体现不出来,有些地方以规章来取代地方性法规的地位,表面上看没有问题,但其中涉及大量的权力、权利、义务等方面的规范。根据《立法法》第九十三条第五款,"应当制定地方性法规但条件尚不成熟的,因行政管理迫切需要,可以先制定地方政府规章",以两年为限,需要继续实行相关规章规定的行政措施的,且制定地方性法规的条件已成熟,则需提请制定设区的市地方性法规。从实际情况来看,南阳市在2021年12月7日通过了政府规章后,又在2022年6月22日通过了南阳市的地方性法规,但这一做法由于间隔时间相对较短,还不足以说明其对上述法条的契合性。市级地方性法规在制定之后,一定要同时表述其以省级地方性法规作为依据,而对于省级政府规章,由于其与市级地方性法规不属于同一序列,可以不做表述。

二 地方立法事权横向矛盾

就前文述及的央地共同立法事权而言,主要是从纵向的层面探讨地方立法事权的限度,而如果从地方协同立法的角度来看,则是从横向的视角来探究地方立法事权的限度。不管是2022年修改的《地方组织法》还是2023年修改的《立法法》,都规定了协同立法的主体和适用前提,《立法法》第八十三条第一款还确定了协同立法的适用范围。《立法法》第八十三条第二款规定了协同立法工作机制的建构问题,以回应立法的"四性"(系统性、整体性、协同性、时效性)。从目前"协同"立法的实质来看,其主要是单一地方立法主体在无法完成对某一跨区域事务治理任务的情况下,主动向同级立法主体发出共同立法的"要约",这实际上也是两项地方立法事权的共同行使，有时还要经由上一级人大常委会在批准意志上的趋同性，同时，对全国人大常委会来说，其也会对这一共同立法事权的行使进行关注或提前"介入"。

（一）地方立法事权横向矛盾的一般特征

一般情况下，地方立法在横向上由于各自的空间效力不同，相互之间会自动控制矛盾的发生，尤其是有立法权的地方主体一般是设区的市以上级别的地方国家权力机关或行政机关，地理区域上的区分往往造就了权力的自我约束。但基于社会流动因素或自然状态因素而导致的立法事权矛盾也并非可以完全避免。目前，立法事权横向的矛盾主要还是源于管理事项本身的跨地域性，立法本身的属地管辖与基于自然原因或社会（流动）原因而导致的非本地化之间形成的管辖主体上的不一致。无论是基于社会（流动）原因而形成的立法事权矛盾，还是基于自然原因形成的立法事权矛盾，都更多表现在同级别的立法之中，而不同层级立法之间的跨区域立法适用矛盾，不属于典型的地方立法事权内部矛盾，而属于兼具纵向立法事权矛盾特点的斜向立法事权矛盾，不属于本书探讨的范畴，也是地方立法中应极力避免的现象。当然，以预防为主的立法准备思路，适用于各类横向乃至斜向立法事权矛盾产生的首选思路。地方立法事权横向矛盾本身的特点，使得这种矛盾的处理可以经由协同立法或行政协议的方式来解决，①而这两种方式的共性就在于它们都具有协同性，只不过行政协议的"协同性"表现为一种具体行为或意志上的"合意"，属于广义上的"协同行为"。在未来解决这类争议的过程中，不管是基于具体行为的协同还是抽象行为的协同，其实都是反映了现代社会治理过程中预防与

---

① 在实践中，2021年河南省和山东省签订了《黄河流域（豫鲁段）横向生态保护补偿协议》，搭建起黄河流域省际政府间首个"权责对等、共建共享"的协作保护机制。对于河南省这一在对赌协议中获得1.26亿的一方来说，其设立黄河流域横向生态补偿省级引导资金，其每年拿出1亿元资金支持沿黄地区有序建立省内市县间横向生态补偿机制，同时其还将以伊洛河等黄河主要支流为重点，推动市县间签订流域横向生态补偿协议。这实际上是对下一步河南、山东等沿黄省份地方立法积累相应经验。

提前协同的必要性，这一点无论是加强行政协议的制度建设还是进一步推进协同立法的解决机制进入《立法法》，都是为解决这类矛盾而采取的共性策略。

（二）"区域协同立法"中的矛盾

2023年《立法法》修正，增加了对"区域协同立法"的规定，但也只是一笔带过。一方面，这种立法并不是新的立法形式或权力，是"将地方在公共事务上的协作行为从行政行为领域引入立法领域"。另一方面，这种立法形式必须受到合宪性控制（如《宪法》第二条、第三条第四款和第一百条）。[①] 但即便如此，这种新的立法形式仍然可能引发矛盾。其矛盾可以被总结为一事项多部门或多阶段的共管时事权裁量法定与自定的矛盾，对特定流域的环境保护立法在此方面表现比较明显。[②] 以赤水河流域的保护为例，2011年贵州省对赤水河流域先出台地方立法。该地方性法规分别在2012年3月和2018年11月被两次修正，并于2021年5月27日被修订，加入了《长江保护法》作为立法依据。2021年5月28日，云南省人大常委会和四川省人大常委会分别通过《云南省赤水河流域保护条例》和《四川省赤水河流域保护条例》，且这两部地方性法规与新修订的《贵州省赤水河流域保护条例》均在2021年7月1日起施行。同时，贵州省、四川省和云南省还先后分别通过了各省的《关于加强赤水河流域共同保护的决定》，各自涵摄了18个方面的内容，从各省的不同站位和角度分别规定了各自的权利义务及其相互关系，可以说是解决同事务不同阶段管控的典范。2021年7月20日，三省的不同乡镇还签订了三省赤水

[①] 参见温泽彬《区域协同立法的宪法规制》，《法学》2023年第8期。
[②] 各地为解决此类矛盾不光通过立法，还通过签订生态补偿协议同时进行，鄂、湘就长江干流鄂湘段，云、贵、川就赤水河流域，冀、津就引滦入津分别签署了流域横向生态保护补偿协议，这类协议由财政部和生态环境部牵头，目前国家已在19个省15个流域建立起跨省流域横向生态保护补偿机制，同时财政部还在2021年公布了《支持长江全流域建立横向生态保护补偿机制的实施方案》，分别规定了流域上游的责任和权利以及流域下游对流域上游的补偿责任和受偿权利。

河流域乡镇共同保护跨区域协作协议，为共同贯彻三部地方立法提供了具体样本。同时，在三省的地方立法和《关于加强赤水河流域共同保护的决定》中，还有关于"加强与邻省在共建共治、生态补偿"等方面的协作机制要求，同时要求县级以上人民政府应"依法落实长江流域生态保护补偿制度，探索开展赤水河流域横向生态保护补偿，建立健全市场化、多元化、可持续的赤水河流域生态保护补偿制度"。这实际上是对《长江保护法》第七十六条第三款精神的落实，即"国家鼓励长江流域上下游、左右岸、干支流地方人民政府之间开展横向生态保护补偿"。2022年面向社会征求意见的《黄河保护法（草案二次审议稿）》第九十八条第二款也规定，"国家加强对黄河流域行政区域间生态保护补偿的统筹指导、协调，引导和支持黄河流域上下游、左右岸、干支流地方人民政府之间通过协商或者按照市场规则，采用资金补偿、产业扶持等多种形式开展横向生态保护补偿"。[①]

毫无疑问，相比纵向立法事权矛盾，立法事权内部矛盾在当下的央地立法事权配置中所占的比例和表现的形式都无法堪称典型或成规模，目前央地立法事权的纵向配置也成为我国立法权高效稳妥运行的重要命题和抓手。而横向立法事权矛盾的解决，其实在为纵向立法事权矛盾的解决提供动力和空间。毕竟，在单一制的我国，如何更好地发挥"两个积极性"才是民主集中制适用面临的更典型问题。基于此，下文的分析也主要围绕纵向立法权配置展开。

---

① 该条文最终的序号为第一百零二条第三款，法条内容与草案内容没有变化。

第三章　国内外央地立法权配置与行使限度的制度演变与对比

不仅在中国，在国外立法事权的配置同样是各国宪法与有关法律关注的重点议题，主要原因还是这种配置的结果能够在很大程度上影响国家法治的进程以及地方经济社会发展的动力配给。作为一种被有限配置的政治资源，立法权并不是任何主体都可享有。如前文所述，在联邦制国家，央地立法分权通过宪法直接解决，联邦与联邦组成单位在这种政治资源的享有上各有侧重；在单一制国家，立法权的配置可在宪法的基础上经由法律具体配置，尤其是通过专门的"立法法"等制度规则。而且，经过实践的检验，这种配置规则还会不断发生变化，单一制国家立法法的修改往往会带来央地立法权配置模式的变化。2023年3月，全国人大对《立法法》第八十一条和第九十三条增加"基层治理"作为设区的市的立法事项，实际上正是对设区的市有限立法事权的一次扩充，而"基层治理"相比之前的"城乡建设与管理""历史文化保护"，其涵盖的范围应更为泛化。而"环境保护"在此次修改过程中被改为"生态文明建设"，更凸显了其与"基层治理"的对应性。从立法事权列举事项的涵盖度来看，此次的修改其实更显示了目前的立法事权正在从过去的不完全个别列举走向更为"高浓缩"的类型化的立法事权事项列举。

一 我国当下中央立法权事项的形成

以前文所述及的现行宪法中提到的"依照法律规定"等事项为基础，2000年的《立法法》第八条总结出了"9种列举+1种概括"的"法律保留事项"规定模式，这些事项有些是依据宪法有关全国人大职权的规定，如宪法第六十二条第三项的规定对应了当时《立法法》第八条第二项、第四项、第七项（2015年后变为第八项）和第五项的一部分，宪法第一百一十五条、第三十一条和第一百一十一条对应当时《立法法》第八条的第三项，而当时《立法法》第八条第六项实际上首先对应的是1982年宪法第十条第三款，2004年宪法修正时新增加的第十三条第三款和经过补充的第十条第三款则完成了对当时《立法法》第八条第六项的完整对应，但2015年《立法法》修改时增加了"征用"事项的法律保留，当时《立法法》第八条第六项变成了第八条第七项；宪法第三十七条第三款对应当时《立法法》第八条第五项的后半部分，而当时《立法法》第八条的第一项、第八项（2015年后变为第九项）、第九项（2015年后变为第十项）则分别是"一对多"，特别是这些事项在各方面都涉及国家的领土主权、一些国家基本经济制度的设置和司法主权等事项，需要被纳入法律保留事项。2015年《立法法》修正时单列了"税收法定"的事项，税种、税率、税收征管等税制基本要素都被纳入了法律保留事项范围，实际上也是对宪法第五十六条的回应。2023年3月，全国人大修正后的《立法法》第十一条第二项增加了"监察委员会"的组织立法事项，对应2018年宪法修改后的第一百二十四条第四款，《立法法》第十一条第十项被修改为"诉讼制度和仲裁基本制度"，这可以说是对"法律保留"事项的进一步精准化表述。最终这些事项在表述上的修改也被固定下来。但这些事项目前的表述集合也在一定程度上遭到了学界的一些反诘。[1] 但从中央立法事权的形成依据来讲，"10+1"的这种总结模式还是比较科学的，比如国家主权的事项与行政事权中的"国防""外交""国家安全"等事项相对应，国家机关的组织则事关一国权力的分配，各类自治制度的设计则关系一国央地关系或者其他重要权力边界的设计，对公民政治权利的剥夺、限制人身自由的强制措施和处罚乃至对非国有财产的征收、征用则跟权力与权利的关系相关，同时诸如犯罪和刑罚、民事基本制度、国家机关等基本制度还属于宪法中的相应规定，其他诸如基本经济制度或相关基本制度的设计则与一国的经济领域的主权相关，诉讼制度与仲裁基本制度则代表基本司法权力行使规则的设定，这些都与中央能够代表行使的主权相关。所以，总体来看，主权性、涉国家安全性、跨区域性等相应的立法事项可以成为相应中央立法事权的前期概念基础，"有利于维护国家法制的统一和国内市场的统一"[2]。而从具体涉及的行为种类来分析，对中央立法事项的理解，则可以从机关组织行为类、自治规则类、主权运行类、公民基本权利类、国家行为类等领域来分析，其立法事权属于中央。[3]

二 改革开放以来地方立法权的扩展演变历程

如前所述，我国1954年宪法并没有地方立法权。地方立法权的概念形成和制度确认首先发生在1979年的《地方组织法》的第六条

---

[1] 参见俞祺《央地关系中的法律保留》，《中国法学》2023年第2期。
[2] 朱力宇、叶传星主编：《立法学》（第五版），中国人民大学出版社2023年版，第132页。
[3] 参见谭波《宪法规范之程序性考察》，中国民主法制出版社2022年版，第92—109页。

和第二十七条，省级人大及其常委会对地方性法规有制订和颁布权，①其不抵触的上位依据既包括宪法、法律和法令，也包括政策和政令，但需向全国人大常委会和国务院备案。这也可以看作是改革开放本身的产物。1981年全国人大常委会授权广东和福建两省人大常委会制定单行经济法规的权力。②1982年《地方组织法》被修改时，对地方立法权做了两方面调整，一是增加了第五十七条第二款的规定，省会或首府城市和经国务院批准的较大的市的人大常委会，可以拟订地方性法规草案，提请省级人大常委会审议制定，并报全国人大常委会和国务院备案，二是省级政府、省会或首府城市以及国务院批准的较大的市，有权根据法律和行政法规制定规章。这次修改发生在1982年现行宪法出台之后，但1982年宪法只规定了省级人大及其常委会制定地方性法规的权力，并且规定只报全国人大常委会备案。这就出现宪法和地方组织法规定不一致的问题，一方面，制定于1982年宪法之前的地方组织法对地方性法规不抵触的依据上囊括了上位法依据和政策依据（政策和政令），1982年宪法将其只限于宪法、法律和行政法规，这一点应该按照宪法的规定，但另一方面，从报备的要求来看，宪法的规定将其只限于全国人大常委会，不符合不与行政法规相抵触的精神，这一点应以地方组织法的规定为准。从这里来看，在地方立法权的前期制度设置上，宪法与地方组织法之间是互为补强的关系，而非互相否定。而且，1982年《地方组织法》修改时对一些市级主体提请省级人大常委会审议制定地方性法规的权力，实际上在某种程度上已经启动了后来"较大的市"制定地方性法规的权力，而且这里的备案主体也是全国人大及其常委会。当然，这里还不存在市级地方性法规，只有省级地方性法规，因此，其完全与其他省级地方性法规

---

① 这里的1979年地方组织法第六条和第二十七条的法条原文是"制订"而非"制定"，特此说明。

② 1988年全国人大又授权海南省人大及其常委会遵循国家有关法律、全国人民代表大会及其常务委员会有关决定和国务院有关行政法规的原则制定法规，在经济特区范围内实施，但需报全国人大常委会和国务院备案。

的备案要求相同。另一方面，1982年地方组织法规定了1982年宪法没有规定的地方政府规章制度，1982年宪法只规定了部门规章的制定权，这一制度后来逐渐被调整为部门规章制度。但与1982年宪法出台时间相隔五天的地方组织法却对地方政府规章制定权进行了创设，其制定主体包括省级政府、省会或首府城市以及经国务院批准的较大的市的政府。可以说，这是对宪法中的"规章"制度的扩大。因为此时1982年宪法第八十九条和第九十条中出现的"规章"，无一不是指的国务院"各部、各委员会"制定的规章。这就更进一步说明了此时的地方组织法在地方立法权的设定上对宪法起到了"推波助澜"的制度革新作用。1986年全国人大常委会再次修改地方组织法，将市级地方性法规的制定制度正式确立下来，实现了从"省级代为制定"到"单独制定但需批准"的立法权的转变，其制定主体包括省会或首府城市以及经国务院批准的较大的市的人大及其常委会，这一点与1982年地方组织法第五十七条第二款只限于相应城市的人大常委会的制度设计不完全相同，从市级地方性法规不抵触的上位法依据来看，还包括本省、自治区的地方性法规，同时需要省级人大常委会批准，而在备案制度的设计上，由批准主体即省级人大常委会报全国人大常委会和国务院备案。

1995年《地方组织法》的修订增加了地方政府规章的制定法依据和备案要求，其中省级政府规章的制定依据增加了省级地方性法规，而市级政府规章同样也增加了省级地方性法规，但没有增加市级地方性法规作为制定依据，在报送备案的要求上，省级地方政府规章只需向国务院和省级人大常委会备案，市级地方政府规章则在此之外还需同时向省级政府和本级人大常委会备案。

2000年《立法法》的出台，实际上是对之前宪法和地方组织法相关规定的一种统括，同时也肯定了地方性法规和地方政府规章的"法"地位，尤其是地方政府规章，其没有出现在宪法之中却出现在《立法法》关于"法"的列示之中，意义重大。从制定主体的设置来看，增加了经济特区所在地的市这一特殊的市级立法主体，[①] 将其与省会或首府城市以及经国务院批准的较大的市作为一类，即"较大的市"。在法的效力层级上，对各类规范的效力对比作出了尽可能的细化。2015 年《立法法》修改，不再将三类城市称为"较大的市"，"设区的市"走向前台，成为更具有包容性的概念，涵盖了一般设区的市、特殊的设区的市（省会或首府城市、经济特区所在地的市和经国务院批准的较大的市），这其中存在着"老市老办法，新市新办法"的问题，也就是说，在 2015 年"城乡建设与管理"等三类列举立法事项已经明确后，特殊的设区的市已经制定的立法依然有效。在经过各省级人大常委会的批准之后，一般设区的市均取得了立法权，除此之外，同级别的自治州也获得了自治立法权之外的一般地方立法权。2018 年宪法修改，市级地方性法规的制定权被宪法第一百条所确认，最终完成了地方立法权的阶段性演变。2021 年海南省人大及其常委会又通过《海南自由贸易港法》获得了海南自由贸易港法规的制定权。在《海南自由贸易港法》通过的同一天，全国人大常委会通过决定授权上海市人大及其常委会在遵循宪法规定以及法律和行政法规基本原则的前提下制定浦东新区法规，在浦东新区实施。在制定的要求上，海南自由贸易港法规与浦东新区法规的制定前提相同。这说明中

[①] 1992 年深圳市人大及其常委会和深圳市政府获得全国人大常委会授权，制定经济特区法规和经济特区规章在深圳经济特区实施，其中经济特区法规需要报全国人大常委会、国务院和广东省人大常委会备案。这种经济特区法规的制定主体要求和备案要求，实际上也成为后来经济特区所在地的市提前于一般设区的市获得市级地方立法授权的前因，尤其是伴随着经济特区的不断扩容，各经济特区已经先后扩及到了其所在城市的所有地域。其中，深圳市 2010 年获国务院批准，其经济特区范围扩展至全市。1994 年厦门市获得全国人大决定赋予的经济特区立法权，但早在 1989 年福建省 32 位人大代表提案建议的是一般地方立法权，2010 年国务院批准厦门经济特区范围扩大到全市，原有的厦门经济特区立法也扩展到全市。参见阚珂《授权厦门市制定地方性法规还是制定经济特区法规？——授予厦门市立法权的一段往事》，《中国人大》2019 年第 12 期。1996 年珠海市获得全国人大决定赋予的经济特区立法授权，2010 年珠海市经济特区范围与珠海市的范围重合。参见珠海市人大常委会法工委《在新形势下继续发展完善经济特区授权立法》，http://www.npc.gov.cn/zgrdw/npc/lfzt/rlyw/2016-09/18/content_ 1997674.htm，访问日期：2023 年 6 月 18 日。汕头市 1996 年和珠海市同时获批经济特区立法权，2011 年国务院批准经济特区扩展到全市。

央在对区域性地方进行立法授权时，充分考虑到其类型化的实际需求和规律总结。2023年海南自由贸易港法规和浦东新区法规又都被写入《立法法》第八十四条中，对多种授权立法的地位进行了系统性规定，以期与经济特区法规、自治法规之间形成相对合理的制度架构。

从目前地方组织法、宪法和立法法对地方立法权的规定演变过程来看，地方立法事权不单单是属于国家立法制度的组成部分，其实它也是地方人大及其常委会这类地方国家权力机关及其常设机构和地方政府这类地方国家行政机关的重要事权组成部分，属于一定级别地方的组织必备要素。这正如有学者早期提出的中国财政改革过程中的"一级政权，一级事权，一级财政，一级税基，一级预算"的原则相若。[1] 对于一定级别的地方国家机关来说，其事权不能只有行政事权而没有立法事权，相匹配的行政事权与立法事权设置，其实与财权事权匹配的道理相同，都是地方经济社会发展的重要动力与资源。"立法权力到底应该由谁掌握，牵涉着包括立法成本、执行成本、受影响资产的所有权分布以及制度边际收益的衡量成本等各种复杂因素，需要极其审慎地考衡量和权衡"。[2]

地方被授予各种层次的立法权，实际上宪法第三条第四款关于中央统一领导下充分发挥地方主动性和积极性的表现，[3] 是对宪法民主集中制原则的落实。但是，全国人大及其常委会在这期间总共作出了七次立法变通的授权。这七次授权都发生在改革的关键时期，其中制定经济特区法规的五次授权，是为了满足改革开放初期的探索需求，而授权制定海南自贸港法规和浦东新区法规，则是为了进一步实现全面深化改革的需要。[4] 这些制度也受到2023年3月修改的《立法法》

---

[1] 参见贾康《中国财政改革：政府层级、事权、支出与税收安排的思路》，《地方财政研究》2004年第1期。

[2] 黄晓光：《寻租、立法与官僚体制的纯经济理论》，中山大学出版社2022年版，第99页。

[3] 参见胡德长《地方人大及其常委会立法制度和立法工作的发展完善》，《人大工作研究》2020年第24期。

[4] 参见王建学《改革型地方立法变通机制的反思与重构》，《法学研究》2022年第2期。

第八十四条后两款的肯认。当然，说到广义的立法变通权，还包括民族区域自治的立法变通权，这种权力的行使区域就不再像前述七次授权，集中于东部或南部沿海的部分区域，而是分散于遍布全国的自治区、自治州、自治县，虽然两者都被称为"变通"，但变通的背景不同，民族区域自治的变通是为了照顾民族文化的差异和民族发展的特殊需求，而其他的七次授权都是为了改革开放的实际需求，尤其是海南自由贸易港作为全面深化改革开放试验区，更是承载了新时代"将改革进行到底"的重要历史使命，因此，作为重要政治资源的立法权在这里不可缺席。总体来说，地方立法权及其相应的地方立法体制的形成，其实也是在统一的国家立法体制的基础上进一步照顾到各地各区域的实际发展需要，将统一领导与地方灵活性、差异性最好地结合起来，以这种地方立法事权统一配置搭配特殊的多元化配置的模式，来应对目前整个国家不平衡发展的实际格局。

目前来看，在一般的地方行政区域，立法权基本上到设区的市一级，也就是通常所说的"地级市"，采取的格局是"省级地方性法规+省级政府规章+市级地方性法规+市级政府规章"，除省级地方性法规不与宪法、法律和行政法规相抵触的制定前提外，其他三类立法在制定过程中都不得同省级地方性法规相抵触或根据法律和行政法规的同时根据本省地方性法规制定，可见，在一般地方行政区域范围内，省级地方性法规在立法体系中起着"承上启下"的作用。对省级人大常委会来说，不管其行使的是省级地方性法规的制定权，还是对市级地方性法规的批准权及其后将市级地方性法规报送全国人大常委会和国务院备案的权力，以及接受省级政府规章和市级政府规章报送备案的权力，这些都表明在一般地方的立法体系形成过程中"规章"和"法"都是在保证集中统一的领导，但地方性法规和规章的不同属性，也使地方立法体制也相对灵活。关键的问题在于，对于省级地方性法规已有规定的领域，市级地方性法规和市级政府规章又先后出台，表面上看也似乎是在与省级地方性法规"不抵触"或"根据"

省级地方性法规立法，但实际这种立法已经形成了重复立法的可能。前文所提及的优化营商环境地方立法，便是其适例。①

按照《立法法》第八十二条第五款的规定，应制定地方性法规但是条件尚不成熟，因行政管理迫切需要，可先制定地方政府规章。2020年6月30日，云南省人民政府印发《云南省优化营商环境办法》，该《办法》于2020年8月1日实施。② 2022年9月28日，云南省人大常委会通过《云南省优化营商环境条例》，此时距《云南省优化营商环境办法》实施已有两年多，且没有废止该《办法》，按照《立法法》第八十二条第五款后半段的规定，"规章实施满两年需要继续实施规章所规定的行政措施的，应当提请本级人民代表大会或者其常务委员会制定地方性法规"。规章尚且需要被在适当时间废止，规范性文件相比地方性法规的规范性就更可想而知，但该《办法》依然得以留存。如果说此时的优化营商环境立法属于必须制定地方性法规的事项，云南省这种保留规范性文件的做法是合乎《立法法》规定的。但该事项到底是应该制定地方性法规还是可以实行"规范性文件+地方性法规"并存的模式，《立法法》也没有明确答案。③ 昆明市2022年11月25日通过了《昆明市优化营商环境办法》，作为市级政府规章。地方政府规章相比地方性法规而言，其实更多地侧重于执行或具体行政管理的需要，关于优化营商环境规章的制定，如果昆明市政府为了执行上级立法或就

---

① 根据有些学者的调研分析，形成这种问题的原因主要在于，有些地方为减少麻烦或担心政府规定难通过而选择规章行使立法，一些地方政府规章无上位法依据而采取了创设性立法的方式，甚至为方便管理而强化部门职权或利益，损害公民权利。而对于一些属于专业性、技术性强的行政管理事项，本应选择规章却通过了地方性法规。参见李敏《设区的市立法的理论与实践》，知识产权出版社2018年版，第19页。

② 该《办法》属于规范性文件，但从其内容来看，符合政府规章的标准。2021年2月25日云南省人民政府再度发布《云南省人民政府关于保留修改和废止行政规范性文件的决定》，对《云南省优化营商环境办法》这一规范性文件予以保留。

③ 关于有些事项是否必须制定地方性法规，或者说是否存在"地方性法规保留"的事项，其实在《立法法》中没有明确的相关规定。《立法法》第七十三条第四款规定，"制定地方性法规，对上位法已经明确规定的内容，一般不作重复性规定"。这一规定实际上只是对法律或行政法规已有规定的，不再进行重复立法。《立法法》第七十六条规定，"规定本行政区域特别重大事项的地方性法规，应当由人民代表大会通过"。该条规定只是对人大与人大常委会的权限界分。

地方具体行政管理的需要，都可以作为制定该法的理由。但昆明市该项规章的出台，没有在立法依据中表述云南省的地方性法规，而只是表述了国务院行政法规《优化营商环境条例》作为制定依据，也在侧面表明了市级政府规章与省级地方性法规之间的"微妙关系"，毕竟按照《立法法》第八十二条第一款的规定，不管是省级政府还是设区的市政府，都是"可以根据法律、行政法规和本省、自治区、直辖市的地方性法规"来制定规章。这里的"可以根据"到底是选择性还是必需性，值得反思。

相对于这种特殊的省市立法之间的关系格局，还有一种"二对一"的立法，即在存在一部省级地方性法规的基础上，同一设区的市先后制定了市级地方性法规和市级政府规章。2021年12月7日，《南阳市优化营商环境办法》由南阳市人民政府通过，其立法依据包括作为法律的《中华人民共和国民法典》、作为行政法规的《优化营商环境条例》和作为省级地方性法规的《河南省优化营商环境条例》，可以说，在立法依据上南阳市政府规章很好地贯彻了《立法法》第八十二条第一款规定的精神。2022年6月22日，南阳市人大常委会又通过了《南阳市优化营商环境条例》，2022年7月30日河南省人大常委会批准了《南阳市优化营商环境条例》。这一做法又可以看作是对《立法法》第八十二条第五款规定精神的贯彻。虽然这里的市级地方性法规在立法依据上只表述了作为行政法规的《优化营商环境条例》和作为省级地方性法规的《河南省优化营商环境条例》。对比《南阳市优化营商环境办法》和《南阳市优化营商环境条例》的同类条款，会发现这两部立法在内容上既有趋同的一面，也有刻意保持不同的一面。比如《南阳市优化营商环境条例》的第一章"总则"总共七条，除第七条是关于企业家的规定外，其他六条都与《南阳市优化营商环境办法》的相应条文有关联，其中《条例》的前三条分别对应《办法》的前三条，《条例》的第四条和第五条对应《办法》的第五条和第四条，《条例》的第六条对应《办法》的第七条第二款，但从对应的程度来看，除了第一条立法目的外，其他条文的区别还是较为明显，第二条对"营商环境"的界定上，出台在后的《条例》与国务院《优化营商环境条例》更为接近，而《办法》的界定则超出了《优化营商环境条例》对"营商环境"的界定，多出了"生态、人文、城市等环境条件"。总体来看，虽然《条例》的条文相比《办法》少了三十一条，但从准确性和"不抵触"的原则要求来看，确实提升了立法水平，也凸显了地方性法规在立法质量上相比地方政府规章的"高标准"。

除了上述两种较为典型的模式外，各地关于营商环境的立法做法多元，既包括没有省级立法而存在市级立法的情况，也有"省级政府规章+市级政府规章"的非典型模式。[①] 一般来说，如果省级立法属于规章，则作为市级立法的地方性法规不将其作为明示的制定依据，而如果省级立法属于地方性法规，则市级立法的处理相对灵活，但通常会把省级地方性法规作为立法依据。比如作为市级政府规章的《唐山市优化营商环境若干规定》就根据了《优化营商环境条例》和《河北省优化营商环境条例》；《沈阳市优化营商环境办法》的出台在《优化营商环境条例》之前，因此，其只表述了《辽宁省优化营商环境条例》作为制定依据，但《辽宁省优化营商环境条例》在2019年的修改并没有引起沈阳市政府规章的修改，这也是未来地方立法体系中实现法制统一需要重点关注的问题。

除了上述的一般模式外，拥有全国人大或其常委会授权的各个地方，主要分布在海南、广东、福建、上海等地。这些地方的立法主要涉及经济特区法规制定、一般地方性法规和地方政府规章的制定、海南自由贸易港法规制定以及浦东新区法规制定。

---

① 如《合肥市优化营商环境若干规定》根据国务院《优化营商环境条例》《安徽省实施〈优化营商环境条例〉办法》等有关规定制定。《哈密市实施〈优化营商环境条例〉办法》根据国务院《优化营商环境条例》和《新疆维吾尔自治区实施〈优化营商环境条例〉办法》等规定制定。但这两部立法实际上都是为了实施国务院行政法规而制定，它们与省级立法在立法名称和"格局"上呈现高度一致。

从立法权的种类来看，各地对其的利用程度不一，其中经济特区法规属于比较传统的创新式立法权。从1981年授权省级人大常委会的单行经济特区法规，① 到后来经济特区法规涉及的面逐渐宽泛，再到经济特区所在地的市获得一般地方立法权，使得经济特区城市日益面临"一市两法"的问题，只不过这种"一市两法"在不同时期表现不同。经济特区法规的制定权与一般地方立法的制定权所遵循的原则不同，前者是遵循宪法规定、法律和行政法规的基本原则，且有对上位法的变通权。而后者是对这些上位法的不抵触，这些上位法还包括省级地方性法规，且其地方性法规需要省级人大常委会批准。② 以深圳制定的经济特区法规为例，其涉及的范围从安全管理③到改革创新促进、社会建设促进、政府投资项目管理、绿化、文明行为、国家自主创新示范区、人体器官捐献移植、安全生产监督管理、城市更新、生态环境保护、市容和环境卫生管理，立法数量多达100部以上，其中以"条例"命名的较为正式的地方性法规占到80%以上，其他还有深圳市人大及其常委会通过的"规定"和"办法"。但有些内容并不是经济特区应该"特"有的，比如消防、宗教事务、无偿献血、全民健身等，④ 有些事务则不具

---

① 比如1986年11月29日广东省人大常委会在《中华人民共和国企业破产法（试行）》出台和施行之前通过《深圳经济特区涉外公司破产条例》。这里的"单行"，其实完全可以和自治法规中的"单行条例"相对比，侧重于立法覆盖面的专业性和单一度。

② 参见黄进《让深圳经济特区立法权发挥更大的作用——纪念深圳经济特区获授立法权20周年》，《中国法律》2012年第4期。

③ 《深圳经济特区安全管理条例》于1997年由深圳市人大常委会制定，2009年被废止。《深圳经济特区安全生产监督管理条例》于2022年6月23日由深圳市人大常委会通过。

④ 关于这种立法，在海南的立法中也存在，2020年7月31日通过的《海南自由贸易港消防条例》是其典型表现，但由于该法是在2021年6月10日《中华人民共和国海南自由贸易港法》实施前（当时还没有海南自由贸易港法规的正式命名），因此，对该法贯之以"海南自由贸易港"的题头，也略显制度的尴尬。在2020年6月1日由中共中央和国务院发布的《海南自由贸易港建设总体方案》中，只提到了"支持海南充分行使经济特区立法权，立足自由贸易港建设实际，制定经济特区法规"。因此，对《海南自由贸易港消防条例》只能是"经济特区法规"，而之前的《海南省消防条例》也被废止，这也造成了"海南自由贸易港"（海南岛全岛，与海南经济特区范围相同）之外的岛屿（含三沙）对该法适用上的尴尬。这也证明了有些立法权确实不能乱用，特别是针对这种面向全省或全市等行政区划都需要统一的地方立法，更需要采取一般地方立法权而不是特殊的地方立法权。

有太明显的"特"性，比如律师管理，①另有些事项具有很强的专项性，因此，深圳也在极力向全国人大常委会争取专项立法的权力。还有一些经济特区法规出台后，相对应的经济特区规章被废止，如深圳市人大常委会2016年6月22日通过且2016年10月1日施行《深圳经济特区绿化条例》，2016年9月30日，深圳市人民政府废止1994年施行的经济特区规章《深圳经济特区城市绿化管理办法》；2007年深圳市人大常委会通过《深圳经济特区物业管理条例》，2013年深圳市政府出台经济特区规章《〈深圳经济特区物业管理条例〉实施若干规定》，2019年前述经济特区法规得以修订并于2020年施行，由于修订后的经济特区法规吸收了经济特区规章的大部分内容，且该经济特区规章与经济特区法规不一致，并已经成为其他文件出台的障碍，故2021年该经济特区规章被废止。②还有一些事关其他事项的立法，创新性明显，比如深圳曾于1993年出台《深圳经济特区企业破产条例》，为国家的《企业破产法》积累了大量经验，2012年深圳市人大常委会废止了《深圳经济特区企业破产条例》，2020年又出台《深圳经济特区个人破产条例》，从内容上来说这已经不是对《企业破产法》的变通，而是对一种新制度的创设。在《深圳经济特区个人破产条例》的第一条"立法目的和根据"的表述中，写的是"根据法律、行政法规的基本原则"。某种意义上，深圳在经济特区立法权的运用上已经逐渐侵及突破了中央立法事权的界限，《深圳经济特区企业破产条例》的废止与统一的《中华人民共和国企业破产法》的施行有着密切的联系，作为基本经济制度的破产，实际上就属于"法律保

---

① 相比1995年《深圳经济特区律师条例》，2019年出台的《海南经济特区律师条例》对涉外法务的相关规定更为完备（涉及四条内容），突出了作为经济特区律师地方立法的必要性，而深圳立法只强调了"外国人、无国籍人、外国企业和组织以及香港、澳门、台湾地区的居民、企业和组织在特区参与诉讼活动，需要委托律师担任代理人或者辩护人的，应当委托中华人民共和国律师办理"。

② 参见《深圳市人民政府关于废止〈《深圳市经济特区物业管理条例》实施若干规定〉的决定》的政策解读，http：//sf.sz.gov.cn/ztzl/zflf/gzjd/content/post_9034355.html，访问日期：2023年6月18日。

留"事项。而个人破产制度实际上还涉及了民事基本制度的问题，属于《中华人民共和国民法典》应该涉及的领域，有没有违反债权法的基本原则，值得考量。根据2019年全国人大常委会委员长会议通过的《法规、司法解释备案审查工作办法》第三十八条和第三十九条的规定，全国人大各专门委员会和全国人大常委会法工委发现经济特区法规"对依法不能变通的事项作出变通，或者变通规定违背法律的基本原则"的违背法律规定的问题或"变通明显无必要或者不可行，或者不适当地行使制定经济特区法规的权力"的不适当问题，都应当提出审查意见。还有一些立法，涉及较为专业的领域，如2023年3月1日起施行的《深圳经济特区细胞和基因产业促进条例》，在第一条立法目的中没有明确表明上位法，只言及"根据有关法律、行政法规的基本原则"，但在"法律责任"一章中援引了相应的立法作为追究相关法律责任的依据。在该条例的起草说明中，更多地谈到国家的政策需求以及《深圳建设中国特色社会主义先行示范区综合改革试点实施方案（2020—2025年）》的要求，属于深圳经济特区立法"先行先试"的典型实践。经济特区立法权行使的便利性，相较于经济特区所在地的市的一般立法权而言，促使很多经济特区所在地的市更愿意运用经济特区立法权。因为经济特区所在地的市制定一般地方性法规，还要经过省级人大常委会批准，这与经济特区立法权相比，俨然在程序上已经繁杂许多。

对比上述经济特区所在地的市，海南以其省一级行政建制而有所不同。完整地说，海南立法体制由特区立法、地方立法和民族立法构成，① 但目前又有了自由贸易港法规的制定权，如果说民族立法属于特别立法，那么现在由海南省人大或其常委会行使的立法权就分为一般地方立法权、经济特区立法权和海南自由贸易港法规的制定权三

---

① 熊勇先：《论海南自由贸易港地方法规体系的建设》，《河南财经政法大学学报》2019年第6期。

种。如果从其权力范围大小和权力行使的便利度来看，海南自由贸易港法规的制定权是最为便利且立法事权范围最大，因此，可以想见，拥有三种立法权的海南省人大及其常委会，在未来的一段时间内会倾向于使用海南自由贸易港法规的制定权。但由于现在备案审查制度的逐渐严格，海南自由贸易港法规在制定过程中也必须从立法事权范围、立法报批程序和备案审查后果三方面来考察其立法权的选择倾向。从其一般事权范围来看，主要是关于贸易、投资及相关管理活动，① 从法律保留的限制来看，主要是依据《海南自由贸易港法》第十条第三款，即一旦涉及依法应由全国人大及其常委会制定法律或由国务院制定行政法规的事项，应分别报全国人大常委会或国务院批准后生效。因此，从权力行使的广度来看，经济特区法规并没有明确的事权限制，但海南自由贸易港法规的立法事权则被限定于"贸易、投资及相关管理活动"；从权力的行使难度来看，海南自由贸易港法规与经济特区法规相当，但海南自由贸易港立法的报批是为了突破"法律保留"或"行政法规保留"的事项范围；从对未来政策的契合度来看，海南自由贸易港法规明显要高于经济特区法规。对于海南省人大及其常委会而言，未来几年内对海南自由贸易港法规的选择概率会逐渐超越经济特区法规，正如目前深圳选择经济特区法规立法权要多于一般地方性法规的制定权，也如当前海南在面对经济特区立法权与一般地方立法权之时倾向于选择经济特区立法权的道理相若。② 唯一

---

① 关于"相关管理活动"，实际上不限于我们对字面的理解，换句话说，既然选择了"相关"，那么对这种"相关性"的把控就不是限制海南自由贸易港法规制定范围的重要标准。参见谭波《海南自由贸易港法规的体系定位与衔接分析》，《重庆理工大学学报（社会科学）》2021年第5期。

② 比如2010年海南省人大常委会通过的《海南经济特区物业管理条例》，为解决经济特区范围与本省行政管理范围不一致的问题，《海南经济特区物业管理条例》第八十条规定，在本省内经济特区以外区域的物业管理工作，参照本条例执行。相比之下，深圳市2007年也制定了《深圳经济特区物业管理条例》，取代了1994年通过的《深圳经济特区住宅区物业管理条例》，但从其制定时间来看，就是为了专门在深圳经济特区实施该项立法，而如果从省级立法来看，就需要照顾到特殊经济功能区之外的统一管理的问题。

不同之处在于，深圳经济特区已经拓展至全市范围，国务院也曾于2018年3号复函中明确同意撤销深圳经济特区的管理线，[①] 而海南自由贸易港和海南经济特区的范围都是海南岛全岛，对于需要囊括三沙市和其他周边岛屿的立法事项，海南省大概率还是需要选择一般地方性法规和地方政府规章，而且海南自由贸易港立法只有"法规"一种形式，不像经济特区立法和一般地方立法中都含有"规章"，因此，如果选择适用"规章"的立法形式，一般不能采行海南自由贸易港法规的形式来立法。从正面列举的角度来看，有些学者认为行政管理活动中局部性或应时性的事项、涉及技术规范或方法措施类的事项、自身活动规范或自身建设制度的事项及有关社会公共秩序或公共事务的具体管理制度的事项，[②] 不是必须采用地方性法规这种耗时相对较长的立法形式，也就是地方政府规章与地方性法规选择中的"杀鸡不用牛刀"的比例性。

深圳市作为设区的市或经济特区所在地的市，其与作为省一级单位的海南是不同的。毕竟，深圳市人大常委会选择经济特区立法，在程序上讲是少了报批的义务，在权限上说是增加了变通权。从1981年全国人大常委会授权广东省人大及其常委会制定单行经济法规到1992年全国人大常委会授权深圳市人大及其常委会制定经济特区法规。这种授权内容上的变化，实际上造就了经济特区所在地的市单独制定经济特区法规的权力，从获得立法权的时间来看，要早于经济特区所在地的市一般立法权的取得时间。这就相当于经济特区所在地的四个城市，手中都是同时拥有完整的经济特区立法权（只需报备全国人大常委会、国务院和省级人大常委会即可）和不完整的一般立法权（需报省级人大常委会批准），从程序的俭省度上来看，这种选择的通常结果一目了然。而且，从下位法突破上位法的可能性来看，授权立法只要不涉及法律绝对保留的事项或其他事关国家主权的事项，都可

[①] 参见《国务院关于同意撤销深圳经济特区管理线的批复》。
[②] 参见刘松山《地方性法规与政府规章的权限界分》，《中国法律评论》2015年第4期。

进行单独立法。① 对于经济特区立法中"遵循宪法的规定以及法律和行政法规的基本原则"的要求，就目前来看，也无法构成实际的限制，除非其达到了《法规、司法解释备案审查工作办法》中的某种情形。比如，《深圳经济特区物业管理条例》2007年出台时，其表述立法依据时也是"根据有关法律、行政法规的基本原则"，但此时《物业管理条例》和《中华人民共和国物权法》已经相继通过。这种表述风格，实际上与前文述及的《深圳经济特区个人破产条例》表述相同，但相比其之前的《海南经济特区住宅区物业管理条例》已是进步，因为后者在此方面没有表述。但是"根据有关法律、行政法规的基本原则"，更像是一种自我宣示甚至标榜，因为判断是否根据有关法律或行政法规的基本原则，不是立法者自身，而是具有审查权的全国人大常委会，因此，这种表述实际上更具有形式上的意义。但同期通过的《海南经济特区物业管理条例》，却在立法依据上明确表述"根据《中华人民共和国物权法》和国务院《物业管理条例》等法律、法规"，2021年《海南经济特区物业管理条例》修订时，其立法依据表述也得以修改，即"根据《中华人民共和国民法典》和国务院《物业管理条例》等法律、法规"，这种表述上的变化，实际上更符合当前经济特区法规立法的实际。经济特区法规作为一种授权立法，并不能在此基础上获得任何不同于一般地方立法在形式上的特殊身份或做法，其特殊之处在于立法的主题或程序，尤其是在《法规、司法解释备案审查工作办法》将地方性法规、自治条例和单行条例、经济特区法规等地方立法都纳入"法规"的总称这样一种前提下。作为省级经济特区立法的《海南经济特区物业管理条例》，其在制定的严格性上考量因素必然更多，虽然从程序上来讲其与市级经济特区立

---

① 有学者认为经济特区授权立法不能涉及宪法和宪法相关法、刑法、诉讼与非诉讼程序法，有关国家机关、国家主权、刑事法律制度、公民基本政治权利和人身自由权利、司法制度以及明确属于国家事权的立法权，必须由全国人大及其常委会行使，不属授权范围。参见秦蓁《经济特区授权立法有关情况综述》，http://www.npc.gov.cn/npc/c9757/200904/8e461e2ba40548069718518612281d4.shtml，访问日期：2023年1月26日。当然，也需要注意《中华人民共和国立法法》第二章中所规定的"授权立法"，其实是指对国务院的授权立法。

法相差无几，但省级国家权力机关或其常设机构的身份，促使其在行使立法权时更为谨慎。2016年修改后的《海南省制定与批准地方性法规条例》第五条，只是将遵循法律、行政法规的原则作为制定海南经济特区法规的一般要求来表述，而根据2019年修订的《深圳市制定法规条例》第七条第二款的规定，"制定深圳经济特区法规应当遵循宪法的规定以及法律和行政法规的基本原则"被作为一种基本原则予以单列表述。这种地方立法制备过程中的表述区别，一方面源于1988年全国人大对海南的授权决定与1992年全国人大常委会对深圳的授权决定之表述区别，其特殊之处在于海南省人大及其常委会也是全国唯一一组以省级地方身份同时拥有经济特区法规和地方性法规制定权的地方国家权力机关及其常设机构。[①] 另一方面也是作为省级单位立法与市级单位立法本身的制度区别与"心态"区别所致。对于拥有省级人大常委会把关的深圳市立法而言，在有些立法语言上的形式判断可能要强于海南省立法机关的相应表述。而作为省级立法机关的海南省人大及其常委会，更会关注其立法与上位法之间的关联，省级地方与中央的直接关联，其实也是造成这种区别的重要原因之一。

从海南的省级以下行政区划设置来看，相对简单。海南省拥有地方立法权的设区的市主要包括海口市、三亚市和三沙市。如果从海南自由贸易港和海南经济特区的范围来看，只有海口市和三亚市在此范围之内。其中三亚市是2015年《立法法》修改之后获得设区的市立法权。我们仍以前文述及的"硬环境"立法和"软环境"立法为例来加以对比。比如在"环境保护"这一立法事项上，海口市和三亚市

[①] 相比之下，除港澳台外，其他30省、自治区和直辖市的有关地方立法的规定中，广东省1993年出台《广东省制定地方性法规规定》第五条第五项涉及1981年的制定单行经济法规的规定和2016年修正的《广东省地方立法条例》第三十四条第一款第四项涉及广东省人大常委会的授权立法情形，2016年修正的《福建省人民代表大会及其常务委员会立法条例》对授权立法的规定不再明显，2015年修改的《上海市制定地方性法规条例》不涉及浦东新区法规，同时浦东新区的范围与上海市范围的差别与其他四个经济特区已经扩展到全市的情形都不相同，另外27个省级单位都不涉及特殊的功能区立法，相应的自由贸易试验区条例往往是由相应的省级人大常委会通过的，属于地方立法，不属于授权立法。

在环境立法方面的权力行使表现明显，比如海口市作为省会城市，在2015年《立法法》修改之前就具有地方性法规的制定权，2002年海口市人大曾通过《海口市制定地方性法规规定》，取代了1995年的《海口市地方性法规制定程序规定》，其中第五条规定了三种可以制定地方性法规的情形，对应执行性法规、自主性法规和先行性法规。2017年《海口市制定地方性法规条例》得以通过并获批准，《海口市制定地方性法规规定》也同时被废止，原来的第五条的规定也被《海口市制定地方性法规条例》第六条所取代，即海口人大及其常委会根据《立法法》关于设区的市立法的规定制定市级地方性法规，即《立法法》第七十三条第一款规定的执行性法规和自主性法规以及《立法法》第七十三条第二款规定的先行性法规，这种立法上的"转致"，实际上更加明确了市级地方性法规的制定权来源于《立法法》的规定，海口市的环境保护立法则包括《海口市扬尘污染防治办法（2017）》《海口市美舍河保护管理规定（2017）》《海口市生活垃圾分类管理办法（2018）》《海口市湿地保护若干规定（2018）》。三亚市作为2015年以后获得立法权的城市，其在立法权行使上显示出一种后来居上的态势，在"环境保护"方面逐渐在与2015年之前就具有立法权的海口市之间缩小差距。三亚市的环境保护的相应立法包括《三亚市河道生态保护管理条例（2016）》《三亚市扬尘污染防治办法（2019）》《三亚市餐饮业油烟污染防治办法（2019）》《三亚市餐厨垃圾管理规定（2020）》。总体来看，设区的市环境保护立法实际上更像拼图，在各项环保事务都陆续实现有法可依的前提下，地方环保立法逐渐走向一种"似曾相识"的境地，立法事权或立法事项就在此显示出更为接近的格局，尤其是同样作为旅游城市和服务业重点发展的三亚市和海口市均是如此。而三沙市，由于其特殊的地理环境和位置，其立法更显专门性，比如《三沙市西沙群岛水资源节约与保护规定（2019）》。

在"软环境"即营商环境立法方面，2021年9月29日由海南省人大常委会通过的《海南自由贸易港优化营商环境条例》是首批海南自由贸易港法规之一，2019年9月11日海口市人大常委会通过《海口市人民代表大会常务委员会关于优化营商环境的决定》，这种以"决定"形式通过主要是"为了全面贯彻落实习近平总书记在庆祝海南建省办经济特区三十周年大会上的重要讲话和《中共中央国务院关于支持海南全面深化改革开放的指导意见》精神"，由于其出台是在《优化营商环境条例》之前，因此，这种规范性文件与其他上位法之间没有直接的关联。按照海南自贸港"全岛同城化"的建设构想，《海南自由贸易港优化营商环境条例》足以统摄建设局面和实际需求，海南自由贸易港法规虽然在地域范围上无法笼罩全省，但因其制定主体的省级属性，加上海南独特的省级以下地方行政单位的设置特点，海南自由贸易港法规已经取得了"准省级立法"的资格。2021年2月《三亚市优化营商环境若干规定》出台，由于其属于地方政府规章，可以直接依据行政法规来制定，加之当时《海南自由贸易港优化营商环境条例》尚未出台，因此，海南地方立法间关系的特点就不同于其他省级区域。未来的模式也极有可能是以"自由贸易港法规+经济特区法规"的双引擎为主，海口和三亚甚至三沙的单独多元（选择性）立法为辅，尤其是有些领域的立法或专项立法并不是每个设区的市必备的这种情况下，更是如此。"软环境"立法相比"硬环境"立法而言，其地域性并不明显，更多地需要统一性，"法治化、国际化、便利化的营商环境"也是海南营商环境建设的目标。因此，相对统一的全岛立法可以是海南自由贸易港法规或经济特区法规，而有个别需求的海口与三亚可以单独立法，"促进贸易服务、金融服务、科技创新、公共管理等领域的制度创新"[①]，以保持其设区的市单独立法的法律地位与相应的权力。

---

① 王崇敏、王明：《海南自由贸易港立法研究——以营商环境为核心展开》，《河南财经政法大学学报》2019年第6期。

三　我国近代宪法中对立法事权
配置的典型规定对比

任何部门法问题最终都是宪法问题，而任何宪法问题最终都可归为政治问题，而任何政治问题又都可以在历史中找到答案。回顾中国近代历史，有据可查的宪法性文件或宪法文本，多如牛毛，但遗憾的是这些立宪活动及其最终的制度成果，并没有能够在实际的政治生活调控中发挥应用的作用。经过对比，我们以1923年的《中华民国宪法》和1947年的《中华民国宪法》为例，① 来分析近代宪法对立法事权配置的些许特征，以期通过这种配置的流变来把握地方立法权与"事权"之间可能的联动机制。

（一）1923年《中华民国宪法》关于立法事权的规定

1. 中央立法事权

根据1923年《中华民国宪法》第二十三条的规定，由国家立法的事权项目，与《立法法》第十一条的法律保留事项有可比性。《中华民国宪法》第二十三条采取的是"14（种列举）+1（种概括）"的规定模式，对比《立法法》的"10+1"规定模式，其中较为接近的规定情形包括：《中华民国宪法》第二十三条的第一项（外交）、第二项（国防）、第三项（国籍法）类似于《立法法》第十一条第一项的"国家主权的事项"；《中华民国宪法》第二十三条第四项中的"刑事之法律"和第五项"监狱制度"对应《立法法》第十一条第四项的"犯罪和刑罚"、第五项"公民政治权利的剥夺"和第十项的"诉讼制度"，而其第四项中的"民事及商事之法律"及第六项（度

---

① 具体选择以上两部宪法文本的原因，可以参见谭波《我国中央与地方权限争议法律解决机制研究》，法律出版社2014年版，第7—10页。

量衡)、第七项(币制及国立银行)、第九项(邮政、电报及航空)、第十项(国有铁道及国道)、第十一项(国有财产)、第十二项(国债)、第十三项(专卖及特许)对应后者的第七项"民事基本制度"和第九项"基本经济制度以及财政、海关、金融和外贸的基本制度";前者的第八项中的(关税、盐税、印花税、烟酒税、其他消费税及全国税率应行划一之租税)对应后者的税收法定(即税种、税率和税收征管法定)。

除了《中华民国宪法》第二十三条"中央专属立法事权+中央专属行政事权"的规定外,该宪法第二十四条的"中央立法事权+中央行政事权/地方行政事权或地方立法事权+地方行政事权"的模式也较为典型。这里包括与《立法法》国家机关组织和职权的规定和对非国有财产的征收与征用相对应的"公用征收""警察制度"等项,另外,学制、银行及交易所制度、两省以上之水利及河道、市制通则、全国户口调查及统计、移民及垦殖等事项,也属于由中央立法并执行或者由中央立法而由地方执行的事项。

上述对应事项的关联,总体反映了一些事关国家主权事项的国家立法事权属性,但由于1923年的《中华民国宪法》第二十二条明确规定属于国家事项的由该宪法规定,但属于地方事项的则由该宪法和各省的自治法规定。因此,在《立法法》视作属于"法律保留"的事项,在军阀混战的20世纪20年代,很可能被列入各省的宪法之中,成为"联省自治"的重要表现。

2. 地方立法事权

根据《中华民国宪法》第二十五条规定了"省立法事权+省行政事权/县行政事权"的模式,包括省的教育、实业及交通和省财产之经营处分、省市政、省水利及工程、田赋契税及其他省税、省债、省银行、省警察及保安事项、省慈善及公益事项、下级自治、其他依国家法律赋予事项。这里下级自治由省立法,可以看出其与《立法法》第十一条第三项的自治制度有类似之处。另外,根据《中华民国宪法》第二十四条的规定,农工、矿业及森林和航政及沿海渔业、公共卫生、救恤及游民管理与有关文化之古籍、古物及古迹之保存等事项，在国家未立法之前，可以由省行使立法权，也就是说，这些事项属于相对法律保留的事项。另外，当时省对上述事项（含公用征收、警察制度、学制、银行及交易所制度、两省以上之水利及河道、市制通则、全国户口调查及统计、移民及垦殖等事项）都可以在"不抵触国家法律"的前提下制定单行法。

对省立法事权的判断，按照《中华民国宪法》第二十二条的规定，除了结合该宪法本身外，还需结合各省的宪法。比如当时在省宪自治的运动中表现颇为抢眼的湖南省，其宪法第三章"省之事权"第二十五条就明确规定，省以下之地方制度、省官制、省法院之编制、省警察行政事项，省有议决执行权，这就说明了国家机关的组织和职权以及限制人身自由的强制措施和处罚、自治制度，在民国时期基本上属于地方立法事项者居多。另外，对比《中华民国宪法》第二十四条的规定，省的税则、省债、公产、学制、矿业、农林、铁道、河川、卫生、实业甚至军政、军令，都由各省议议决。这说明，当时的国家行政事项立法和省行政事项立法是分立的，比如《中华民国宪法》第二十三条第十四项所言及的"国家文武官吏之铨试、任用、纠察及保障"属于国法立规事项，这与这里的省官制由省议决之间并不矛盾。有些事项，由于跨越了一省的边界，为了交通行政的统一、省际商业发展或国防需要，才由国府议决。① 这种《湖南省宪法》的立法例，不仅与当时的《中华民国宪法》保持了契合，甚至对国际上一些先进国家的联邦制立法体例也有所借鉴，比如美国当时就在联邦层面成立了州际商业委员会这种隶属于总统的独立管制机构。但1923年《中华民国宪法》第二十五条第二款还有法律规定之外的两省以上共同立法制度。

---

① 但这种事项的执行可以交由中央或地方分别完成，类似于《国务院关于推进中央与地方财政事权和支出责任划分改革的指导意见》（国发〔2016〕49号）将跨省（区、市）重大基础设施项目建设和环境保护与治理等体现中央战略意图、跨省（区、市）且具有地域管理信息优势的基本公共服务确定为中央与地方共同财政事权的做法相一致。

《湖南省宪法》是当时唯一一部获得实施的宪法，其经历了当时的民主且相对正式的立法程序，并于1921年获得通过，1922年1月1日正式施行。同样是1921年通过的《中华民国浙江省宪法》，其二十八条规定的省议决执行的事项包含十八项，与《湖南省宪法》的十五项内容基本大同小异，且在立法的"不抵触国法"原则以及央地立法的先后次序上都与《中华民国宪法》相契合。这说明，即便是在当时的乱世，对中央立法事权、地方立法事权在法制上的明确划分，也成为中央与地方统治者普遍的追求。

（二）1947年《中华民国宪法》关于立法事权的规定

1. 中央立法事权

1947年《中华民国宪法》有关立法事权的规定与1923年《中华民国宪法》有相似之处，其第十章名称为"中央与地方之权限"。相比1923年《中华民国宪法》第二十三条，1947年《中华民国宪法》第一百零七条的主要变化在于将第四项（司法制度）、第七项（国税与省税、县税之划分）、第十一项（国际贸易政策）和第十二项（涉外之财政经济政策）纳入，基本实现了此前基础上与《立法法》第十一条更进一步的契合。这里的"司法制度"正是《立法法》中"诉讼和仲裁制度"的对应项，2022年12月《立法法（修正草案二次审议稿）》将其改为"诉讼制度和仲裁基本制度"。第七项关于分税制的规定也具有很强的现代意义。而有关国际贸易政策和涉外财经政策的"法律保留"，实际上也是对之前"国家主权事项"的一种补充，使之在各方面的表现更为完整。

就"中央立法事权+中央行政事权/中央立法事权+地方行政事权"的事项而言，1947年《中华民国宪法》第一百零八条明确将"省、县自治通则""行政区划""公用事业""合作事业""赈济、抚恤及失业救济"做了新增，对第十一项"中央及地方官吏之铨叙、任用、纠察及保障"和第十三项"劳动法及其他社会立法"的内容做了部分调整，分别增加了"地方官吏"的人事管理和"劳动法"

之外的"其他社会立法"的立法主体要求,不管在列示项的数量上和内容上都有了很大进步,①这说明在历经20多年的立宪与宪法实施的实践后,对中央立法事权与地方立法事权的关系又有了更新的认识。特别是对自治制度中的自治通则的制定以及行政区划的定位,实际上更加符合单一制国家的实际状况,也与当时其他国家在单一制框架下的"地方(自治)制度"有契合之处,对比《立法法》第十一条第三项中的"民族区域自治""特别行政区自治"制度来看,也是具有一定可比性。而对全国官制的立法统一,实际上也表明了国家政治统一程度的日渐加深,起码在形式上已经实现了对行政体制的一体化立法。对包括社会保障在内的各种社会立法的统一立法,实际表明当时国家在这方面的"基本公共服务均等化"则制度设计目标,而在执行上"亦中央亦地方"的做法,与2016年国务院出台的第49号文中的财权与事权匹配关系相应,特别与国务院在该"指导意见"中将基本养老保险与城乡居民基本医疗保险等作为中央与地方共同行政事权做法相一致。

2. 地方立法事权

在地方立法事权上,1947年《中华民国宪法》第一百零九条的规定相比1923年《中华民国宪法》第二十五条之规定,在数量上变化不大,但从内容上来讲更为科学、丰厚,除了将属于国法立法的事项(如省的下级自治)抽取之外,对原有的事项也进行了重新组合,增加了"省公营事业""省合作事业"的表述。②

与1923年《中华民国宪法》明显不同的是,1947年《中华民国宪法》规定了县立法的具体情形以及两县以上共同立法的制度设计。对于上述法条未列举的事项,则根据其事务本身是具有一县之性质、一省之性质还是全国一致之性质来区分其立法事权归属,这也是解决

---

① 与1923年《中华民国宪法》相同,这里的列示由于单独成行致"款",并未按照《立法法》的"项"的方式予以列举。

② 这两项也是类比1947年《中华民国宪法》第一百零八条由国法立法的事项而做出的对应规定。

"剩余权力"归属的方法,如果遇到争议,还可以交由当时的法院裁决。这一点与 1923 年《中华民国宪法》的规定相似,不同之处在于,前者只是涉及国家与省的(立法或行政)事权争议解决,如果遇到争议,也只是由当时的最高法院裁决。

四 国外的立法事权配置的法定模式归类

在国外央地立法(事)权配置的宪法规定上,有些国家尤其是联邦制国家在此方面比较典型,如德国、俄罗斯等,其在推动联邦制改革以及事权划分方面不断推陈出新。加之这些国家在中国近代和现代的立法过程中从不同角度对中国的各时代的立法产生过深刻的影响,又同属于大陆法系,[①] 在制定法方面尤其是宪法的立法权配置方面表现更为明显。

(一) 德国

德国基本法对立法事权的划分有明确的规定[②],比如其基本法第七章"联邦立法和立法程序"的第 70 条至第 74 条就明确规定了央地立法的权力划分问题,第八章是联邦与州之间的行政事权划分。第七章有关"立法事权"的规定依次是联邦和州的立法权划分、联邦的专属立法权、共同立法权、联邦专属立法权的事务和共同立法权的事

---

① 这一点,也可以同时从地方自治的维度来观察,而关于地方自治制度的类型化研究,也有日本学者将其分为欧洲大陆型地方自治制度和盎格鲁·撒克逊型地方自治制度,其中前者包括法国、意大利、德国等欧洲大陆国家和日本等。这种维度下的观察又因单一制和联邦制有所区别。盎格鲁·撒克逊型的地方自治制度中的自治体权限采用"限制列举方式",如果越权则可能适用"权限逾越或越权无效(ultra vires)法理",这种争议通常由司法机关解决。参见 [日] 礒崎初仁、[日] 金井利之、[日] 伊藤正次《日本地方自治》,张青松译,社会科学文献出版社 2010 年版,第 9—10 页。

② 不仅德国一直在进行联邦事权划分的完善,其他的德语系国家如奥地利和瑞士作为联邦制国家在此方面也很典型。参见谭波《我国中央与地方权限争议法律解决机制研究》,法律出版社 2014 年版,第 92—94 页。

务。近年来，德国也一直在对这些条文进行调整，①包括对一些条文的废止，如对第74a条和第75条，尤其是第75条，原来的规定是对联邦在共同立法权事项下的颁行通则之权。

　　从联邦专属立法权的规定来看，其与前述1947年《中华民国宪法》有高度重合之处，大体可以分为几类，如国家主权的事项（外交及国防、联邦国籍、移民），国家基本经济制度及财产（如通货、货币、度量衡、关税与通商、航空运输、铁路运输、邮政及电讯）、联邦工作人员的法律地位、警察制度等。②从制定时间来看，德国基本法虽制定于1949年，但其沿袭了1919年《魏玛宪法》对联邦立法事权的规定模式，尤其是《魏玛宪法》第一章"联邦及各邦"中的第5条至第15条系统规定了联邦立法事权与邦立法事权及其相应的行政事权行使情形，其中第6条、第7条、第9条、第10条分别规定了联邦的专属立法权列举事项、联邦有立法权之事项（第8条为第7条之税收视角的补充）、为统一立法之联邦立法事项及联邦制定章则之事项，可以说无论是1923年的《中华民国宪法》还是1947年的《中华民国宪法》都在此问题上高度沿袭了《魏玛宪法》之立法风格，以此也可以解释为什么两部不同时代的"同名"宪法会有如此接近之风格。就中央与地方之间权力配置问题的路线之争，20世纪20年代前后还出现不同的观点，比如对当时各省的事权有人主张采取德国和美国的"剩余权力"说，省应像德国和美国的州那样，③拥有自主权限，并因此对其权力进行概括的保留规定，但是反对者认为德国和美国的州都是产生于联邦存在之前，因此这种做法不符合中国的国情和

---

　　① 参见夏文竹、杨仪楠《德国联邦制改革与基本法修改》，《西南法律评论》2010年第00期。

　　② 正如前文所述，有些制度是在从1923年到1947年不同宪法的沿袭过程中，出现了不断完善或改观的结果，其实也是"兼收并蓄"的结果，即一方面对外国宪法的立法例不断研究、效仿，另一方面也是结合当时中国的政治形势，从军阀混战到相对统一，从而形成一种不同的"宪法（制度）选择"。

　　③ 德国和美国虽然都属于分权型联邦制，但相比美国，德国联邦成员单位在分享的权力上要比美国的州低。参见王广辉《比较宪法学》，武汉水利电力大学出版社1998年版，第262页。

历史。① 著名宪法学者张君劢也认为，如果按照德国和美国的模式，②很多州在具体考虑剩余权力的行使时会优先考虑本州利益而置联邦利益于不顾，因此会导致很多冲突发生。③ 考虑到当时中国并非联邦制，而是具有历史局限性的军阀混战形势，当时的这种宪法规定一方面是为了吸收世界先进的立法例，④ 另一方面也是在形式上尽可能维系当时"来之不易"的单一制形式。

随着近年来的调整，德国专属立法权事项逐渐扩及一些原本属于共同立法权的事项，如关于武器和爆炸物法律的制定、为战争致残者和已故战争受害者家属提供的福利以及对战俘的援助、为和平目的生产和利用核能，建造和运营用于和平目的的设施，防止释放核能或电离辐射造成的危害以及处置放射性物质等这些具有国家生存照顾义务的事项，同时是对传统中央立法事权事项的一种补强。在1958年的"核武器表决案"中，基督教民主党的阿登纳政府，决定用核武器去装备恢复后的西德军队。社会民主党激烈抵制，并利用其控制的汉堡

---

① 参见欧仁山《联邦主义与民国宪法（1912—1923）》，博士学位论文，西南政法大学，2012年。

② 但相比德国基本法的规定，美国宪法对事权的规定往往侧重于对中央立法事权的列举，而除此之外的剩余权力（含立法权）则归属各州，美国宪法第1条第8款的第1、4、6、8、10、11、15、16、17、18项的表述中含有立法的意味，包括但不限于"规定（to lay）""制定（to establish）""制定（to provide for）""保障（to promote）""明确划定（to define）""规定（make Rules for）""行使专有立法权（to exercise exclusive legislation）""制定一切必要和适当的法律（to make all Laws which shall be necessary and proper for）"。但美国国会对于各州立法权的限制，也出现在一些判例中，如美国联邦最高法院曾经在"美国诉奥克兰大麻购买者公司（United States v. Oakland Cannabis Buyers' Cooperative）"案件作出判决，国会有权禁止各州将大麻的医药使用合法化，参见［美］托马斯·帕特森《美国政治文化》，顾肃、吕建高译，东方出版社2007年版，第100页。

③ 参见张君劢《宪政之道》，清华大学出版社2006年版，第14—32页。

④ 1912—1915年时美国宪法学家古德诺多次赴中国就制宪进行商讨。参见刘娟《古德诺与中国的民国时代》，《陕西行政学院学报》2019年第3期。美国法学家庞德作为国民党政府的法律顾问也曾被咨询对1947年《中华民国宪法》草案的看法。但1923年《中华民国宪法》和1947年《中华民国宪法》都是从形式上尽可能习美国宪法和德国宪法之长，而从实际的立宪与行宪立场上与这些外国宪法相去甚远，可以认为是对于央地立法事权的采纳或对剩余权力说的改造，其实都是在尽可能发挥一种法律工具主义的作用，而非解决当时中国政治问题的真正治本之策。参见聂资鲁《论1787年〈美国宪法〉与1947年〈中华民国宪法〉之歧异》，《河北法学》2004年第3期。

州和不莱梅州，通过公民表决来反对联邦法律，以给联邦内阁施加压力。联邦内阁上诉至宪法法院。宪法法院认为国防事务属于联邦专有立法范围，各州不能通过正式立法或公民表决来施加压力，以侵犯联邦权力，这里涉及"州的意志"与（合宪的）"联邦意志"之间的关系定位问题。同时，宪法法院还在同天的另一项决定中责令黑森州废除州内组织的对核武器表决的规章。[①] 但从目前的宪法修改现状来看，关于武器的立法权实际上也已经被联邦立法机关所专属。

同时，诸如迁徙自由、引渡等涉及基本权利以及工业财产权、版权及发行权等涉及知识产权的新兴事项，也反映了德国基本法在此方面的求新，警察制度、保护国家及公共安全和针对危害德国国家安全的犯罪行为之立法，则归属于德国联邦和州的合作立法事宜，也反映了德国在此方面不同于《中华民国宪法》的特色，这同时也是注重分权的联邦制与注重集中权力的单一制的根本区别。就德国联邦的专属立法权而言，其一般由联邦行使，但可以通过授权交由邦行使，这也是不同于历部《中华民国宪法》之处，由此可看出德国联邦制的制度本底。

如前所述，在《中华民国宪法》中很多属于国法立法的事项，在德国基本法第 74 条中被归入共同立法权的事项，如民法、刑法、劳动法、国家责任等事项的立法，由此也可以看出联邦制国家对待法律保留的态度，在专属立法权与共同立法权事项的调整上，德国也是根据其重要程度和影响范围等多重标准作出了平衡。经过不断调整，目前德国联邦与州的共同立法事项已经达到了 30 多项，与专属立法权都在"增容"，这说明需要立法的事项本身的体量在不断增加，从而导致"大河有水小河满"，而且州参与立法本身也有其优越性，既可以解决了解地情的问题，也可以在执行过程中减少阻力。在共同立法权方面，只要联邦未行使立法权，州就可以立法，这其实与中国的自主性立法或先行性立法有些接近。在有些事项方面，即便联邦已经有

[①] 参见张千帆《西方宪政体系》（下册·欧洲宪法），中国政法大学出版社 2001 年版，第 202—203 页。

了立法，州也可以立法，如狩猎、自然保护和景观管理以及水资源管理，但这些事项都有相应的例外，这些例外也就是不允许地方再行立法的事项。就有些共同立法事项而言，联邦可以为实现在整个联邦领土内建立同等的生活条件或维持法律或经济统一的目的而进行联邦立法，使其更符合国家利益的实现，比如有关外国人居留的法律、公共福利、与经济有关的法律、关于食物的法律、国家责任等项，这些事项有必要进行联邦统一立法，①但随着实践的发展，也可以决定联邦立法由相应的州立法取代。

(二) 俄罗斯

1. 中央（立法）事权

俄罗斯联邦宪法采取的是对立法事权和行政事权不加区分的规定，也就是综合规定属于俄罗斯联邦有权管辖的事项。对比前述的德国基本法，俄罗斯联邦宪法在这方面的规定显得粗线条。十八项内容总共涉及国家主权的事项、国家机关的组织、基本经济制度、国家财产、国家标准与度量衡制度、国防与安全、对外经济关系、对外政策与国际关系等，除此之外，还包括与德国基本法以及前述《中华民国宪法》不同风格的规定，俄罗斯宪法与法律的实施监督、联邦冲突法和确定俄罗斯联邦国家、经济、生态、科学和技术、社会、文化和民族发展领域中的联邦政策和联邦纲要的基础以及建立卫生体系、包括继续教育在内的培训教育体系的统一法律基础。表面上看，俄罗斯联邦宪法的十八项事权的列举堪称全面，但实际从类型化的视角来看，很多内容都可以在德国基本法的相应事项找出共性。比如 2020 年俄

---

① 这种立法体例与前述《中华民国宪法》1923 年的版本和 1947 年的版本比较，会发现有接近之处，这也是某些立法事权事项具有共性的表现，但《中华民国宪法》的两个版本在立法事权的配置上都采取了"非此即彼"的方式，即不是中央的立法事权则必然归属于中央，有些国家关于央地权力配置的"剩余权力"说（如前文提到的美国和加拿大）也是此种倾向，只在央地行政事权的配置上规定了可以"亦此亦彼"，这与德国基本法中的"共同立法事权"的制度设计有截然区别，由此也可以看出联邦制国家在分权问题上与单一制国家的区别。但 1923 年时的中国和 1947 年时的中国在国家结构形式上其实也存在很大区别。

罗斯联邦宪法修改时将第九项中的"信息"改为"信息技术",①在第12项中增加"在信息技术应用、数字数据流通中确保个人、社会和国家的安全",充分表明了俄罗斯也在现代数字社会中不断加大对管辖领域及其安全的考量。整体来看,俄罗斯联邦宪法对各类立法事权的规定相对较细,而且为了表述的准确性,2020年修改的事权项数占到了总数的三分之一。但这中间也可能产生某种不必要的重复,比如第71条第4项中有关立法、执行和司法权力机关的组织和职权的表述与第14项有关"法院组织""检察机关"的表述。另外,有关国家主权的事项规定过散,第2项"俄罗斯联邦的联邦结构和领土"与"规定俄罗斯联邦国界、领海、领空、特别经济区和大陆架的地位并予以保护"等项的关系。因此,对中央事权的表述类型化与精准化,仍是未来俄罗斯联邦需要在宪法修改中关注的重点。

2. 中央与地方共同(立法)事权

《俄罗斯联邦宪法》第72条总共规定了十四项俄罗斯联邦和联邦各主体公共管辖的事项。这类条文的体量相比德国基本法,并不算丰富,但从其内容的表述上看,更加契合俄罗斯联邦的实际需要,与中央专属事权相契合,类型化程度也较高。与中央事权规定较为契合的内容包括:第一,保证俄罗斯各成员单位的宪法和法律符合俄罗斯宪法和法律,这实际上是宪法监督的内容;第二,维护人和公民的权利与自由,这与中央事权中的表述一致,可以认为维护权利不仅是联邦国家机关的职责,也同样是联邦成员单位机关的职责,或者是由两者联合完成的国家任务;与之相应的是第12项,即保护微小的民族共同体固有的居住环境和传统的生活方式;第三,规定组织国家权力机关和地方自治机关体系的一般原则,这种表述既与俄罗斯联邦宪法的国家机关组织的规定有契合,也体现了俄罗斯对地方自治机关活动原则的特别关注,这一点与前述1947年的《中华民国宪法》表述倾向不同,后者采取的是一种收权的状态,但从具体的操作来看,也可以交由地方具体执

---

① 这其中可能存在"款"与"项"称呼的差异,但也可能存在未加数字序号而被称之为"款"的可能。

行，因此，可以肯定在单一制国家与在联邦制国家对地方自治的立法态度不同。比较有特色的规定是，"协调联邦各主体的国际联系和对外经济联系，履行俄罗斯联邦的国际条约"，这一点属于联邦和联邦成员单位共同完成的事项，这也是联邦制的重要特征。

2020年俄罗斯联邦宪法对中央与地方的共同事权有三处修改，包括：在"自然利用和生态安全"中增加了有关"农业"的规定，在"教科文体"方面的规定上增加了"青年政策"的规定，在"协调医疗卫生问题"上释明了其具体外延（提供大众型的优质医疗援助，维持和加强公共卫生，创造健康生活方式的条件，形成公民关注健康的文化氛围），在保护家庭、父母和儿童方面，增加了"保护男女结合的婚姻制度"的规定，同时要求"创造条件，使儿童能够在家庭中得到应有的教育，直到其成年"。这种规定风格，很容易让人联想到中国现行宪法的规定，不管是1982年宪法的第四十九条还是1954年宪法的第九十六条，都存在类似的规定，但1982年宪法是将其规定在第一章"总纲"之中，而1954年宪法是将其规定在第三章"公民的基本权利和义务"之中，但这两种规定模式缺乏宪法本身的保障，更多的是通过具体法律的实施来予以实现，而将这种作为事权事项规定进宪法之中，其实不管是作为中央事权还是中央与地方共同事权，都已经在职责定位上做到了第一步，更利于宪法的全面实施。

（三）法国

法国现行宪法是通过规定"国会和政府的关系"来体现立法事权的配置。这种模式产生的原因，其实在于议会不再是权力无限，且其不可能估计到规则的细节。议会不再享有一切权力并垄断法律的制定权，许多方面政府享有宪法授予的可以被称为"固有权"的立法权限。[①] 其原因在于，法国并不是像英国与德国那样奉行"议会至上"

---

① 参见［法］勒内·达维《英国法与法国法：一种实质性比较》，潘华仿、高鸿均、贺卫方译，清华大学出版社2002年版，第91—92页。

的国家，其"半总统制半议会制"的政权组织形式也决定了议会的立法权相比总统的权力来说并不占据优位。①《法兰西第五共和国宪法》第 34 条只是规定了需要法律来确定规则的立法事项以及需要法律来确定基本原则的立法事项。前者大体可以分为两大类，即涉及公民权利类的事项、国籍类的事项及基本民事制度、重罪和轻罪的确定和刑事司法制度与组织制度以及税收相关事项与货币发行制度，② 还有就是公务法人种类的创设、授予国家文武官员的基本保障以及企业的国有化和私有化方面的事项。后者大体包括国防的基本组织与领土单位的自主管理、权限和财源以及教育、环境保护、所有权和物权制度、民事和商事义务制度、劳动权、工会权和社会保障。可以看出法国的规定相比我国的规定更为细化，但也有很明显的不一致之处。法国的这种模式其实影响了很多原属于法国殖民地的国家，包括阿尔及利亚、贝宁、布基纳法索、吉布提、毛里塔尼亚、塞内加尔、几内亚、马里、尼日尔、突尼斯、刚果（布）、马达加斯加、中非、乍得、加蓬、科特迪瓦等在内的非洲国家在宪法中都采取了法国模式来规定国会在一些立法事项上的专属性。③ 在法国宪法中，还有对组织法、规划法、财政法、社会保障拨款法等法律的制度分工，比如在组织法确定的条件和保留下，财政法律确定国家的财政收入和支出。社会保障拨款法确定国家财政平衡的基本条

---

① 参见兰华《西方政治制度比较研究》，山东人民出版社 2008 年版，第 125—128 页。
② 这种分别列示出现在宪法中的同一条（第 34 条）但却进行分项列举，其中最关键的区别在于前四项更多涉及公民基本权利的剥夺和基本义务的科处，而后四项主要及于国家制度的创设，主要关注以权力和国家资源为代表的各类制度的规定。比如德国 1818 年 5 月 26 日巴伐利亚州宪法曾就"有关人身自由及国民财产之一般法之发布"必须国会之共同审议通过，但大多数学者都认为法律之泛舟不应只限于权利义务及自由财产。参见 [日] 伊藤博文《日本帝国宪法义解》，牛仲君译，中国法制出版社 2011 年版，第 26 页。就法国本身的情况而言，作为历部宪法序言的《人和公民权利宣言》，已经在其第 4 条、第 8 条、第 9 条、第 10 条、第 11 条、第 13 条、第 14 条、第 17 条中分别就限制公民的自然权利、刑法的法定化、无罪推定、表达自由及其依法行使、赋税的依法确定、财产权依法才能剥夺并给予公正和预先补偿等问题做了原则性规定。这些条款也与《法兰西第五共和国宪法》第 34 条的第一组的四项列示有明确的关联。
③ 参见谭波《财税法定原则的宪法表达及其启示——以法国式与英国式的财税入宪模式为例》，《河南工业大学学报》（社会科学版）2016 年第 1 期。

件,并考虑到国家财政的预期收入在组织法确定的条件和保留下决定各种支出项目。国会在组织法规定的条件下表决社会保障拨款法律草案。国会还可通过规定法律(保留)以外其他事项的条例。而政府为执行其施政纲领,可请求国会授权自己在一定的期限内通过法令形式采取通常属于法律领域的措施。这类似于我国的授权立法。

(四) 日本

日本宪法规定国会是国家唯一的立法机关。在 1946 年宪法中,所有 103 条宪法规定中总共有 44 处规定了"法律规定"等这种"法律保留"事项。其中,地方自治也属于"法律保留"事项。日本国宪法第 92 条规定,"关于地方公共团体的组织及运营事项,根据地方自治的宗旨由法律规定之",其宪法第 73 条规定,日本内阁为实施宪法和法律的规定有权制定政令,但此种政令除法律特别授权以外不得制定罚则。1947 年日本国会制定了《地方自治法》,2016 年 12 月 9 日是该法最近的一次修改时间。① 《地方组织法》第 2 条第 2 项规定,② 普通地方公共团体(含都道府县和市町村)处理法律或政令规定的地区事务和其他事务。《地方组织法》第 2 条第 12 项规定,"地方公共团体相关法令的规定,必须基于地方自治的宗旨,且依照国家与地方公共团体的适当作用分担来解释和运用"。该规定就通过将"宪法保障地方公共团体的意旨适用于法的解释上","地方公共团体不得盲从中央省厅等所为之法解释,而且亦应得对地域住民负责任地提出充满创意之自主的法令解释"。③ 《地方组织法》第 14 条规定,普通地方公共团体在不违反法令的限度内,可以就第 2 条第 2 款的事

---

① 参见叶必丰主编《日本地方自治法》,肖军、王树良译,上海社会科学院出版社 2022 年版,第 3 页。

② 日本的法条中,"条"之下是"项","项"之下是"号"。

③ [日] 阿部照哉、[日] 池田政章、[日] 初宿正典、[日] 户松秀典编著:《宪法——总论篇、统治机构篇》,许志雄审订,周宗宪译,中国政法大学出版社 2006 年版,第 463 页。

务，制定条例。条例又分为"横出条例"和"上乘条例"，前者属于对法令对象之外事项进行规制的条例，但与法令出于相同的规制目的，而后者则除了目的相同，还要是对已经规制的事项进行更严格的规制，当然法令此时提供的规制只是全国最低程度的规制。[①] 除法令有特别规定的以外，普通地方公共团体要课赋义务或限制权利时，必须依据条例。而对条例可以规定的处罚（含刑罚与罚款）都有明确的规定。而普通地方公共团体的首长可以在不违反法令的限度内，在其权限内的事务内制定规则。除了法令有特别规定，规则规定的罚款上限也有限制（五万日元以下），与条例同。从日本上述的立法分权模式可以看出，其与我国的整体架构比较相似，法律和政令分别对应我国的法律与行政法规，而条例和规则则类似于我国的地方性法规和规章，有关处罚限度的规定则类似于我国的行政处罚法的规定，但对于刑罚限度的规定则在我国找不到组织法的对应适例。从这一角度来讲，我国的规定模式更类似于法国模式，而与日本模式在细化程度上尚不及。当然，虽然都为单一制国家，但从地方自治法制的细化程度来看，日本应是做到了极致，[②] 我国在2022年修改了《地方各级人民代表大会与地方各级人民政府组织法》，但就各级地方在立法事权的分配还没有达到非常细化的程度。[③]

[①] 参见〔日〕礒崎初仁、〔日〕金井利之、〔日〕伊藤正次《日本地方自治》，张青松译，社会科学文献出版社2010年版，第108页。

[②] 相关的立法包括《关于解散地方公共团体议会的特例法》《地方税法》《地方公营企业法》《促进地方财政重建的特别措施法》《地方交付税法》（财政转移支付）《关于市町村合并的特例的法律》《促进过疏地区自立的特别措施法》《居民基本台账法》（居民登记）《地方行政联络会依法》，除此之外，还有大量的地方政府制定的地方性法规——"条例"。参见万鹏飞、白智立主编《日本地方政府法选编》，北京大学出版社2009年版，第19页。

[③] 关于这一点，也早有学者提出，我国的行政组织法体系应该分为四个层次，第一层次为行政组织基本法，第二层次则包括国务院组织法和中央行政机关设置标准法、地方基本法、社会中介组织法，在第三层次，于《地方基本法》之下，应有省组织法、市组织法等各级的组织立法和地方财政法，在第四层次，各省、市还应制定相应的《××省组织条例》《××市组织条例》。参见应松年、薛刚凌主编《行政组织法研究》，法律出版社2002年版，第270—271页。

（五）小结

从上述各大陆法系国家对中央立法事权和地方立法事权的法定模式来看，基本上采取的是宪法确定中央具体立法事权事项和中央地方共同立法事权事项的做法，这种做法在某种程度上与美国宪法中的"剩余权力"理论也有类似之处。美国宪法的分权主要通过联邦宪法第1条第8款来完成，也就是美国国会的权力列举条款，其18项权力大致可以分为财政经济类权力、国防类权力、司法类权力、社会服务类权力与兜底类权力。① 其中，前三类权力与我国《立法法》第十一条的法律保留事项中的多数存在可比性。

不管是欧洲大陆式的规定模式，还是益格鲁·撒克逊式的规定模式，其实更多考虑的是宪法条文与其他相关法条的可操作性，因为涉及宪法分权，所以很多问题务必清晰。而身为联邦制的德国、俄罗斯甚至美国，在这方面的规定更能体现国家的精心细致之立法态度，尤其是前两者已经将这种规定深入细枝末节。如果再做进一步划分，可能将德国与美国划入联邦制分权国家，而将德国和美国划入联邦制分权国家。在单一制国家，由于地方自治的深刻影响，造成了单一制国家下地方自治团体权力尤其是立法事权变化的趋势明显，这也在很大程度上影响了这些国家的央地关系，并且形成了日益创新的立法事权配置模式。法国和日本则分别倾向于单一制中的中央主导型与地方自主型立法权配置模式。② "法国宪法虽确认自治条例权，但由于固守传统的单一制观念，地方自治立法仍然被看作行政权的运用"。③ 但是，在21世纪初两国进行各自的改革之后，法国的地方分权趋势发展明显。④ "地方自治团体以及完全由地方自治团体组成的公务法人都是具

---

① 参见谭波《我国中央与地方权限争议法律解决机制研究》，法律出版社2014年版，第98—99页。
② 参见宋方清、姜孝贤、程庆栋《我国地方立法权配置的理论与实践研究》，法律出版社2018年版，第39—42页。
③ 王建学：《作为基本权利的地方自治》，厦门大学出版社2010年版，第88—89页。
④ 参见王建学《论地方性法规制定权的平等分配》，《当代法学》2017年第2期。

有自主试验权的主体","有意参加试验的地方自治团体应由其地方议会以附理由的决议向当地的国家代表（如省长、大区长）提出试验申请","若试验行为采取的是普遍性规则行为的形式，并且减损法律条款，还必须规定有效期间并转呈国家代表公布于政府官报"。[①] 而日本则更是根据"职能分担原则"形成了以行政事权划分为主体、立法权与财权分配制度独立成形又相互关联的制度体系。[②] 但从立法权的角度来看，日本处理地方自治立法权与国家立法权之间关系的依据主要是法律先占理论，如若自治立法与国家法在规范对象与目的均相同的情况下，自治机关犹定有较高程度或较高基准的规范，或是超出国家法所委任的界限时，即属侵犯国家法，该自治立法应系违法、无效。但是在"国家法空白"或"国家法与自治立法之规范目的或对象有不相同"情况下，则无自治法抵触国家法律的问题。[③] 一方面，以地方分权立法为代表的地方立法不断关注、细化地方立法权的分权，而另一方面，以行政事权、财政权、立法权为代表的各项权力的匹配也成为重要的权力配置标准，这已经成为影响联邦制国家和单一制国家的重要宪法精神落实渠道。我国虽然不存在严格意义上的地方自治，但在不违反单一制国家结构形式的前提和背景下，如何在中央的集中统一领导下充分发挥地方的主动性和积极性，尤其是在立法事权方面激活地方，也是央地关系处理中的重点。

[①] 参见王建学《立法法释义学专题研究》，中国社会科学出版社2022年版，第57—58页。

[②] 汝思思：《央地政府间事权划分的法治建构方法——以日本行政事权划分制度为中心的探讨》，《法学家》2019年第3期。

[③] 参见田芳《地方自治法律制度研究》，法律出版社2008年版，第174—175页。

第四章　我国纵向立法权配置的现实影响因素与行使限度思路

任何一个国家的立法者，尤其是在面对一些具有创制性的命题时，必须做出兼及政治考虑和法律基本原理的选择，美国1787年宪法在制定初期实际上是各州妥协的结果，一方面需要应对与英国殖民者斗争的需要，需要强大的联邦及其相应的立法权事项界定，另一方面又需要兼顾州的自由与利益，照顾到联邦制的初衷。我国的1982年宪法对"法律规定"事项的明确规定，一方面是对1954年宪法的精神回归，[①]另一方面又结合了改革开放时的形势做出了新的规定和判断。[②] 这实际上也是对一段时期政治需要的持续回应，同时考虑法

[①] 1954年宪法中，"法律"一词出现了41次，但涉及"法律保留"事项的"由法律规定""依照法律""根据法律""除法律规定的特别情况外""受法律的保护"情形只有30处。

[②] 1982年宪法中，"法律"一共出现了79次，其中涉及"法律保留"事项的增加到了36处，这里应该分为"法律"一词的"泛指"使用和"特指"使用，如果是"特指"使用，则有制定专门法律的需求，也就是可以将其总结为"法律保留"的事项。1988年的宪法修正案"特指"使用新增了2处，1993年宪法修正案没有新增，但出现了"依法"的表述1次，1999年宪法修正案的"特指"使用还减少了1处，因涉及宪法第十一条中的"个体经济"和"私营经济"合并为"非公有制经济"，故而减少1处。因此，到2000年立法法制定时，宪法中的法律"特指"使用大约为38处。随后，2004年宪法修正案增加两处"特指"使用，2015年"立法法"对第八条"法律保留"事项予以调整时，增加了一项内容，但其实是从原第八项中抽出"税收"，而将原第六项中"征收"后增加"征用"，其实也是对2004年宪法修正的一种回应；2018年宪法修正案新增"特指"使用3处。2023年修正后的"立法法"在第十一条第二项中增加了"监察委员会"组织和职权必须由法律规定的列举体现。

治本身的人权保障和权力限制的需要,是民族性和时代性兼容的产物。同时,对于《宪法》和《立法法》而言,两者也在"法律保留"事项的列示和总结上从开始的逐条总结到目前的成熟互动。前文所列举的各国立法事权的范围以及我国历史上的几部宪法中涉及的立法事权,都是各种国情因素、历史状况的综合作用结果。随着宪法精神、宪法原则的不断具体化以及《立法法》的不断完善,纵向立法权配置的现实影响因素不断浮出水面,并且结合行使限度的反向限制,进而确定立法权配置的"中国标准"。

一 我国纵向立法权配置的现实影响因素

(一)传统思路:我国立法权划分"重要程度"标准与"影响范围"标准

以"重要程度"还是"影响范围"作为判断中央与地方立法权的标准,实际上是出自学者的总结,比较典型的如封丽霞教授在《中央与地方立法权限的划分标准:"重要程度"还是"影响范围"?》一文中所阐述的那样,我国目前采取的是"重要程度"标准,而需要完善的是应该在未来央地立法事权的划分标准中加大"影响范围"标准的融入力度。[1] 作者在文中采取的对照系主要是德国和美国以及欧盟与其成员国的立法权划分标准,如果按照上述逻辑,很有可能需要关注的是作为单一制的我国与作为联邦制的德国和美国以及作为邦联的欧盟在实际的立法权政治资源配置方面是否面临不一样的目标和事务特点。不管是采取哪一种标准,对于中央立法事权与地方立法事权的科学配置与有效行使来说,都有着不同的利弊,这也是不同国家的立宪者或立法者在分配这两方面权力时所反复考虑的问题。

---

[1] 参见封丽霞《中央与地方立法权限的划分标准:"重要程度"还是"影响范围"?》,《法制与社会发展》2008 年第 5 期。

1. "重要程度"与"影响范围"标准是否可以截然分清值得考量

这里的"重要程度"或是"影响范围",其实更多源于学者的总结。2000年3月《立法法》刚由全国人大通过时,有学者就认为,"法律保留领域"主要是用于划分权力机关和行政机关的立法界域,而且这一用语具有原则性和不确定性。[①] 对于中央立法机关尤其是全国人大及其常委会来说,其立法事权没有限制,而对地方而言,是否有专属立法权,也值得考量。有学者据此认为,"应当在承认中央与地方立法分权的基础上,肯定地方的专属立法权","立法权限不清晰的一个直接原因是没有列举地方的立法权"。[②] 还有学者在总结央地立法事权不清的基础上提出了"受益性原则","仅对特定区域受益或受损的事项交由特定地方立法"。[③] 事实上,我国现在对特定区域的统一立法已经成为一种常见现象,中央为区域立法或解决某些特定的区域性问题,都是从影响范围的有限性前提下反思而形成的立法权行使的统一性现象。

其实,反观前文提到的"德国标准"或"美国标准",它们都是建立在联邦制的基础上,不管是德国还是美国,都是联邦组成单位出现在先,且在"剩余权力"理论的架构上都优先偏重于联邦成员单位。州与联邦的关系是特殊的,更多的是一种州在保留权力而在联邦成立时将权力让渡给联邦的理论和实践在起作用。在这种情况下,优先考虑的当然是州的利益,因此,"影响范围"标准或"受益性原则"都显得更容易被接受。但更多时候,"影响范围"与"重要程度"殊难区分。不管是国家主权的事项、还是基本经济制度的规定,这些无论在德式标准还是俄式标准中,都是属于联邦首先需要解决和关注的问题。从"影响范围"上来看是全国,而从"重要程度"上来说,也当仁不让。所不同的可能是,"影响范围"的判断应该更加强调客观,而"重要程度"则有先入为主的嫌疑,更加主观。在立宪

---

① 参见张中秋、张明新《对我国立法权限划分和立法权运行状况的观察与思考》,《政法论坛》(中国政法大学学报) 2000 年第 6 期。
② 孙波:《论地方专属立法权》,《当代法学》2008 年第 2 期。
③ 卓轶群:《地方立法权扩容的困局与优化》,《江西社会科学》2020 年第 9 期。

者或立法者的前期判断中,这些事项都具有关乎整体国家利益的可能。而无论从前文的1923年《中华民国宪法》第二十三条还是1947年的《中华民国宪法》第一百零七条,这些事项也都是被作为中央立法事权被列举,就当时的立法者而言,其实其更多也是从"重要程度"来划分,而未更多考虑"影响范围"。对于有着"大一统"传统的中国而言,虽然在1923年军阀混战的中国有些省制定了所谓的"省宪",但就中国的国家结构形式而言,仍基本上属于单一制,特别是1923年《中华民国宪法》第一百二七条还专门提到了"单一制"。即便是1919年《魏玛宪法》,也首先明确了其联邦制的体制,并在第一章"联邦及各邦"中明确了联邦与邦的分权机制,《魏玛宪法》第6条和第7条分别规定了联邦的专属权和立法事权事项。[1] 其中专属权的事项更倾向于"影响范围",而第7条的"立法事权"列举则兼有"影响范围"与"重要程度"之考量。这种所谓的"有立法权"之表述,实际上表达的是联邦与州都有立法权,属于共同立法事项,虽然没有采取明确的表述,但除非属于专属立法权之事项,否则州在联邦不立法的时候,可以保留自己的立法权。这就说明,如果单从"影响范围"来判断,不足以说明为什么联邦和州都有立法权,关键在于不管是哪一方先立法,都不至于再形成实际行政过程中的"无法可依"。从"影响范围"来讲,如果不是必须从法制统一的角度来规定,那么这个"影响范围"就是可伸缩的。如果要达到所谓的统一标准,比如《魏玛宪法》第9条所强调的,在有发布统一法规之必要限度内,联邦对于公共福利维护和公共秩序与安宁保护有立法权,这种规定模式反而更加说明有些所谓的"影响范围"划定之事项实际上是国家的立法者在某一领域所要达到的统一目标。这种表述在德国基本法第72条第2款的表述中更加明确,即为了在联邦范围内建立所谓的"等值生活关系"(the establishment of equivalent living conditions

---

[1] 联邦对于第七条所列举事项有优先立法权,参见赵宝云《西方五国宪法通论》,中国人民公安大学出版社1994年版,第350页。

throughout the federal territory）。因此，从《魏玛宪法》到德国基本法，这种"重要程度"或"影响范围"标准，其实一直是以联邦制作为基础，同时结合"共同立法事权"理论相互兼容的。特别是在法律保留理论的重合作用力下，这种划分就愈发显得苍白。因为德国历部宪法都是将联邦立法的事项区分为各种情形，而剩下的再说交由邦来规定，这一点上美国的做法也是大体如此。否则，不管是按照哪一种标准来划定，都不能对联邦和州的立法事项做到绝对完全列举，也不能保证每一立法事项都能找到绝对准确的套用标准，特别是在绝大部分事项都存在"亦此亦彼"的性质时更是如此。

2. "重要程度"与"影响范围"宜同时适用

结合《立法法》第十一条的规定，不难发现，这其中不仅仅是对"重要程度"标准的适用，其实也部分地包括"影响范围"标准。"各级人民代表大会、人民政府、人民法院和人民检察院的产生、组织和职权"这一事项被归入法律保留事项，其实不在于其在地方（比如最基层的乡级政府），如果从"影响范围"来讲其只存在于有乡和镇设置的地方，如果按照现行宪法第一百零七条第三款的规定，省、直辖市的人民政府决定乡、民族乡、镇的建制和区域划分。那么，这里的宪法事权表述应该可以包含立法事权，这里的立法应该可以交给省级地方。早在1923年的《中华民国宪法》中，其第二十五条第十项规定"下级自治"属于省立法的事项，并可以由省执行或交给县来执行。只是在1947年《中华民国宪法》第一百零八条中，才出现将"省、县自治通则"和"行政区划"置于由中央立法并执行或交由省执行的事项。但可以认为此时的"收权"其实是摆脱了"影响范围"的单一标准，而考虑了"重要程度"。在1919年的《魏玛宪法》中，没有对地方自治或行政区划的中央立法事权列示，对着这样的事项，应考虑按照《魏玛宪法》第5条第2款之规定，即关于各邦事务者，由各邦机关，依照各邦宪法行使之。在我国不存在明显的"地方自治"制度，但"基层群众性自治制度"被作为与民族区域自治制度和特别行政区自治制度并列的制度列入"法律保留条款"的第三项，但这种规定模式其实在某种程度上剥夺了本该属于地方的立法权。既然属于社区自治这种非政权性自治，完全可以交由各省按照自己的实际情形区分规定，如果从 2015 年列示的设区的市立法事项之"城乡建设与管理"或 2023 年修改后的《立法法》中增加的"基层治理"来看，这种"基层群众性自治"就更有必要作为地方立法事项。在联邦制国家，这种趋势其实表现更为明显，"巴西宪法保障地方政府具有政治、立法、行政和财政的独立性，有权对涉及地方利益的事务立法并补充联邦和州的立法"①。

如果说上述立法事项的"地方化"还不足以证明"影响范围"标准的灵活适用的话，那么有些立法领域的"先占理论"还可以说明一些问题。也就是说，对于联邦和州的共同立法权而言，如果没有联邦立法，州的立法是可以及时"补位"的，这一点也如我国的"先行性立法"。对于我国的地方性法规而言，只要处于"不抵触原则"的框架之内，其实就可以在"法律保留"之外大加发挥。而伴随着"重要程度"与"影响范围"标准适用的不断博弈，有些"法律保留"事项可以逐渐取消，立法权也随之下放。"法律保留"实际上不是一成不变的，这也是未来我国要不断强化国家治理体系和治理能力现代化的初衷，当地方的立法能力已经足以适应未来治理任务的需要，则放权是《立法法》及其"法律保留"条款的最佳选择。

3. 类型化是双重标准适用渐入佳境的不二法门

对于立法事权确定的"双重"甚至"多重"标准而言，如何使其在适用过程中能够随着时移世易来最恰当地反映立法权力的合理配置。我们以税权为例来加以说明，目前在我国《立法法》的体制下，涉税要素及税收征收属于法律保留事项。2015 年《立法法》的修改又进一步强化了这种趋势，使"税种、税率、税收征管"等各方面的立法权都集中于中央立法机关。现有的 18 个税种的法定化过程在稳

---

① 张千帆：《国家主权与地方自治——中央与地方关系的法治化》，中国民主法制出版社 2012 年版，第 90 页。

步进行。2023年第十四届全国人大常委会立法工作规划中又将消费税法和增值税法置于其中,"税收法定"的工作已经逐渐收官。这种做法的优势在于能够保证一国的税制统一,但在中央税、地方税、中央地方共享税有分野的情况下,如何突出地方在税收立法和税收征收方面的主动性和积极性,不仅是一个税法的问题,也是一个宪法的问题。在有些国家,税法制定权、委任立法权、税款分配权、租税课征权、税款享用权、税法解释权等都属于中央与地方财政关系协调过程中可以使用的财政手段。① 在德国1919年的《魏玛宪法》中,除关税外,其他税收可以由州立法,在几种情况下则可以由联邦立法,比如用以防止重复征税或有危害联邦税源之可能以及可能造成不公平竞争或过度造成不应有之税收负担的情况。1949年的德国基本法中,也是沿袭了《魏玛宪法》除关税外,其他税收立法不统一由联邦制定的习惯性做法。在分税制已经推行多年的我国,税权其实更应成为地方财权事权匹配的重要依托。这其中,对于应由地方征收的税收,应考虑在不抵触税收法律的前提下交由地方来灵活规制,"省级政府只能进行税目增减和税种调整以及行使税收的加减权力"②,从税收立法权公平的角度,可以强化省级政府在税收立法中的参与权和发言权,以期实现央地财权事权匹配的前期目标。

从目前学界的研究来看,对央地分权的研究,也是以央地税收分权的研究最为突出。③ 有学者提出从立法权、征管权和受益权的角度来完善税收立法权的分配,尤其应完善"央地商谈和协作、利益表达

---

① 参见熊文钊《大国地方——我国中央与地方关系宪政研究》,北京大学出版社2005年版,第25—26页。

② 谭波:《"税权"叩问与其发展进路》,《财政监督》2018年第5期。

③ 当然,这种研究在经济学界尤其是财税学界更为突出,从2003年到2009年较为突出,这一时段也恰好是《立法法》通过之后还没有修改之前的时间。如胡学勤:《论税收立法权的划分及立法体制的改革》,《涉外税务》2003年第10期;傅红伟:《对税收立法权划分制度规定的理解与评价》,《税务研究》2004年第12期;谢贞发:《税收立法权的划分》,《税务研究》2006年第4期;周俊鹏:《税收立法权纵向划分的经济法理念》,《税务研究》2008年第3期;闫泽滢、李光龙:《中国税收立法权划分对政府间纵向财力的影响》,《经济体制改革》2009年第6期。

与沟通"。① 伴随着"税收法定"工作的逐步深入，各类授权立法中出现的税收行政法规都已经逐渐为税收法律所取代，然而这只是完成了税收立法权完善的第一步工作。最关键的是要在税收民主和税权平等这种核心价值的引领下，进一步地实现中央与地方关系交涉中的经济民主和单一制下的央地平等，从而真正造就"一级立法权"与"一级政权，一级事权、一级财政、一级税基、一级预算"的真正匹配。将"全国范围+重要"立法事项划归中央，将"地方范围+非重要"立法事项划归地方，而对于"全国+非重要"以及"地方范围+重要"立法事项则无法做到精确合理的分配，在此基础上进一步加入"财权与事权相统一"标准。若立法事项符合立法主要获益主体是地方的特点，则该事项的实施主要依靠地方财政，立法事项跨省、跨地区，由各个省进行沟通共同立法成本较高，则事项实施主要依靠中央财政拨款。② 在此基础上对于立法事项的进一步深度判断，可以结合有学者提出的公共服务理论标准，即"便利服务"标准具备更深层次的目的导向与价值追求——保障公共服务的良好、持续运行，那些地方立法难以有效应对而通过中央立法能更好地实现公共服务这一目标（包括实现的效果与效率）的立法事项应当属于中央立法的范围。③除了"公共服务"标准，前述"营商环境"方面的分析结论也可以作为区分央地立法事权以及财政事权的重要标准。这些新出现的事项也可以成为引导中央地方立法事权划分的重要切入点和参照标准。总之，在行政事权分类相对明确的基础上，一方面借助"宏观调控（经济调节）"主要对应中央立法事权的重要前提，另一方面将"市场监管""公共服务""社会管理""环境保护"等原有的行政事权划分标准进行明确的归类，找出其在省级或设区的市等地方不同层级的立法

---

① 冯辉：《宪政视野下央地税权分配体制之重构——以〈关于实行分税制财政管理体制的决定〉的修改为中心》，《政治与法律》2015年第11期。

② 参见刘雁鹏《中央与地方立法权限划分：标准、反思与改进》，《河北法学》2019年第3期。

③ 参见沈广明《论中央与地方立法权限的划分标准——基于公共服务理论的研究》，《河北法学》2020年第4期。

主体行使立法权的"上限"与"下限",以最低可以行使立法权的主体确定为起始,然后再确定立法事权行使与中央立法事权行使的界限与侧重,同时对财政事权的安排进行立法保障,对支出责任的划定在权责一致的基础上予以明确。

(二) 财政事权:生成机理及其对立法事权的制度启示

1. 财政事权的生成机理

2016年8月国务院下发的49号文,提出了"财政事权"的概念,并对其下了定义,即"一级政府应承担的运用财政资金提供基本公共服务的任务和职责",与之同时出现的还有"支出责任"一词,即"政府履行财政事权的支出义务和保障"。而这就可以"迫使决策者更明确地认识到公共政策的成本,从而改善公共政策的决策过程"[1]。从其字面含义来看,财政事权是财权与事权匹配的结合体,就是政府花财政钱干该干的事,而支出责任则是围绕这个结合体而产生的义务综括和各种保障机制。[2] 其实在此之前,中央文件中的提法既包括"事权与财权相结合的原则""财力与事权相匹配的体制"等,1993年《国务院关于实行分税制财政管理体制的决定》中就两次提到了"事权与财权相结合",而自2007年党的十七大以来,中央全会文件提及"财力与事权相匹配"渐成常态,[3] "事权和支出责任相适应"也与之俱出。可以说,这既是一国的财政体制问题,也是一国的

---

[1] [美] 华莱士·E. 奥茨:《财政联邦主义》,陆符嘉译,译林出版社2012年版,第19页。

[2] 有学者将政府责任与政府职能进行了对应,将其分为政治责任(政治统御、外部防御、内部治安、民主法制)、经济责任(广义公共产品、宏观调控、收入再分配)和社会责任(维护外部安全、维护内部安全、维护社会信用、健全法律机制、反对失业贫穷、防止环境恶化、克服经济波动),而这些责任和次级责任又分别映射包括一般公共服务、外交、国防、公共安全、教育、科学技术、文化体育与传媒、社会保障和就业、社会保险基金支出、医疗卫生、环境保护、城乡社区事务、农林水事务、交通运输、工业商业金融等和其他支出、转移性支出等十七类政府职能。参见安秀梅主编《中央与地方政府间的责任划分与支出分配研究》,中国财政经济出版社2007年版,第15—16页。

[3] 参见谭波《央地财权、事权匹配的宪法保障机制研究》,社会科学文献出版社2018年版,第4—5页。

行政体制或法律体制关注的问题。在有些财政学领域的学者看来，财权的主要表现就是课税权，课税权涉及政府财政的自主权，具体又涵盖税收立法权、税收政策制定权和收入分配使用权，① 可以说是面向整个社会的不可回避的财权行使形式。相比政府的举债权而言，课税权也是对政府主动式财权展现得最为完整一种财权形式。在经历了 2015 年《立法法》修改所提的"税收法定"原则的坐实之后，2018 年党和国家机构改革又将省级和省级以下国税地税机构合并，② 将税收和非税收入征管等职责统一行使。虽然领导体制上仍然实行"双重领导"，但从实际的效果来看，地方在税收征管权方面的权力及其影响变得微乎其微。就税收立法权和税收政策制定权来说，地方政府能够享有的权力主要在于个别税种实施细则的立法权③以及一些特殊领域减免税收、暂缓开展和确定税率等项权力。④ 而收入分配使用和受益就其根本属性而言并不属于权力的范畴。因此，以财力取代财权的概念就显得自然而然了，这也是对前分税制时代地方财权过于膨胀的一种深刻反思。⑤ 从上述的演变过程来看，一方面，财政事权这一概念其实是包容含义非常广的衍生概念，其与支出责任这一概念的组合又将这种综合性进一步推向新高度和新广度。另一方面，随着财政事权概念的形成和推广，"一级政权""一级事权""一级财政""一级

---

① 参见文政《中央与地方事权划分》，中国经济出版社 2008 年版，第 67—68 页。
② 其实这种改革从 2015 年就开始逐渐启动，中共中央和国务院印发的《深化国税、地税征管体制改革方案》在 2018 年改革之前就启动了这一改革。
③ 2011 年 1 月 1 日《中华人民共和国车船税法》施行，同时《中华人民共和国车船税暂行条例》废止。2021 年 9 月 1 日《中华人民共和国城市维护建设税法》施行，《中华人民共和国城市维护建设税实施条例》被废止。伴随着这两部新法的实施，原来国务院税收条例中规定的省级政府制定实施细则的权力也不复存在。目前来看，尚存的省级人民政府制定实施细则的权力依据主要在于 1986 年 10 月 1 日施行的《中华人民共和国房产税暂行条例》第九条和 1988 年 11 月 1 日施行的《中华人民共和国城镇土地使用税暂行条例》第十四条的规定。
④ 参见吕冰洋《税收分权研究》，中国人民大学出版社 2011 年版，第 17 页。
⑤ 但以税权为代表的财权的式微，其实对于发挥地方的主动性和积极性又确实可能存在一定的影响，而这其中税收立法权又成为关键，因此，此时就可以看出立法权这种带有重要决策属性的权力在整个权力体系中扮演的角色。

税基""一级预算"等概念或理念都已经逐渐被合而为一。

2. 财政事权形成对立法事权作用机制的启示

如前所述，财政事权的概念从无到有，且带有很强的政策性，包容性极广。"财政事权"所依托的国务院49号文发布以后，在涉及中央与地方共同事权的领域［如基本公共服务领域、医疗卫生（含医疗保障）领域、科技领域、教育领域、生态环境领域、公共文化领域等］国办就如何进行相应的财政事权和支出责任划分给出了"改革方案"，可谓"牵一发而动全身"。财政事权的含义综合性也使其成为整个财政体制改革中的"关键词"。但是如前文提到的税收立法权在税权甚至在整个财权体系中的地位那样，如果这种改革再加上了立法权力的配给，势必会让这种改革的保障显得更坚实，改革的推动力也必然会变得更多元。如果说省级政府在此方面拥有得天独厚的优势，那么设区的市就需要在立法事权与财政事权领域的综合上更进一步。比如，第49号文在"坚持法治化规范化道路"方面规定，"要将中央与地方财政事权和支出责任划分基本规范以法律和行政法规的形式规定，将地方各级政府间的财政事权和支出责任划分相关制度以地方性法规、政府规章的形式规定"，这就更说明立法事权与财政事权之间的联系。同时，中央对地方的财政事权履行提出的规范性要求，也要通过法律法规的形式予以明确，这里的"法规"应该不限于行政法规，还包括地方立法事权在中央立法的框架与精神指导下开展相应的地方立法予以细化。地方在行使立法权的空间上，必须同时坚持立法事权、财政事权并行的思路，同时兼及财政事权与支出责任的原理，以现有的财政事权改革领域为依托和突破，不断强化地方行使立法事权的责任机制与意识，使以"生态文明建设""历史文化保护"等为代表的设区的市立法领域的事权行使能够与相应省级立法事权行使及中央立法事权行使的比例关系得以确立，保证各级立法主体与执行主体在立法事权、行政事权乃至财政事权和支出责任的"担当"上能够各司其职。而对于以"城乡建设管理""基层治理"为代表的设区的市立法事权行使则强调中央对地方相应的财政支持以及这种支持背景下的相应支出责任承担。对于设区的市不具备立法权的领域，则需要强调省级立法事权与中央立法事权行使的比例性及其与财政事权的对应关系，需要通过财政事权的合理分割与匹配，造就中央与地方公共财政事权的合理行使的"效果布图"。而对于法律保留或行政法规保留的领域，则需要强调中央立法事权与财政事权及其责任承担的规则。

当然，在各种立法事权内部，也必须遵循严格的位阶机制，用合宪性审查和合法性审查来支撑立法事权的合法化，使其与财政事权形成有效的匹配。从上述国办已经给出了"改革方案"的央地共同事权领域，生态环境领域是可以率先取得突破的领域。在《生态环境领域中央与地方财政事权和支出责任划分改革方案》中也专门提到"将研究制定生态环境领域地方性法规和地方政策、标准、技术规范等，确认为地方财政事权，由地方承担支出责任"。这足以说明，在此领域财政事权是包括立法事权的形式空间，而相应地，研究制定生态环境领域法律法规等事务自然就属于中央财政事权。但这种界定毕竟太笼统，需要进一步通过实践来强化"立法事权—行政事权—财政事权"的行使联动机制与监督机制，保证相应级别的立法主体不越权，行政事权在执行层面有配合、不放空，财政事权在财力配给和支出责任追究上不盲目、讲科学。这一点如前文所述及的日本的央地政府间事权划分的法治建构方法，"日本以行政事权划分为中心的地方自治制度，非常灵活地保障了国家宏观调控和地方自主行政的平衡"，"从我国实际出发，构建行政、财权、立法权相互关联的制度体系，是一个庞大的工作"。[①] 对我国当前来说，这种平等或合乎比例的配置，关系《宪法》第三条第三款原则的落实，也关系包括《立法法》等宪法相关法、《预算法》、各类税法以及各部门行政法权力配置与行使机制的合理安排。相比之下，关于地方立法事权主体资格的设定便成为未来

---

① 汝思思：《央地政府间事权划分的法治建构方法——以日本行政事权划分制度为中心的探讨》，《法学家》2019年第3期。

立法权平等分配的一个关键问题，美国的地方立法权固有自生模式和法国地方立法权的国家平等赋予模式，[1]都是值得我们关注的平等考量地方立法事权的思路，分别对应基于平等资格的事前考量和后期的动态调整。另外，我国虽然不实行明确的地方自治，但地方对部分中央立法事权行使的参与，也是造就地方财政事权最终配置结果更为合理的重要路径。正如有学者所言，"分税制也不足以撑起地方政权在法律上的独立人格。"[2]但应明确的是，在央地立法事权与财政事权平衡的关系上，有些领域属于"中央立法事权—地方财政事权"模式，有些领域属于"中央立法事权—中央与地方共同财政事权"模式。

二　行使限度思路——立法事权范围的反向分析

正如第九届全国人大常委会法工委张春生副主任所言，"立法权限的划分应该以事权划分为前提。事权如果划分不清楚，立法权限划分是有很大困难的。"[3]中央"立法事权"与地方"立法事权"各有侧重，分别在各自领域里发挥其独有功能，在需要共同调控的领域里协同发力，才是央地"立法事权"的终极改革方向。比如，有些领域是需要全国做统一规定的，那么这些领域里的具体制度、具体概念的界定，需要由中央做统一规定，此时，如果中央相关立法没有及时跟进，地方也不能随意进击，否则容易造成越权立法。2016年《中华人民共和国慈善法》出台并施行，2017年《中华人民共和国民法总

---

[1] 参见王建学《立法法释义学专题研究》，中国社会科学出版社2022年版，第91—94页。

[2] 袁明圣：《我国地方立法权的整合问题研究》，中国政法大学出版社2016年版，第204页。

[3] 张春生、林彦：《〈立法法〉修改前瞻——访中国立法学研究会会长张春生》，《交大法学》2014年第3期。

则》出台并施行，这两部法律里都规定了"社会服务机构"，取代了"民办非企业单位"的概念。但 2016 年修正并于 2017 年施行的《中华人民共和国民办教育促进法》却没有在非营利性民办学校的定性方面作出及时回应，该法第十九条对登记的规定过于简单。[①] 这对于"社会服务机构"登记制度拓展有一定的影响，加之 1998 年出台的《民办非企业单位登记管理暂行条例》迟迟未得到修改，尤其是 2020 年《民法典》出台之后，非营利性民办学校的民事主体身份必须得到及时回应性确认。但对于这类事项只能由中央立法及时予以细化，以保证法制统一。正如有学者所言，"在'立法事权池'中，首先基于重要程度标准筛除专属于中央的立法事权，再根据影响范围标准，进一步筛除更宜由中央立法规定的事项"，接着"基于地方特色标准，对剩余立法事项实施补充甄别，将缺乏或暂时缺乏中央统一立法的必要性或具有鲜明地域特征的立法事项范围与基于'重要程度+影响范围'标准判定出的地方立法事项范围的交集，初步确定为地方性事务"，[②] 即地方立法事权的具体事项，并由此确定地方立法事权的集束方向与板块。在此基础上，再确定中央立法事权与地方立法事权各自的行使限度，将两者的有机联系体现出来。

（一）我国央地不同立法事权的行使限度分析

1. 中央立法事权的行使限度

对于中央立法权而言，可以进一步分为全国人大及其常委会的立法权、行政法规的制定权、监察法规的制定权和中央军事法规的制定权。如果说后两类相对来说比较专业的话，那么前两种立法权涉及的面相对较广，存在对行使限度研究的必要。一方面，中央立法权有其专属范围，以"法律保留"为特色的相关事项的列举，实际上是对全

[①] 《中华人民共和国民办教育促进法》第十九条第四款规定，"民办学校取得办学许可证后，进行法人登记，登记机关应当依法予以办理"。

[②] 郑毅：《规范视野下的地方性事务》，《中国法学》2022 年第 5 期。

国人大及其常委会立法权的专门规定。但是,《立法法》第十一条采取的"列举+概括"的规定模式虽然类似于行政复议或行政诉讼的受案范围,但从立法权的行使需求来看,中央立法追求的是必要性的立法原则而不是全能性的立法原则,有学者主张应该将 2015 年《立法法》第八条的最后一项概括式规定改为"宪法规定应当制定法律的其他事项以及涉及中央专属事务和需要制定全国统一的管理规则且应当制定法律的其他事项"。① 随着中央与地方行政事权与财权不断被划分得更清晰,立法事权也会随着这种清晰化有所微调。比如在总体国家安全观指导下的保障国家安全职能以及维护全国统一市场、体现社会公平正义、推动区域协调发展、全国性重大传染病防治、全国性大通道、全国性战略性自然资源使用和保护等方面的立法事权都适宜由中央集中统一行使。

另一方面,对于法律而言,其在全面实施宪法方面是最直接的一级法律规范,对于中央专属立法权限以外的其他事项,中央也有权立法。② 因此,在所谓的立法权行使限度上,法律受限的可能性微乎其微,除非相关事项已经属于宪法保留。"成文宪法国家中立法权的宪定性、实践中立法对宪法的实施及观念上认为立法是对宪法的实施与细化、公法中强调法无授权不可为",都"容易让人忽略最高国家权力机关立法权的创制性"。③ 对于中央立法事权的行使,需要注意的就是对地方治理的具体规则展开的反向制约,也就是说,按照中央立法事权所面向的具体事务之特点,如果这种立法事项确实属于地方治理过程中必须自我行使立法权的事项,则不宜由最高国家权力机关及其常设机构展开立法。这一点尤其是在设区的市"基层治理"事项等与"城乡建设与管理"等事项逐渐并列、日益细化的趋势相契合。相比

---

① 王克稳:《论中央与地方立法机关立法事项的划分》,《行政法学研究》2022 年第 3 期。此第八条为当时的法条排序(编者注)。
② 参见任进《和谐社会视野下中央与地方关系研究》,法律出版社 2012 年版,第 68 页。
③ 江辉:《论最高国家权力机关"四权"的区分标准》,《中国法律评论》2023 年第 6 期。

法律保留，这种地方治理原则对中央立法事权的约束，其实也是基于目前国家治理体系与治理能力现代化的要求，也就是说，央地关系中的"自治"要素需要"生长"，这与民族区域自治、特别行政区自治乃至基层群众性自治等事项的法律保留属性都有所不同。另外，国家权力机关及其常设机构的立法权，也应与国务院的立法事项区分，国务院的行政法规触及事项，主要是从行政管理的角度展开立法，更倾向于立法中的"执行"层面事项，比如前述营商环境领域的立法，就是这方面的典型表现。

对于国务院行政法规而言，并没有像法律那样有专门的保留事项列举，但作为中央人民政府和最高国家行政机关，其管辖和立法的事项一定具有全国性和除法律之外的高位阶性。在目前尚存的授权立法领域，20世纪80年代全国人大及其常委会对国务院的三次授权立法（包括安置老弱病残干部、工人的退休与退职方面的立法修改和补充、实施国营企业利改税和改革工商税制中制定税收条例以及对于有关经济体制改革和对外开放方面的问题制定暂行立法）。2015年《立法法》修改时对"税收法定"进行了细化规定，这首先源于2013年党的十八届三中全会的《中共中央关于全面深化改革若干重大问题的决定》中提及的"落实税收法定原则"，2015年党中央《贯彻落实税收法定原则的实施意见》对"落实税收法定原则"给出了具体的时间表，包括现有的行政法规上升为法律或被废止。这实际上是行政法规将本不该属于自己的立法权归还给全国人大或其常委会，也是对法律保留原则的回归。对国务院的行政法规制定，还有很多立法规定了实施性立法的制定授权条款，这也可以看作是"行政法规保留"的一种表现。现有立法中，在正文而非附则中提到"行政法规保留"的情形是《中华人民共和国海南自由贸易港法》第十条第三款，涉及"海南自由贸易港法规"要涉及法律保留事项或行政法规保留事项的（依法应当由全国人民代表大会及其常务委员会制定法律或者由国务院制定行政法规事项的），应当分别报全国人大常委会或国务院批准后生效。①

需要注意的是，随着国家政治发展需要的不断多元化，以国家治理体系和治理能力现代化、国家安全等为代表的政策词汇入法，也在某种程度上影响了中央立法事权的界定，这属于《立法法》第十一条之外的政策因素。但是，这些政策词汇的内涵和外延也在不断发生变化。比如，国家安全这一词汇，其实原来在1993年的《中华人民共和国国家安全法》中也有所依托，但2015年随着新的《中华人民共和国国家安全法》出台，国家安全的法律界定也同时出台，这一定义也影响了2020年通过的《中华人民共和国生物安全法》对"生物安全"的定义和2021年通过的《中华人民共和国数据安全法》对"数据安全"的定义，②从这样一种模式来看，"国家安全"在总体国家安全观的理念下影响了更多领域的立法，同时也使"国家安全"成为《立法法》列举事项之外的"法律保留"事项。但相比"国家安全"，国家治理体系和治理能力现代化的概念就显得更为庞大。如果在现有有效的299部法律中搜索"国家治理体系和治理能力现代化"，会发现只有2018年通过的《中华人民共和国监察法》和2020年修改的《中华人民共和国档案法》规定了同一表述。但如果搜索"治理体系"一次，还有另外十处有相应规定，包括前文提到的生物安全、数

---

① 但从实际的行使状况来看，海南自由贸易港法规的"突破"力度仍显不足。比如2021年12月由海南省人大常委会通过的《海南自由贸易港知识产权保护条例》虽然在知识产权领域实现了区域内的相对统一立法，即把原来散见于著作权、商标、专利等领域的知识产权保护对象进行统一立法，但从对国际条约（如RCEP条约等）知识产权相关规定的贯彻力度来看，却并没有见其有更直接的创新与立法应对，没有突破中央立法对知识产权设定的原有范围。而且，从该条例的上位法依据来看，只提到了《中华人民共和国海南自由贸易港法》，并没有提到各部相关知识产权中央立法，因此，其本身应该具备创新的空间，但从实际的"突破"与创新效果来看，其表现一般。

② 但2016年通过的《中华人民共和国网络安全法》对"网络安全"的定义与《国家安全法》略有不同，2017年通过的《中华人民共和国核安全法》则对"核安全"没有明确定义。可以看出，"国家安全"的法律定义并不是通过影响每一项领域"国家安全"的定义来影响每一部领域立法，有些领域因政策原因不适合下定义，也并不意味着《国家安全法》对其没有影响。

据安全等领域都有相应的治理体系，另外"社会治理体系""社会治安综合治理体系"也比较典型，① 这些"治理体系"构成了"国家治理体系"的雏形，"治理能力"也出现了十多次，当然这些概念同"国家安全"一样，也属于开放式的概念，不断在拓展其外延。从国家安全治理的角度来看，党的十九大报告曾经把国家安全放在社会治理体系之下，但党的二十大报告中"国家安全"涵盖了"社会治理"，这说明这些政策词汇可能会随着时间推移逐渐发生概念种属关系的变化。因此，对这些政策性词汇及其相互关系，需要尽早界定其基本内涵与概念关系，以使相应的立法事权范围也得以明确。

　　正如前文所述，从目前的中央立法事权的行使限度来看，基本上没有明确的限制，只是需要制定法律的事项不能制定行政法规，需要收回授权的或上升为法律的应在条件成熟时及时上升为法律。从我国单一制国家的实践来看，任何尚未出现的立法事项，除非其本身带有非常强的地方性事务的属性，否则极有可能成为中央首先具有立法权的领域，然后随着时间的推移和实践的检验，再逐渐成为地方共同拥有的立法事权，但这一事权的共同性往往也要经过以全国人大常委会法工委或其他专门委员会为代表的各类备案审查机构的"检定"，否则这种地方立法也可能因为抵触上位法而被判无效，从此不再出现在地方的立法清单之中。具体来说，我们可以做出如下的分类：第一类，属于法律保留的事项。由于这些事项主要是经由宪法中总结出来

---

① 包括2021年8月民政部面向社会征求意见的《中华人民共和国社区居民委员会组织法（修订草案征求意见稿）》和2022年9月民政部发布的《中华人民共和国村民委员会组织法（修订草案征求意见稿）》都不止一次提到"社区治理""基层社会治理""乡村治理""基层治理"，这说明这些同类概念开始逐渐法定化、义义化，2022年12月，全国人大常委会法工委公布的《立法法（修正草案二次审议稿）》中对设区的市立法事权也增加了"基层社会治理"，2023年3月最终通过的《立法法》第八十一条和第九十三条使用了"基层治理"。这种用词上的相同或近似更让人可以认为基层社会治理或基层治理作为国家治理体系的一部分，其本身应属于中央与地方共同立法事项。同时，在一些地方立法中，也出现了类似概念，如经修订于2021年11月1日施行的《海南经济特区物业管理条例》对"社区治理"提及三次，对"社区综合治理"提及一次。但作为其上位法的国务院《物业管理条例》却没有提及"治理"。从这一方面也可以看出这属于中央与地方共同的立法事权领域。

且考虑了事项本身的属性、影响范围以及重要程度，需要由中央立法，除非经过授权且尚未回收为"法（律）定"的事项，这些事项的立法权行使主要在法律与行政法规之间进行。第二类，属于央地共有的立法事项，实行的是既给予地方一定的立法空间，又施行"中央优越"的原则。① 党的十八大以来我国在环境保护领域以及近年来在营商环境方面的立法动向与实践，都代表了这样一种趋势，即在有法律或行政法规的层面的基础上逐渐再生出更多的地方立法（包括省级和设区的市一级立法），还有一些在国务院49号文件中被明确界定为央地共同财政事权的立法事项，如义务教育、高等教育、科技研发、公共文化、基本养老保险、基本医疗和公共卫生、城乡居民基本医疗保险等领域，而且这些事项基本都经由国务院办公厅出台相应的财政事权和支出责任的文件保障其共同事权行使的属性。这些领域的共性特征在于，具有较强的民生属性，属于行政法或社会法的典型立法领域，同时已有相应的中央立法，② 需要地方立法补足"最后一公里"或进行相应领域的"二次立法"，尤其是要便于执行或使上位法更具有可操作性。第三类，对于空间上有可能跨地域的事项，更是需要在中央层面统一行使立法权，但不因此否定地方在相关具体领域的细化与区域协同立法权。除了流域型的环保立法外，我国目前就特殊生态展开的统一立法也是一例，如《黑土地保护法》《青藏高原生态保护法》。这种情形更多是基于自然因素而形成，但未来不排除基于重大公共设施建设等领域的情况。

2. 省级立法事权的行使限度

省级立法事权则居于中间，除了法律保留事项和需要全国统一规定的事项之外，没有明确的限制，显示出省作为一级地方单位的特殊性。这里省与自治区和直辖市还有不同，直辖市虽然属于省一级，但

---

① 参见朱力宇、叶传星主编《立法学》（第五版），中国人民大学出版社2023年版，第132页。

② 前述所及的环境保护领域的事项也属于此种情形，其与教育领域的立法相若，只不过是环境保护领域的地方立法权行使相对更早，而且两个领域都准备制定法典。

其本身仍属于城市，但又不同于设区的市这种立法事权受限的情形，当然在直辖市之下直接就是区和县，也不再有其他立法主体，除非自治县可能制定自治条例和单行条例。自治区作为省一级单位，除了一般立法权，还有民族区域自治的立法权，但从实际情况来看，这种自治条例和单行条例的事权范围多少还是有一些受限，因此，在自治区行使立法权时的"一区两法"其实也是取决于各自治区的实际情况。

总体来说，在我国现有的立法权体系构架中，省级立法权的存在感是相对有特色的。一方面，作为省级地方性法规，其可以在法律、行政法规没有规定的前提下作出先行性立法；另一方面，其在自主性立法之时也可以采取"不抵触"的原则，这与规章的"根据"原则有明显的区别。"不抵触"既强调地方立法相对于中央立法的从属性，又承认地方立法在符合上位法的基本精神与原则，且不与上位法具体规定相抵触的情况下的自主性和灵活性。① 这也是省级地方性法规所面临的重要行使限度之一。

正如我国对中央立法事权除了"法律保留"事项之外也没有其他的限制，对于省的立法权其实还是要参照《立法法》第十一条有关"法律保留"的规定。② 也就是说，"法律保留"区分的不仅仅是法律与行政法规的界限，同时也区分了法律与地方性法规的立法界限。不同之处在于，法律与行政法规之间还可以有绝对法律保留和相对法律保留的进一步区分，一些相对保留的事项可以通过全国人大或全国人大常委会授权国务院的方式展开授权立法，待条件成熟时再逐一收回。

---

① 石佑启等：《地方立法学》（第二版），高等教育出版社2018年版，第62页。

② 有时通过授权，省级国家权力机关或其常设机构也可以行使一些中央专属立法权，2021年《海南自由贸易港法》规定的"海南自由贸易港法规"对中央专属立法权限的突破就更明显。同时，还需要指出的是虽然"法律保留"事项规定相对明确，但地方应该具有参与中央一些立法权行使过程的权力。地方对中央立法（事权）的参与权和发言权实际上是决定央地财权、事权匹配的重要因素。法律的草案拟定如果不是由某中央行政业务部门完全垄断，那么应允许地方在其中有充分的发言平台和机会，而且这种发言最终应在立法成稿中有所体现，不接受其意见时应有充分的理由说明。参见谭波《央地财权、事权匹配的宪法保障机制研究》，社会科学文献出版社2018年版，第94—95页。

谈及授权立法，虽然《立法法》的第九条和第十一条明确规定了授权立法的外延和制度限制，但之前自1988年到1996年的八年间，全国人大及其常委会也有四次分别授权海南、深圳、厦门、珠海和汕头等省市的人大及其常委会以及政府分别制定经济特区法规和经济特区规章的权力，只不过后期这些城市中的经济特区范围上都已经扩大到全市，形成了"一市两法"的特殊格局。而海南作为省级地方，其所获得的授权立法权也与一般地方立法权形成了"一省两法"格局，只不过这里的海南省经济特区的范围只是限于海南岛全岛，而2021年海南省人大及其常委会根据《海南自由贸易港法》第十条获得的"海南自由贸易港法规"的制定权，使得这种省级国家权力机关及其常设机构的立法权变成了"一省三法"，更确切地来说是"一岛三法"。

所以说，目前的国内省级地方的立法权，除海南外，其他的"省"与"直辖市"作为省级单位，其享有的立法权，就是一般地方立法权，但是广东省和福建省人大及其常委会曾经通过1981年全国人大常委会的授权，获得了制定适用于其省内经济特区的单行经济法规的立法权，这是一种立法权行使的限度，但是随着经济特区所在地的市先后获得了"一市两法"的立法权，这种省级人大及其常委会的立法权基本上处于一种不再行使的状态，而且1992年到1996年对经济特区四市的授权，使得其立法不再经由省级人大常委会批准等程序，这就更加导致各经济特区所在地的市在行使立法权上优先选用经济特区立法权，而这种选择也搁置了广东和福建两省单行经济法规制定权的行使。

对于广大的省级地方来讲，其在行使省级地方性法规的制定权时，一方面要考虑国家的政策导向，另一方面还要属于经济社会发展所急需，同时又能够契合"不抵触"的立法原则。以营商环境立法为例，辽宁等六省率先发力，在国务院《优化营商环境条例》之前竞相通过了自己的优化营商环境地方性法规，其实就是在上述诸多因素合力的作用下实现的立法创制。在"营商环境"这一政策性词汇入法之前，也有涉外因素的影响，但就"营商环境"的中国化含义确定之前，这一省级立法也存在一定的风险，主要就是"营商环境"到底涉不涉及"法律保留"事项的范围，如果对比《立法法》第十一条会发现，这种词汇的含义具有综合性，已经跨越了不同的部门法，以经济法和行政法为主，但这些领域的立法都不是"法律保留"的典型领域，也符合充分发挥地方主动性和积极性的宪法原则，因此，就成为"地方（立法）包围中央（立法）"尝试的典型场域，这里的词汇引入再到立法事权的共同行使，其实主要取决于地方立法在率先立法时有没有对政策性词汇进行专门的法律保留分析，包括对全国人大常委会或国务院进行事先的请示。

3. 设区的市立法事权的行使限度

（1）理论判断

对设区的市来说，其虽身在最基层，但其立法在合法性上需要考虑的因素最多，一方面其上位法较多，另一方面其行使的又不是完全独立的立法权，因此，需要多方面考量其合法性影响因素。从理论上来说，学界对"立法事权"的行使限度也有多种看法，在有的学者看来，主要分为立法的范围限制和行权限制，主要是对制定权的限制以及设定权和规定权的限制。[1] 有的学者从地方立法评估的角度出发，对地方立法的合法性标准等四项标准进行探讨，其中对合法性标准又细分为依据合法、权限合法、内容合法等子标准。[2] 以权限合法为例，对"城乡建设与管理标准"理解就不完全一致。除了城乡规划、基础设施建设、公共设施建设外，还包括市容市政管理，以及对城乡人员、组织的服务和管理以及对行政管理事项的规范。[3] 而根据2015年以来中共中央和国务院出台的相关文件精神，又新增了对社会资本参与城市管理以及社区参与城市管理的方面。从作为基层立法主体行使

---

[1] 田成有：《立良法——地方立法的困局与突围》，法律出版社2019年版，第97—98页。

[2] 朱最新、黄涛涛、刘浩：《地方立法评估理论与实务》，法律出版社2020年版，第78—92页。

[3] 乔晓阳主编：《〈中华人民共和国立法法〉导读与释义》，中国民主法制出版社2015年版，第244页。

权力的便利度与可行性来说，宜将直接面向基层、量大面广、与当地居民密切相关、由地方提供更方便有效的一些领域的立法事权职能都交给设区的市开展立法。

这里设区的市其实应分为两种，一种设区的市的前身是"较大的市"，这其中包括省会城市、首府城市和经济特区所在地的市以及经国务院批准的较大的市，这些城市之前的立法，按照2000年《立法法》第六十三条第二款的规定，其立法事权的范围是不受限制的，唯一需要做的是要经过省级人大常委会的合法性审查，认为其同宪法、法律、行政法规和省级地方性法规不抵触的，可以批准其生效，如果认为其同省级政府规章相抵触的，应当作出相应的处理决定。对于这种设区的市，其面临的立法权是不增反减，但是对于经济特区所在地的市而言，这四个城市由于具有"一市两法"的特殊地位，尤其是2010年后四个市的经济特区范围都已经扩大到全市，所以对它们来说，立法权理论上和实践上都没有被缩减，只不过在行使时选择经济特区立法权即可。也就是说，名称上冠以"××经济特区"的立法，其实对于该市的立法实施效力范围没有任何影响，"××经济特区"与"××（经济特区所在地的）市"的实际效果是一样的，这就造就了市级立法主体中的一批"新贵"。而对于其他22个省会城市、5个首府城市和18个经国务院批准的较大的市来说，[①]立法权的范围从原来的不受限到现在的集中于三个方面的列举事项。但这45个城市原来制定的超越三个列举事项方面的立法，依然有效。

对2015年以来取得立法权的设区的市来说，其意义重大，可以说结束了自己不能制造执法依据的时代。在依法行政要求日益紧迫的当下，对于设区的市来说，要想有针对性地完成城市管理与建设的任务，市级立法权是必要的。但是否需要对立法权在城乡建设与管理、历史文化保护和环境保护等方面做出限制，其实是可以进一步考量

---

① 这里需要说明的是为了研究的实际需要，台湾省台北市也属于我国省会城市，但未计入，重庆市已经在1997年成为直辖市，不再计入经国务院批准的较大的市。

的。而关于这三个方面后面的"等"到底是"等内等"还是"等外等",也值得考虑。2023年3月,经修改后的《立法法》中将"环境保护"改为"生态文明建设",同时增加了"基层治理",就进一步说明"等内等"的说法不攻自破。① 但从事权角度出发来整体性拓展设区的市立法事权的机会,毕竟多年才会有一次。而从另一个角度理解,由于城市治理的需要,设区的市也需要被赋予更多领域的立法权,而相比城乡建设与管理、历史文化保护来说,生态文明建设和基层治理是更综合的概念,但最终是否能够通过相应的立法,取决于省级人大常委会审查的结果。

其他的方面则需要设区的市启动立法智慧和思路创新,以本地资源、特色和需要应对的特殊情况为维度展开"曲线救市"。② 比较典型的如各地先后出台的文明促进方面的地方立法,这实际上介于城乡建设与管理和基层治理之间,是一种"软环境"的治理,当然也属于"环境保护"事项。而2013年施行的国内首部文明行为促进条例,实际上是源于深圳经济特区,属于经济特区立法。而广东省直到2021年才制定相应的省级文明行为促进立法。这种"先下后上"的立法格局,也可以说明"文明行为促进"并没有严格的"长幼序"。当然,不论是前文的平顶山市的立法还是深圳市的立法,在"基层治理"这一事权范围之内就不会有太多的合法性问题。另外,按照受益范围和影响程度,结合对事权构成要素、实施环节,分解细化中央、省级、设区的市级主体等应承担的立法职责,避免由于职责不清造成互相推诿。通过对将公共文化、基本养老保险、基本医疗和公共卫生、城乡居民基本医疗保险、就业等领域的立法权分割尝试,动态调整各地的地方立法事权与中央立法事权划分的标准。

---

① 参见冯玉军《〈立法法〉修改:理念原则、机制创新与完善建议》,《交大法学》2023年第2期。

② 比如,在疫情防控期间,为了对劳动保障、野生动物管理等领域开展治理,有些地方也通过了类似的决定,这些决定虽不是典型的地方性法规,但从其立法属性上来说是否可以由设区的市染指,是值得反思的地方。

（2）实践现状

从目前设区的市自2015年以来制定的立法来看，大体呈现如下分布特点：第一，不同省在面对同一立法事项时的态度可能存在区别。前述讲到的河南省平顶山市的案例，即《平顶山市违法占地违法建设查处条例》最终为《平顶山市城乡规划建设管理条例》所取代，但在哈尔滨市却存在同样的立法《哈尔滨市违法建设防控和查处条例》，而且其上位法同样包含《中华人民共和国城乡规划法》，同时还有《黑龙江省城乡规划条例》，其通过的时间为2020年11月，黑龙江省人大常委会批准的时间为2021年4月，这些时间均在《平顶山市城乡规划建设管理条例》被批准三年之后，这种现象的发生其实说明，对于"城乡建设与管理"不同省级人大常委会（及其领导）的不同理解，导致最终的立法（名称及其内容）可能面临不同的命运，有些立法甚至因为这些不同理解而面目全非。对此最合适的解决方案应该是全国人大常委会在此方面有相对统一的指导性解释。当然，同样在黑龙江有些地方的同类立法也采取了《××市城乡规划条例》的名称，如鹤岗市。这样来看，不同省份在立法风格方面也会呈现不一样的表现，前述河南省的设区的市立法，2015年以来17个设区的市44部有关"城乡建设与管理"方面的立法大体涉及城市市容与环境卫生①、绿化、轨道交通、公共汽车客运、城市河渠管理、燃气管理、集中供热、城乡规划建设管理、农村生活垃圾治理、供水管理、河道采砂管理、市政设施管理，这样一来，就形成了该省（人大常委会）的相对统一的对"城乡建设与管理"的理解，甚至与"环境保护""历史文化保护"还有相应的（内部）区分标准，设区的市立法就显得整齐划一，在合法性审查上不容易出现太大的问题，但其弊端在于实际上已经在客观上给设区的市立法事权套上了一层隐形的"主观"牢笼，甚至形成"一省一个风格"的单一制国家结构下的

---

① 很多设区的市立法以"爱国卫生"为主题，当然省一级立法也有很多以爱国卫生为主题的地方性法规。

"特殊风景",① 但有些地方也可能因为理解上的巧合出现类容,如内蒙古自治区乌海市和湖北省武汉市都有相应的"城市综合管理条例",但两者对"城市综合管理"的外延界定又不完全相同,由于武汉市作为省会城市,其立法比乌海市早了九年,且是在 2015 年之前,两者的共性范围上都包括公共基础设施、交通管理、环境保护、园林绿化、市容环境,而乌海市列举中还包括城市规划实施和应急管理,武汉市的公共水域管理则为其特色。但这两市规定的事项,在湖南却成了省级立法的事项,即 2017 年通过的地方性法规《湖南省城市综合管理条例》,其对"城市综合管理"就有了明确的界定,除了前述武汉市和乌海市的共性规定外,其规定还包括综合执法以及"设区的市、自治州、县(市、区)人民政府依法确定的其他事项管理"。这就等于说从省级立法层面先给设区的市制定类似立法一个授权。但实践证明,这些设区的市并没有再进行专门的"综合管理立法",而是就其中的专项问题进行立法的居多,比如城市市容和环境卫生管理,因此,省级立法在市级立法事权上的统合立法对于市级立法的走向还是具有作用的。2017 年四川省遂宁市甚至直接通过了《遂宁市城市管理条例》,② 其中对"城市管理"的界定与 2019 年《乌海市城市综合管理条例》对"城市综合管理"的定义大同小异。乌海市立法晚于湖南省立法和遂宁市立法,其在"城市综合管理"的定义上多了"城市规划实施",而遂宁市立法对湖南省立法也"高度"借鉴,但没有关于"综合执法"的规定,③ 并把有些由下一级政府规定的事项列入城市管理或城市综合治理的外延中。而很多地方规定的"养犬管

---

① 比如湖南省设区的市很多制定有农村村民住房建设管理方面的立法,这说明这类立法在湖南省各地具有典型性,有比较紧迫的立法需求。

② 与之相似的还有 2018 年 6 月海东市人大常委会通过的《海东市城市管理条例》,其对"城市管理"的外延的定义介于遂宁市立法和湖南省立法之间,包含"城市规划",但不含"综合执法"。

③ 一般设区的市立法很少涉及"综合执法"的立法,甘肃省白银市制定的《白银市城市管理综合执法条例》2020 年 4 月被甘肃省人大常委会批准,云南省曲靖市制定的《曲靖市综合管理行政执法条例》2021 年 3 月被云南省人大常委会批准。西安市的综合行政执法立法制定于 2008 年,属于当时"较大的市"立法。

理""烟花爆竹燃放管理""餐厨垃圾与废弃物管理""物业管理"等也成为"城乡建设与管理"的延伸。

第二，对于"城乡建设与管理"这种稍有争议的事权事项的理解，到底是集中于有形建设与"硬环境"的打造，还是也包括"软环境"的建设，需要有相应的解释或备案审查结论予以参照。如果只是"硬环境"的建设，有没有地域限制，威海市通过的《威海市海上交通安全条例》第二条强调在"威海海域"从事的海上安全及其他相关活动，是否能够被涵盖在如陆地一样的"城乡建设与管理"之中。就"软环境"而言，社会信用立法到底是不是设区的市应该有的立法事权。杭州、大连、四平、宿迁等地的立法直接冠之以《××市社会信用条例》的名称，与直辖市、省的社会信用立法在名称上没有区别，是否合理合法？这些城市中，有些城市所在的省有关于社会信用的立法，但不是《××省社会信用条例》，而是公共信用信息管理的立法，如《浙江省公共信用信息管理条例》。其他如宿迁（2018年11月获批准）、大连（2021年3月获批准）、四平（2021年5月获批准）均要早于其省级人大常委会通过的相应立法，这种早于省级立法的设区的市立法，是否就因此获得了立法权的正当性，而省级人大常委会在批准过程中是否对"社会信用"这一立法事项的归属产生过疑问。当然也有一些地方采取的是"促进法"的名称，如《哈尔滨市社会信用体系建设促进条例》。[①] 这种设区的市在立法态度上的积极，填补的不仅是中央立法在此方面的空白，同样也填补了省级立法在此方面的空白，是否因此而造成省级立法的"有意"迟滞，从而造成整个地方立法格局发生变化，即只要在省级立法出台前迅速出台市级立法，不仅可能少受限制，还有可能成为省级立法效仿的样板？

第三，对于有些事项如"学前教育"等这种明显无法归入"城乡

[①] 当然，黑龙江省的立法（2022年7月1日实施）也晚于哈尔滨市的该部立法（2021年2月1日实施）。

建设与管理"的事项，是否在省级已有相应立法的基础上，一定还要制定市级立法。比如《辽阳市学前教育条例》总共有二十五条的内容，而《辽宁省学前教育条例》则有五十条的内容并分为七章。从两者具体条文的对比上，发现辽阳市的立法在很大程度上都与辽宁省的立法相同，只是在法律责任的规定方面有一条关于侵占、挪用学前教育经费的规定，有责令改正、依法处分以及构成犯罪时追究刑事责任的规定，但这种条文即便没有规定，也是必须要按照上述处理方式来进行。整体来看，这种高重复率的市级立法实际上已经是为了立法而立法，缺乏实际的价值。

（3）特殊因素考量

除了上述实践现状，地方立法还有可能在一些领域受到来自备案审查的控制。这种控制既有合法性的因素考量，也可能有基于政治因素的考量与判断。2015年7月，平顶山市作为河南省第一批申报获取立法权的城市获得批准。随后，该市还成立相应的领导小组办公室，负责第一部地方性法规的起草，即《平顶山市违法占地违法建设查处条例（草案）》。2016年3月，该草案经过专家论证，河南省人民政府还转发了该条新闻。① 2016年7月，平顶山市副市长王鹏在平顶山市十届人大常委会第二十次会议上做了该部条例草案的起草说明，市人大常委会进行了第一次审议。2016年8月29日，平顶山市人大法制委员会主任委员陈聚成向平顶山市人大常委会做《关于〈平顶山市违法占地违法建设查处条例（草案）〉审议修改情况的报告》。在这次报告中，提出了对于立法命名的问题，即河南省人大常委会法工委与平顶山市人大常委会的部分委员都认为《立法法》对设区的市的立法权范围不包括"违法占地"，如果这样命名会有"超越设区的市立

---

① 巫鹏：《我市第一部地方性法规即将出台——〈"双违"查处条例（草案）〉完成专家评审》，《平顶山晚报》2016年3月1日第A03版；李瑞：《平顶山市第一部地方性法规呼之欲出》，https://www.henan.gov.cn/2016/03-09/600554.html，访问日期：2023年6月18日。

法授权之嫌"，①建议修改立法名称为《平顶山市违法建设查处条例（草案）》。当时，该草案的第一条还明确了"为了加强城乡建设与管理"这一表述，以期更契合《立法法》授予的立法事权范围。但最终该法的名称被定为《平顶山市城乡规划建设管理条例》，第一条的表述被改为"为了加强城乡规划建设管理"，从对其上位法依据《中华人民共和国城乡规划法》的契合度上来说更为贴切。但从《中华人民共和国城乡规划法》的附则内容来看，其并没有授权省级地方制定实施细则或下位法，遑论设区的市一级地方。从平顶山市人民政府的网站发布的对该法规的内容解答来看，"《城乡规划法》等有关法律、法规"的"有关法律"包括《立法法》第七十二条，"有关法规"则包括《河南省实施〈中华人民共和国城乡规划法〉办法》。②从平顶山市该部法规通过的时间来看，为2016年8月30日。也就是前述平顶山市人大常委会第二次审议后的次日。而河南省人大常委会批准该部法规的时间则为2017年9月29日，从时间来看超出了一般要求的四个月，而且从名称来看并非当时建议修改的《平顶山市违法建设查处条例》，而是变成了《平顶山市城乡规划建设管理条例》。不仅仅是名称上有变化，从法条的实际内容来看，也出现了较大的变化。从平顶山市人大常委会网站公布的《平顶山市违法建设查处条例（草案）》来看，其三十八条的规模最终被扩展至四十五条，③原来五章的条文规模依次是九条、八条、十二条、六条、三条，批准后的立法的各章条文数量依次为五条、十二条、十九条、六条、三条，第二章和第三章的名称分别从"职责"和"查处"变成了"城乡规划建设管理"和"违法建设处理"。这种变化之大，可以想见河南省人大常委会在进行合法性审查时，认为平顶山市在进行以"违法建设查处"为主题的立法时，仍然有超越《立法法》

---

① 陈聚成：《关于〈平顶山市违法占地违法建设查处条例（草案）〉审议修改情况的报告》，http：//www.pdsrd.gov.cn/2017/02-21/42290.html，访问日期：2023年6月18日。
② 《〈平顶山市城乡规划建设管理条例〉内容解答》，https：//www.pds.gov.cn/contents/26280/240656.html，访问日期：2023年6月18日。
③ 《平顶山市违法建设查处条例（草案）（表决稿）》，http：//www.pdsrd.gov.cn/2017/02-21/42291.html，访问日期：2023年6月18日。

规定的"城乡建设与管理"的事权范围之嫌疑，于是将其改为"城乡规划建设管理"为主题的立法，这样从形式上和文义上都显示出对《立法法》第七十二条第二款的高度契合性。

平顶山市作为河南省首批获得立法权的设区的市，在当时的国内也算是时间较早获得立法权的地方。其急于立法解决针对性的问题之心情可以理解，毕竟，在 2013 年 12 月，平顶山市政府就发布了规范性文件《平顶山市制止违法占地违法建设暂行办法》，其有效期只有两年，用以制止当时城市违法占地违法建设较为突出的局面，可以说"双违"成为平顶山城市发展过程中亟待解决的首要问题，而"依文件行政"的尴尬局面却让其在执法过程中显得底气不足，[1] 但从省级人大常委会的角度来看，合法性往往是优于城市管理实际需要在市级立法的把关过程中需要重点考虑的因素。这一点就与省级地方性法规的制定存在很大不同。省级地方性法规无须批准、只需备案的特点，决定了其在制定过程中不受太多因素的制约。而市级地方性法规在制定过程中就已经受到了合法性审查的制约，有时无法完全将其城市管理的实际需要全方位地体现在其最终通过的立法之中。当然，这种审查还只是事中审查，如果再加上事后审查，市级地方立法需要面临的制约因素会更多。[2]

---

[1] 当然这种"依文件行政"的情形在全国很多城市尤其是经济发达的城市显得更为突出。参见李映民、韦星《东莞向全国人大申请成为"较大的市"以拥有立法权》，http://news.66wz.com/system/2011/03/04/102433625.shtml，访问日期：2023 年 6 月 18 日。除东莞外，佛山、南通、温州也都争先恐后申请成为经国务院批准的较大的市。2015 年全国人大常委会副委员长李建国在全国人大会议上做"关于《中华人民共和国立法法修正案（草案）》的说明"时，将其作为特殊问题加以说明，但没有指出要单独授予广东省东莞市和中山市以及甘肃省嘉峪关市立法权的原因。在全国人大最终通过的修改决定中，东莞市、中山市、嘉峪关市、海南省三沙市作为比照适用该决定有关赋予设区的市地方立法权规定的城市。2020 年 4 月，国务院批准三沙市设立西沙区和南沙区，三沙成为设区的市。2023 年 3 月，儋州市作为非设区的市获得立法权。

[2] 比如，有学者认为，地方立法所要面临的审查包括概括审查、中度审查和严格审查，其审查依据分别涉及宪法规定、法律的基本原则、行政法规的基本原则和宪法规定、法律规定、行政法规的规定以及宪法规定、上位法规定，审查的要素大致包括：立法目的（要素一），立法权限（要素二），立法程序（要素三），国家机关的权力和责任（要素四），公民和社会组织的权利义务（要素五）。参见孙莹、肖棣文《法制统一与分级治理：我国央地立法权的配置机制》，《公共行政评论》2023 年第 1 期。

（二）细化地方"立法事权"的行使限度

1. "立法—执行"的多元模式设计与财政事权的"扩容"

对于地方立法而言，应本着有所为有所不为的原则，细化相应的规则。在前述言及的两版《中华民国宪法》中，存在"国家立法—国家执行""国家立法—省执行""省立法—县执行""县立法—县执行"等多种模式，可见，对于立法事权和行政事权的关系，其实可以有更为多元的配置模式。在当下财政事权框架中，这种多元性体现得还不完整，有些地方财政事权往往只有中央确定给地方的职责，但履行这些职责的条件和保障存在缺失。比如，在生态环境规划制度制定、生态环境监测执法、生态环境管理事务与能力建设、环境污染防治等四个领域，地方享有财政事权和负有支出责任的事项多达18项，但这其中绝大部分的立法权都属于中央，地方在参与这些中央立法方面的声音不能及时统一，也缺少集体的博弈能力，造成的后果是地方只有这些立法中规定的职责履行要求，但对于履行这些职责需要的各种保障机制和因素则可能不具备。按照国办文件的要求，对于土壤、农业农村、固体废物、化学品、地下水以及其他地方性大气和水的污染防治，在被确定为地方财政事权的同时有中央财政转移支付的支持。而噪声、光、恶臭、电磁辐射污染防治等事项，则只确认为地方财政事权并由地方承担支出责任。2021年修改后的《噪声污染防治法》第五条将原来的"国务院和地方各级人民政府"改为"县级以上人民政府"，但对于规划和预算还是各有要求和安排，第七条和第八条分别明确了"县级以上地方人民政府应当依照本法和国务院的规定"以及"国务院生态环境主管部门对全国噪声污染防治实施统一监督管理"的要求，仍然可以看到地方财政事权在很大程度上还是受制于中央的"统管"。而在生态环境管理事务与能力建设方面，"生态受益范围地域性较强的地方性生态保护修复的指导协调和监督""地方行政区域内控制温室气体排放"等也属于地方财政事权，一方面从理论上假定了生态环境事权确定的"受益性原则"，但这种受益与其经济发展驱动有着直接的关联，地方政府是否能在所谓的"受益性原则"的规控下自愿履行支出责任，而控制温室气体排放，这其中的考核机制涉及就至关重要。以海南为例，其在2018年就对其岛内18个市县分五类考核，对中部12个市县不再考核GDP，而采取生态环保考核的一票否决。当然，这种设定机制需要相应的立法予以保障。①地方事权的设定一方面要考虑多元与灵活，另一方面还需要具有可操作性，能够具有相应的财力保障、制度保障和制度驱动。

除了这种"体恤"地方的模式，由"地方立法—地方执行—中央考核"的模式更加符合"决策—执行—监督"的机理本身，中央相关党政部门（包括中央纪委监委和相关国务院部门）可以采用包括纪委监委监督、政治巡视、行政监督等方式对地方立法中确定的执行目标和任务进行考核，之前不管是《行政处罚法》和《行政强制法》都在"法律责任"章中规定了各种情形下行政机关及其工作人员不依法行使行政处罚权或强制权需要面对的"被依法处分"的政治责任，②在授益行政领域《行政许可法》在"法律责任"章中的相关规定也是非常明显的。③在行政监督救济法领域这种"政治责任+法律责任"的科处手段也是存在甚至不断被强化的。④全国人大常委会和一定级

---

① 2021年《海南自由贸易港法》第三十六条将其写进法条，即县级以上政府对本级政府生态环境部门及其负责人和下级政府及其负责人的年度考核，实行环境保护目标完成情况一票否决制。而对环境保护目标未完成的地区，一年内暂停审批其新增重点污染物排放总量的建设项目环评文件；而对负有责任的地方政府及生态环境部门的主要责任人，一年内不得提拔使用或转任重要职务，并依法处分。

② 如《行政强制法》第六十一条至第六十七条和《行政处罚法》第七十六条至第八十三条。

③ 如《行政许可法》第七十二条、第七十三条、第七十四条、第七十五条和第七十七条的规定。

④ 目前，2023年9月修订的《行政复议法》第七十七条第二款规定，"被申请人应当履行行政复议决定书、调解书、意见书。被申请人不履行或者无正当理由拖延履行行政复议决定书、调解书、意见书的，行政复议机关或者有关上级行政机关应当责令其限期履行，并可以约谈被申请人的有关负责人或者予以通报批评"，这种"约谈"与"通报批评"有强化政治责任与担当的趋势。但有些学者并未将其作为政治责任来看待，仍将其作为法律责任的范畴，参见梁凤云《行政复议法讲义》，人民法院出版社2023年版，第282页。这与《行政诉讼法》第九十六条第二项（在规定期限内不履行的从期满之日起对该行政机关负责人按日处五十元至一百元的罚款）和第四项（向监察机关或者该行政机关的上一级行政机关提出司法建议）强化行政机关负责人个人责任的机制相若。但是，相比这种监督机制中的被监督主体不作为的情形，"立法不作为"的责任值得进一步深入分析。有些学者也提出，对"立法不作为的规制，暂时可以通过党委领导、民意推动、舆论监督等方式进行"，参见代水平《立法不作为的存在逻辑、识别困难及认定依据》，《深圳大学学报》（人文社会科学版）2018年第3期。

别以上的地方人大常委会也可以开展执法检查和备案审查，这既是保证宪法全面实施的重要渠道，也是保证党和国家监督体系有效运行的关键手段。

在地方立法的初期阶段，虽然"基层治理"的立法事权已经逐渐交给地方，但对于地方立法可能缩减自己监管职责或压低监管标准的领域，2019年出台的《法规、司法解释备案审查工作办法》第三十八条第四项合法性审查的标准中"与法律规定明显不一致，或者与法律的立法目的、原则明显相违背，旨在抵消、改变或者规避法律规定"的情形，就是典型的这种情况。2017年2月至3月，中央督查组在对甘肃省祁连山生态环境问题进行专项督查时，发现其地方性法规《甘肃祁连山国家级自然保护区管理条例》虽然历经三次修正，但部分规定始终与作为上位法的行政法规《中华人民共和国自然保护区条例》第二十六条不一致，甘肃省的地方性法规将行政法规中规定的"禁止在自然保护区内进行砍伐、放牧、狩猎、捕捞、采药、开垦、烧荒、开矿、采石、挖沙"等10类活动，缩减为"禁止在保护区内进行狩猎、垦荒、烧荒"等3类活动。① 而《中华人民共和国自然保护区条例》第二十六条在规定10类禁止行为种类的同时，只规定法律、行政法规另有规定的除外，而甘肃省地方立法亦不在此列。② 在这种情况下，中办、国办《关于甘肃祁连山国家级自然保护区生态环

---

① 关于地方立法对禁止行为方式的规定，应考虑在备案审查中予以重点审查，在立法草案说明中进行重点理由陈述，同时破除单纯列举式的规定方式，采取概括式的规定予以兜底。比如2022年5月1日施行的《德宏傣族景颇族自治州芒市城中田园保护条例》第十九条就明确采取"12列举+1概括"的方式规定了禁止在保护区内采取的行为。

② 相比之下，有些地方反而在中央立法的基础上增加了禁止行为的种类，这种增加是处于强化保护的目的，当然是允许的。《中华人民共和国自然保护区条例》最早于1994年出台时在其第二十六条规定了10种禁止的行为方式，1991年《海南省自然保护区管理条例》要早于国家立法，当时该地方立法在其第十六条规定了砍伐、放牧、猎捕、采药、开垦、挖土、采石、开矿等8种禁止行为方式，没有"挖沙""烧荒"，"猎捕"对应后来的"狩猎"和"捕捞"，比如2014年《海南省自然保护区条例》更名，其第三十五条就在10种行为的基础上做了整合，变成了11种，相比中央立法多了"挖土"行为的限制，而比起1991年的立法则多了"挖沙"和"烧荒"，"猎捕"也被细分为"狩猎"和"捕捞"。2022年该法修正时该条文变为第三十四条。

境问题督查处理情况及其教训的通报》中明确要求尽快修改《条例》与上位法不一致的问题。① 这种问题的存在一方面说明如果地方立法不经历严格的审查，确实很难发现问题，当然这种问题有时在适用过程中才能逐渐发现，还有些问题需要通过巡视等手段并结合有权监督与群众监督和舆论监督，充分发挥党和国家监督体系的合力作用。同时，对立法事权行使不合法或不当的责任形式与程序机制作出整体设计，从地方实际执行的部门来看，可以因地制宜，破除立法权行使不承担责任的制度障碍，除了追究个人的政治责任外，② 还需要有对于立法行为不当作为的单位刑事责任和单位主要负责人刑事责任的设计，才能做到真正意义上的"罚当其罪"。

还有目前较为典型的综合行政执法改革领域。③ 比如在2018年党和国家机构改革之后，各地也基于本地的实际情况开展了综合行政执法改革，有些省份改革相对彻底，将绝大部分的行政处罚权、行政强制权、行政检查权交由综合行政执法部门来行使，但从实际的立法配套来看，还略显不足。目前已经出台的相关地方立法包括《四川省城市管理综合行政执法条例（2012年）》、《深圳经济特区城市管理综合执法条例（2013年）》、《天津市街道综合执法暂行办法（2014年）》、《浙江省综合行政执法条例》、《四川省交通运输综合行政执法条例》、《上海市城市管理综合行政执法条例》（2021修正）、《广西壮族自治区城市管理综合执法条例》、《河北省乡镇和街道综合行政

---

① 参见《甘肃省林业厅厅长宋尚有在2017年7月24日在省十二届人大常委会第三十四次会议上关于〈甘肃祁连山国家级自然保护区管理条例（修订草案）〉的说明》，http://rdgb.gsrdw.gov.cn/2018/218_0111/1508.html，访问日期：2023年2月1日。

② 当时的中央纪委和监察部对祁连山国家级自然保护区生态环境问题问责达到100人，给予党纪处分39人，政纪处分31人，诫勉谈话16人，组织处理2人，移送司法机关2人，其他处理形式10人。但从其处理结果分布来看，移送司法机关的只占到2%，对于当时分管祁连山生态环境保护工作的副省长，其在修正《甘肃祁连山国家级自然保护区管理条例》过程中把关不严，致使该条例部分内容严重违反上位法（《中华人民共和国自然保护区条例》）规定，且对查处、制止违法违规开发项目督查整改不力，对保护区生态环境问题负有领导责任，但也只给予其党内严重警告处分。

③ 这一点在集中行使许可权的行政审批改革领域也是如此，地方行政审批局的设立及其面临的法律依据不足，造就了其在事权配置上的法定化不足，从而造成权责的无法统一。

执法条例》、《内蒙古自治区基层综合行政执法条例》、《陕西省城市管理综合执法条例》、《湖南省城市综合管理条例》等。还有一些地方在出台综合立法之前先进行了相关领域立法的尝试，通过个别法条规定来实现法治保障。比如，在综合行政执法改革进行得相对彻底的海南省，其综合行政执法部门获得了大量的划转事权，有些市县的综合行政执法部门的事权清单数多达几千项。但从海南省的地方立法来看，能够在立法中确认综合行政执法部门的法定执法主体地位和执法权限的情形相对较少，目前在 2019 年出台的《海南省生活垃圾管理条例》、2021 年出台的《海南自由贸易港知识产权保护条例》《海南省机动车排气污染防治规定》《海南省南渡江生态环境保护规定》等可见综合行政执法机构权限的规定。相比中央立法（如《行政处罚法》等）的规定来说，地方立法的优势就在于对综合行政执法改革的具体区域和趋势作出确认，而对于各地改革不一的实际进度和状态而言，这种地方立法解决综合行政执法改革"最后一公里""立法确认"难题的做法确实值得肯定和推广。有些地方（如贵州省有些设区的市等）又将一些权力回转到原来的部门，2022 年 6 月，贵州省人民政府发布通知，原则同意将原由遵义市及所辖县级综合行政执法部门行使的文化市场、市场监管、交通运输、应急管理、卫生健康、劳动保障、煤矿监管、农业领域的"行政处罚权及与之相关的行政强制措施调整至同级相应业务主管部门行使"[1]。这说明，即便有《行政处罚法》第十八条的规定，[2] 且其中"市场监管""文化市场""交通运输""应急管理"和"农业"属于法定的"推行"改革领域，但依

---

[1] 其中文化市场执法含旅游，市场监管执法涵盖盐业、价格、专利，不含户外公共场所无照经营、违规设置户外广告、户外公共场所食品销售和餐饮摊点无证经营以及违法回收贩卖药品等领域，应急管理领域含防震减灾，但不含煤矿监管。参见贵州省人民政府网站，《省人民政府关于遵义市优化调整跨部门跨领域集中行政执法权范围的批复（黔府函〔2022〕85 号）》，https：//www.guizhou.gov.cn/zwgk/zcfg/szfwj/qfh/202206/t20220628_75303666.html?isMobile=true，访问日期：2023 年 6 月 11 日。

[2] 《行政处罚法》第十八条第一款规定，"国家在城市管理、市场监管、生态环境、文化市场、交通运输、应急管理、农业等领域推行建立综合行政执法制度，相对集中行政处罚权。"

然无法阻止地方依据实际情况将改革回转的决心，从这一点来看，《行政处罚法》第十八条第一款所规定的"推行"并非强制性领域，而是鼓励地方根据实际情况来决定执行主体。但应该看到，遵义还有一些领域的综合行政执法权依然得以维持，包括城市管理和生态环境在内的行政处罚权、行政强制权等权力依然归遵义市综合行政执法局。① 即便如此，地方立法的跟进与确认进程依然不能滞后，否则可能带来的后果则是责任主体的不确定，彼此之间容易产生推诿。

有些地方出现了文件划转职权而立法尚未跟进的情况，而这种情况也影响到了行政公益诉讼中检察机关对被告的确定。而地方的综合行政执法机构在立法尚未变动的情况下也显得无所适从。② 因此，本案中的《中华人民共和国自然保护区条例》第二十一条和《海南省自然保护区条例》第三十二条、第四十七条对作为国家级自然保护区的铜鼓岭自然保护区的主管部门都指向海南省林业局，而非文昌市生态环境局和文昌市综合行政执法局，这就更让我们感觉到"重大改革于法有据"的必要性，而这种"于法有据"应该是中央立法与地方立法的"联手"，其中地方立法有时可能完成"最后一公里"细化规定的任务，但如果地方立法与中央立法都没有指向某一部门作为行政主管部门，则仅仅依靠文件来确定相应的行政主体或责任主体是不合适的。

2. "党的领导"强化背景下的立法事权责任承担

伴随着2018年宪法修改过程中将"中国共产党领导是中国特色社会主义最本质的特征"写入宪法首条，"党的领导入法入规"在政治、经济、文化、社会、生态文明等方面的立法上愈发显示其全方位

---

① 在2022年10月发布的《遵义市综合行政执法局权力清单和责任清单2022年版》中，827项综合行政执法权包括行政处罚（权）785项、行政强制（权）37项、行政检查（权）3项和行政征收（权）2项，涵盖领域包括城市管理、生态环境保护等方面。参见 https://zhxzzfj.zunyi.gov.cn/zwgk/zfxxgk/fdzdgknr/lzyj/zcfg/202210/t20221031_78077649.html，访问日期：2023年11月26日。

② 参见谭波《行政授权与行政委托：衍生性权力的法律规制》，《当代法学》2022年第6期。

布局性。从目前现行有效的298部法律来看，明确体现"中国共产党（的）领导""入法（条）"的主要法律包括一些重要的宪法相关法（如《全国人大组织法》《全国人大议事规则》《全国人大常委议事规则》《立法法》《地方组织法》《选举法》《监督法》《国家安全法》《对外关系法》）、"特殊公职人员法"（如《公务员法》《法官法》《检察官法》《监察官法》《军人地位与权益保障法》《公职人员政务处分法》），以及其他行政领域的部门法（如《兵役法》《军事设施保护法》《教育法》《学位条例》《职业教育法》《体育法》《海警法》《反垄断法》《黄河保护法》《乡村振兴促进法》《工会法》《安全生产法》《无障碍建设环境法》《预备役人员法》《退役军人保障法》）。从上述法律的表述方式来看，宪法相关法中对党的领导的强调更为宏观，但其他法律部门诸如行政法、经济法、社会法等则从"社会治理"的角度来诠释"党的领导入法入规"的情形。但如果从社会治理法的角度来审视，"党的领导入法入规"的比例还可以进一步提升。

伴随着"党的领导入法入规"的深度推进，"党政同责""一岗双责"等一些政治性要求的适用范围逐渐广泛，① 并在一些党规国法中得以衔接、细化。以安全生产领域为例，2018年中办国办联合发布的《地方党政领导干部安全生产责任制规定》就是以《安全生产法》《公务员法》等国法作为制定依据，并结合了《中共中央、国务院关于推进安全生产领域改革发展的意见》党政联合发文和《中国共产党地方委员会工作条例》《中国共产党问责条例》等党内法规，是安全生产这一社会治理领域责任主体及其责任具体化的落实典范。该《规

---

① 2013年7月18日，习近平总书记在中央政治局第28次常委会上提出要实行党政同责、一岗双责、齐抓共管，第一次明确党政同责原则。参见杨小军《党政同责是问责制的发展和完善》，《学习时报》2015年10月1日第03版。2016年中共中央、国务院发布《关于推进安全生产领域改革发展的意见》，其中再次明确"坚持党政同责、一岗双责、齐抓共管、失职追责"。

定》在规定地方党政领导干部安全生产责任制时采取"党政同责、一岗双责、齐抓共管、失职追责"的表述方式,是对政治责任与法律责任、党内干部与行政干部等不同领域的公务员或公职人员权责的彻底打通,其规定"地方各级党委和政府主要负责人是本地区安全生产第一责任人,班子其他成员对分管范围内的安全生产工作负领导责任"。这既是对《安全生产法》中安全生产工作坚持中国共产党领导的具体化,也是将"党政主要负责人与班子其他成员""领导责任"这类政治责任的具化,是对《中国共产党问责条例》第六条中的"全面领导责任""重要领导责任""主要领导责任"的具体落实。2019年9月中共中央发布修订的《中国共产党问责条例》,除了继续确认"党组织领导班子在职责范围内负有全面领导责任",对"领导班子主要负责人和直接主管的班子成员""承担主要领导责任"的前提增加了"在职责范围内"的表述,而对"参与决策和工作的班子成员""承担重要领导责任"也增加了"在职责范围内",落实了《问责条例》"分清责任"的"立规精神",从而保证这种政治责任的承担在与行政法或社会治理法中法律责任承担时的成比例。"社会治理主体政治责任"的细化,凸显了当下社会治理过程中的强烈政治需求,也是解决我国主要社会矛盾的重要抓手。

毫无疑问,这些中央政策与党规规定也影响到地方立法,比如2023年修订的《江西省安全生产条例》第七条规定,"党政主要负责人是本辖区安全生产第一责任人,其他负责人对分管范围内的安全生产工作负领导责任"。但从地方党委文件的角度来看,江西省委、省政府2014年就印发了《江西省安全生产"党政同责、一岗双责"暂行规定》,其中对"党政同责"和"一岗双责"都做了界定,前者是指各级党委、政府对安全生产工作都负有领导责任,其班子成员按照职责分工分别承担相应的安全生产工作职责,后者是指各级党政领导干部在履行岗位业务工作职责的同时,按照"谁主管、谁负责"、"管行业必须管安全、管业务必须管安全、管生产经营必须管安全"

的原则，履行安全生产工作职责。① 2018年12月30日中共江西省委办公厅和江西省人民政府办公厅又联合印发《江西省党政领导干部安全生产责任制实施细则》，这既是对前述党规的贯彻，也是对地方安全生产立法的回应。该《实施细则》第四条第二款规定，"全省各级党委和政府主要负责人是本地方安全生产第一责任人，班子其他成员对分管范围内的安全生产工作负领导责任"。② 这与前述江西省地方立法第七条新增的表述一致。政治责任入（地方）法的过程，不仅确立的是党组织主体的法律地位及其拥有的权力属性，更是对新时代党组织政治责任存于地方行政立法或社会治理法中的模式创设。

从党的二十大报告强调"坚持科学决策、民主决策、依法决策"来看，其与"推进科学立法、民主立法、依法立法"相契合，都成为"坚持科学执政、民主执政、依法执政"的具体体现。因此，从责任

---

① 2014年同期也有其他省级地方先后通过了有关安全生产"党政同责、一岗双责"的暂行规定，如广西壮族自治区、内蒙古自治区、云南等地。但对具体概念的界定上略有不同，如《内蒙古自治区安全生产"党政同责、一岗双责"暂行办法》第三条对"党政同责"和"一岗双责"的定义表述上略有不同，前者是指各级党委、政府对安全生产工作均负有领导责任，党委、政府主要负责人共同对本地区安全生产工作负总责，后者是指各级党政领导干部在履行岗位业务工作职责的同时，应当履行安全生产工作职责。《湖北省安全生产党政同责暂行办法》将"党政同责"定义为"各级党委、政府将安全生产工作纳入工作重要内容，党委对安全生产工作负领导责任，政府对安全生产工作负监管责任，党委、政府主要负责人共同对本地安全生产工作负总责、其他负责人负相应责任"。《云南省安全生产党政同责暂行规定》"党政同责"的界定为"各级党委、政府对安全生产工作共同负有领导责任，其领导班子成员按照职责分工分别承担相应的安全生产工作职责"。《广西壮族自治区安全生产党政同责一岗双责暂行规定》没有对上述两概念进行界定。中共陕西省委办公厅、陕西省人民政府办公厅在《关于印发〈陕西省安全生产"党政同责一岗双责"暂行规定〉的通知》中对"党政同责"的界定是"各级党委、政府将安全生产工作列入重要工作内容，党委、政府对安全生产工作共同负领导责任，政府对安全生产工作负全面监管责任"，其对"一岗双责"的定义与内蒙古的文件规定基本相同，但界定中强调了"三管三必须"原则，河北的规定与陕西的规定在这方面保持一致。湖北的规定对"一岗双责"的定义为，"各级党委、政府及其工作部门除明确分管安全生产工作的负责人协助主要负责人抓好安全生产工作外，其他负责人都要同时抓好分管工作范围内的安全生产工作，履行安全生产工作职责。"

② 《四川省党政领导干部安全生产责任制实施细则》《天津市党政领导干部安全生产责任制实施细则》第四条均与之表述相同，且明确了制定依据为中央办公厅、国务院办公厅印发的《地方党政领导干部安全生产责任制规定》。

的角度来看,"依法立法"也应与"依法决策"一样,强调有责任的立法,从目前的《重大行政决策程序暂行条例》和《中央党内法规制定工作规划纲要(2023—2027年)》提及的准备"研究制定"的《党委(党组)重大决策程序规定》来看,重大党内决策和重大行政决策的责任都不可或缺,而"举轻以明重",与"重大决策"在功能上较为接近的"立法"或"党规"的制定,也必须面临责任的拷问。不仅如此,还应当适当地对"立法主体担责"与"党规制定主体担责"的类型化加以分析,其责任机理主要是其在立法或立规行为中所起到的作用以及立法或党规本身的类型化,在此方面可以类比重大行政决策的类型化来加以考量。① 从目前各类机关的属性来看,纪委监委合署办公,中央纪委和国家监委分别有权制定纪检条规类的党内法规和监察法规,但往往集中于中央的立规权层面,而就其他的党内立规权来看,一方面存在中央及其工作部门制定的党规与中央国家机关的立法之间的衔接问题,另一方面还涉及省级党委制定的党规与省级立法主体的权力衔接与各自责任承担问题,防止地方立法或省级党委的立规缺位或违反上位法与下位党规违反上位党规,② 是监督或追究相应责任的重点。

抛去法律责任机理的考量,如果从政治责任的视角(科学决策、民主决策、依法决策和科学执政、民主执政、依法执政)来审视,③违反这些"科学""民主""依法"要求的违规违纪违法行为,都是首先要承担主体责任、监督责任和领导责任的,党政合署使这种责任

---

① 参见谭波、赵智《重大行政决策类规范性文件合法性审查研究》,《北京行政学院学报》2022年第4期。
② 比如对于"容错"机制的地方立规或立法问题,一方面对"容错"的理解要限于"失误",一些地方党委立规过程中对关键概念的把握不透,也往往会影响其立规的质量与准确性;另一方面对其他相关地方立法的引导也可能存在误区,这也是"党领导立法"过程中尤其应注意的现象,同时也是准确贯彻民主集中制与权责统一的重要标准和抓手。
③ 这些要求被写入党的二十大报告之中,成为和"科学立法""民主立法""依法立法"相并列的三种不同层次的政治要求。

的承担更具有混合性，重要党政领导干部需要承担更多的个人责任。①如果这些行为的违法程度上升至必须追究刑事责任的程度，即通常所说的"第四种形态"的场合，而这里的刑事责任的设计就显得非常必要。比如《中国共产党问责条例》第七条第一款第一项和第二项，②分别从党的领导和党的政治建设视角上增加了对重大决策的要求，其中对重大事项请示报告的要求，又可以结合《中国共产党重大事项请示报告条例》第十三条第二项关于"重大立法事项"来作为确定其责任拓展的依据，而《问责条例》第七条第一款第四项，则从民主集中制的角度提升了对议事决策规则的要求，而根据《问责条例》第十九条第一项的规定，"对党中央、上级党组织三令五申的指示要求，不执行或者执行不力的"还应当从重或者加重问责，结合《中国共产党党内法规制定条例》第三十二条的规定，中纪委及党中央工作机关和省级党委制定的党内法规"同党章、党的理论和路线方针政策相抵触""党中央予以责令改正或者撤销"，同时，《重大事项请示报告条例》第十三条第五项对"出台重大创新举措"时"需要先行先试"以及"需经授权才能实施"情况的特别规定，也表明了关于先行先试决策或立法以及授权立法时需要考虑的程序要求。《重大事项请示报告条例》第四十四条还明确了"重大事项请示报告责任追究制度"，其中也强调了"涉嫌违法犯罪的"要"按照有关法律规定处理"，其中该条的第三项（违反组织原则该请示而不请示的）和第六项（违反工作要求而不按规定程序和方式请示以至造成严重后果的）与"依法立法"的要求有关，也凸显了对此类情形追究责任的必然性与紧迫性。

---

① 这其中可能涉及因党政合署而导致决策主体结构、决策机制、决策责任认定范围的变化而出现的责任变化。参见谭波《党政合署办公后决策责任的定位与适用》，《党内法规理论研究》2021年第2期。

② 其中《中国共产党问责条例》第七条第一项规定了"党的基本理论、基本路线、基本方略没有得到有效贯彻执行"，第二项规定了"党的政治建设抓得不实，在重大原则问题上未能同党中央保持一致，贯彻落实党的路线方针政策和执行党中央重大决策部署不力"，这些情形与《中国共产党党内法规制定条例》的政治性审查相结合，可以得出党内法规的制定必须接受严格监督，对其追责或问责的机制必须同时得以强化。

3. 央地共同立法事权理论和实践的强化

在国外的理论和规范设计中，有很多关于央地共同立法事权的内容。不管是作为联邦制的德国、俄罗斯和美国，还是作为单一制国家的日本，[1] 这种做法都不鲜见。这种做法的好处在于，当双方都存在某种职权行使的"义务"时，很难出现两者都不作为的场合，也就是说这种不是典型的"零和博弈"场域。虽然可能出现一方先立法而导致该领域出现所谓的法律争议，但"先占（preemption）"理论的出现可以为解决这些争议提供路径。更多的时候出现的局面是法律规则的及时供给，而不管这一立法是州法还是联邦法，只是在特殊的场合，才出现法院裁决联邦法优于州法，此时州法也基于法院的裁判而让位于联邦法。一般来说存在三种场合，比如国会已经明确表达了其在某些领域联邦立法优先于州法的程度，且这种意志的表达非常清晰，或者有些领域属于联邦的专属立法权领域，但却被州法"先占"，或者州法明显与联邦立法相冲突，而这种冲突实际成为实现联邦立法的目的或任务的障碍，对于当事人来说不可能同时遵守两法。[2] 也就是说，在这种亟待立法的多数场合，出台立法要比法律空白要更有效益，而后期的法律冲突其实也属于可控情形。

对于我国来说，虽是单一制国家，但对于"先占"理论也可以及时将其作为"法律保留"理论的补充适用规则。因为，对于"共同立法事权"这一理论来说，其与"法律保留"理论之间也存在着一种互为补强的关系。如果不在"法律保留"事项的范围之内，可以考

---

[1] 前文提到的日本的"横出条例"和"上乘条例"等都是日本"法律先占理论"的延伸性见解。参见［日］礒崎初仁、［日］金井利之、［日］伊藤正次《日本地方自治》，张青松译，社会科学文献出版社 2010 年版，第 108 页注释②。日文翻译中的"占先"与中译的"先占"理论视为同译。

[2] See Dion W. Hayes, "Emasculating State Environmental Enforcement: The Supreme Court's Selective Adoption of the Preemption Doctrine", 16 Wm. & Mary Envtl. L. & Pol'y Rev., 31 (1991), pp. 31-32.

虑这些立法事项属于"共同立法事权"的范围。①能确定"共同立法事权"的最佳制度效用就在于中央和地方在此方面都存在立法的可能,而在这种场合下"先占"理论可能发挥其规控作用,如果辅之以严格的合法性审查,"先占"将保证所立之法不可能是随意立法。而对于中央来说,也可以借地方之力先行试验,在共同立法事权领域总结立法经验,待条件成熟时再出台相应的中央立法。前文述及的营商环境领域的立法就是如此。对于辽宁等六省"先中央立法时代"通过的地方立法而言,就具有典型的共同立法事权领域的"先地方而后中央"。有学者还结合了我国流域立法的分析,"根据我国中央与地方立法权限划分的法理与制度逻辑,专属国家立法权以外的事项,全国人大及其常委会也可以制定法律"②,从而提出流域立法一旦出现统一的中央立法,即便地方性法规在先,在采砂、节水、取水许可、防汛、涉水建设、水资源保护等方面有与《长江保护法》《黄河保护法》相抵触的就无效,自然应予废止或修改,而在《长江保护法》本身的规定中,又涉及层级、内容、空间、性质等不同维度下事权范围的确定,实际上是以中央立法的行使对流域层级事权进行划分,这并不是地方立法能够解决的问题,《长江保护法》通过识别生态系统、社会关系、法律关系的特殊性等因素来确定事权的"范围",为中央、流域、地方三个层级分别配置相应的事权。③如果地方立法在这方面明显与《长江保护法》的精神相抵触,则必须通过备案审查机制予以纠正,增强国家立法在此领域的权威性,同时基于法制统一的需求来追究相应的立法责任与政治责任。

---

① 除非还有一些事项是专属于地方立法的事项,当然,这些事项现在需要进一步总结,比如垃圾管理、市容管理等有形事项,即便如此,这些事项也是有上位法可依的,比如一些中央的环保和城乡规划的立法,因此,从严格意义上来说,并不存在真正意义上的地方专属立法事项。

② 刘超:《〈长江法〉制定中涉水事权央地划分的法理与制度》,《政法论丛》2018年第6期。

③ 参见吕忠梅等《长江流域立法研究》,法律出版社2021年版,第106—107页。

从目前国家立法在"协同"问题上的态度来看，无论是《行政处罚法》中规定的"公务协助"还是"有关地方人民政府及其部门应当加强组织协调、业务指导、执法监督""建立健全行政处罚协调配合机制"的内容，以及有些地方立法或文件中规定的综合性行政执法权与其他业务主管部门的权力协调，都在说明事权在行使过程中是能够协调的。[①] 而且，行政事权和司法事权也存在协调的空间，但司法事权属于中央事权，因此，司法事权与行政事权的协调更具有技术意义和程序价值，[②] 一般不涉及在纵向层面的权力配置问题，更多的是涉及级别管辖的问题。监察事权作为一种新出现的权力，其与司法事权具有相近性，但监察事权的指定管辖、提级管辖更多涉及政治需求，相对来说更加灵活。监察事权作为专责的监督权，更多的是为了满足国家反腐败治理的特殊需求。无论是司法事权还是监察事权，都有可能涉及一些特殊的概念需要由立法规定，这又涉及立法事权的统一行使问题和概念的统一问题，如"派出"制度涉及行政派出（派出机关和派出机构）、司法派出（人民法庭）、监察派出（监察机构和监察人员）等，"授权"制度涉及行政领域的授权、纪检监察领域的授权，这些制度设置都需要在设定时考虑含义上的统一性。

（三）强化立法事权行使违法的立法责任

随着《立法法》和相应地方立法条例对立法义务性条款的规定强化，立法事权违法行为所致的责任必然要成为立法事权制度完善的选择，法律责任条款对于义务性条款具有重要的支持和保障功能，对于义务性条款的作用、意义和价值的实现不可或缺。[③] 对于立法事权的

[①] 参见谭波、赵智《论市场监管权与综合执法权之协调》，《西北大学学报》（哲学社会科学版）2023年第3期。

[②] 如《行政处罚法》第二十七条第二款规定，"行政处罚实施机关与司法机关之间应当加强协调配合，建立健全案件移送制度，加强证据材料移交、接收衔接，完善案件处理信息通报机制"，这种协调涉及不同种类的事权，实际上是程序上的"行刑衔接"问题。

[③] 参见武钦殿《地方立法专题研究——以我国设区的市地方立法为视角》，中国法制出版社2018年版，第228—229页。

责任，可以有多种角度的分类和制度设计。比如，从前文所讲到的责任类型来看，除了政治责任外，还应该有相应的法律责任设计，而除了刑事责任，还可以有国家赔偿责任的考虑，而对于所制定立法的改变或撤销，也是一种宪法责任。而如果从责任承担的主体来看，则可能存在着与上级立法主体之间的共同责任或补充性连带责任。如果下级主体只负责执行，则可能承担执行层面的责任，也就是行政事权对上级立法事权执行时承担的责任。

1. 分类设计立法事权违法行使的各种责任

类比《重大行政决策程序暂行条例》第五章"法律责任"的设计，包括决策主体违法时对决策机关负责人、负有责任的其他领导人员和直接责任人员的责任追究、决策主体违法造成决策严重失误或导致重大损失、恶劣影响的责任倒查直至终身追究时对上述人员的责任追究以及决策机关集体讨论决策草案时，对严重失误决策表示不同意见时的有关人员的减免责任。从性质上来讲，决策属于一种比一般行政决策更重大的决策，虽然从范围上来讲，《重大行政决策程序暂行条例》也在外延上首先否认了包括政府立法行为，但从实际的情况来看，行政立法在重大行政决策中应该属于占据很大比例的行为。将其排除出重大行政决策的范围，实际上也是源于该行为本身适用了其他立法，如《规章制定程序条例》，但如果从归责的角度来说，行政立法行为应该与其他重大行政决策行为一样被追责，但是《规章制定程序条例》并没有涉及责任的追究。而从备案的角度来讲2002年1月1日起施行的《法规规章备案条例》也只是在第二十条有"限期报送""逾期仍不报送的给予通报并责令限期改正"等措施，从责任的角度来看"通报"是对报备行为不适当的追责。但对于立法行为本身的追责，其实应该从《立法法》《法规、司法解释备案审查工作办法》中找答案。但这种答案如前所言，也仅仅是立法本身，而对制定（或决策）主体的行为缺少追责渠道，这才导致像甘肃省地方立法严重违反上位法行为的严重问题出现，而对于其导致的损失也因《中华人民共和国国家赔偿法》没有规定立法赔偿制度而作罢。究其实质而言，立法责任应与行政（法律）责任、司法责任一道，共同确立各自领域的"政治责任+法律责任"的完整制度设计，不可缺项，各种国家权力行使的不同属性与方式，还要求在进行这种制度设计时注重协同联动，保证相关监督方式的贯通协调。①

对于拥有地方立法和执行等责任的地方政府，除了通过上级主体的监督、纪委监委监督和人大的备案审查与执法检查外，还应该强调其对立法事权本身行使不当所造成的损害应承担的责任，首先这种责任主观上是有过错的，甘肃的立法主体中的决策者实际上已经意识到自己的行为存在违法情形，属于主观过错，同时，其行为也已经导致甘肃祁连山的生态遭受严重损害，其所造成的损害与重大行政决策所导致的损害并无二致，这种因果关系也十分明显。就《国家赔偿法》的立法名称理解来看，不能将其简单理解为"行政赔偿+刑事赔偿+行政、民事诉讼中的错误行为致损赔偿"。2018年《中华人民共和国监察法》出台时，其第六十七条明确规定了监察机关及其工作人员行使职权过程中侵犯公民、法人和其他组织的合法权益造成损害的，依法给予国家赔偿。从目前国家权力的种类序列来看，行政权、审判权、检察权、监察权等造成损害的，都会有国家赔偿，剩下的军事权和立法权行使中，军事权如果造成损害也会给予补偿，比如《中华人民共和国国防法》第五十一条第二款和第五十八条第二款以及《中华人民共和国戒严法》第十七条第二款都有相应的补偿规定。② 虽然这

---

① 其责任机制设计不仅包括事后的责任归咎，还包括事中的不利后果承担，这种"不利后果"虽然不是严格意义上的责任，但它是保证立法质量必不可少的环节。如有学者提出的在地方立法统一审议过程中的各种过滤机制所导致的后果，包括"搁置审议""延迟提请二审""商请提案人撤回法规案""搁置审议至终止审议"等方式，参见徐向华《我国地方立法统一审议制度及其运作研究》，法律出版社2023年版，第160—163页。

② 《国防法》第五十一条第二款规定，"县级以上人民政府对被征收、征用者因征收、征用所造成的直接经济损失，按照国家有关规定给予公平、合理的补偿"。《国防法》第五十九条第二款规定，"公民和组织因国防建设和军事活动在经济上受到直接损失的，可以依照国家有关规定获得补偿"。《戒严法》第十七条第二款规定，"前款规定的临时征用物，在使用完毕或者戒严解除后应当及时归还；因征用造成损坏的，由县级以上人民政府按照国家有关规定给予相应补偿"。

种补偿往往都是由政府来完成，但从其前期的决策主体与最终的责任实质承担来看，这种担责机制已经在最大化的程度上被"坐实"。还有学者主张制定"立法责任法"，但其主要用意在于"杜绝立法重复行为"。[①] 这种思路实际上着眼于对国家立法资源的浪费，但需要确定相对具体的追责标准。比如，对于立法机关的组织责任与个人责任进行区分，对参与立法过程中的重要阶段的决策行为的责任分类型展开追究，对立法参与主体的处分之外可以考虑对其进行行业惩戒。当然，这些制度设计还需要结合个案进行具体分析，人大代表、人大常委会委员这类身份，一方面可以承担相应的政务处分或其他监察法律责任，另一方面，对人大代表开展行业惩戒，[②] 则可以考虑通过修改《代表法》予以完善，根据2023年9月第十四届全国人大常委会公布的立法工作规划，《代表法》第一类项目，即属于条件比较成熟、任期内拟提请审议的法律草案。对于人大代表来说，其公职人员的身份决定了其在行使国家公权力时必须杜绝相应的过错，这种过错既包括故意，也包括过失，监察机关在追究责任时也要尽量考虑到主客观相统一，但是人大代表的言论豁免权等一系列保障权也决定了其与其他国家公职人员在行使职权时面临的监督或责任科处形势有所不同，但不能因此扩大其责任豁免体系，容错与纠错的制度设计必须谨慎，另外，也要针对其立法中的行为有相应的责任认定体系与追究机制，[③] 同时确定明确的适用情形。而对于集体行使的立法权，之所以目前缺

---

① 田成有：《立良法》，法律出版社2019年版，第129页。
② 目前，有关行业惩戒，在各领域表现参差不齐，比如律师行业惩戒就是由律师协会下设的律师惩戒委员会开展，并在一定程度上与司法行政部门进行的行政处罚结合起来，效果较为明显，而对法官的惩戒，则由法院内部的督察局开展，与法官协会无关，并且存在与纪委监委派驻人大常委会纪检监察组之间在惩戒职权行使上的衔接问题。这一点，与作为公职人员或监察对象的人大代表或人大常委会工作人员在面临惩戒时存在类似的问题。对于法官的办案质量终身负责制与错案责任倒查问责制，同时呼唤对法官在展开惩戒时就要有完整的责任认定体系与责任追究体系，也要有相应的责任豁免体系。
③ 既然选举行为中的违法可以有相应的责任追处机制，那么针对立法权行使的行为也不是不可以追究责任，当然集体或单个贿选行为的认定有其机制，相比之下对立法行为中的过错认定需要考虑其特殊性。

少追责机制，也源于这种集体决策的特殊性。但这种行为的集体性并不是不追究责任的理由。①

目前来看，立法法的担责机制亟待扩展，尤其是以单位刑事责任、国家赔偿责任等为代表的各种机关责任，更是成为当前制度建设中的最大急需。立法行为作为国家权力行使的重要行为，在当前"监察全覆盖"的大背景下，结合前述甘肃违法立法案件中的中央督查实践，可以考虑通过派驻监督、政治巡视等党内监督和群众监督、舆论监督有机结合，充分拓展线索发现机制，在保证党对人大工作领导的基础上，有力发挥纪委派驻人大纪检监察组的作用，做好特殊场合的"四个形态"工作，保证相应的案件线索及时移送到司法机关，同时在修正刑法、国家赔偿法相应条文的基础上做强对立法行为追责体系的实施、监督和保障各项环节。也即，既有对人的纪检监察"处置"，也有对事的法律责任追究，而不论是对人的追责还是基于"事"的追责，都离不开对行为的考量，这其中需要区分每一种行为过程中当事人主观与客观状态的统一，以最适当的方式来区分纪委监委处置权行使所追究的责任与国家司法机关基于国法对于刑事责任或行政法律责任的追究。这里的追责涉及既包括单位或个人的法律责任，也包括一些领导成员的政治责任与道德责任。对于影响地方立法事权的带有重大失误的前期决策，需要考虑一些直接参与决策的立法主体主要领导人员的主要领导责任或领导班子成员的重要领导责任。

2. 对立法事权行使的其他行为之追责设计

地方立法对于法律等上位法的细化，可能受到地方立法体制、地方立法范围等条件的限制，而对上位法的理解不到位，又会使地方立法与中央立法的抵触成为可能。2003 年发生的"洛阳种子案"中，

---

① 从这一点来说，司法责任制追究机制的完善也可以作为制度效仿的对象。司法权的行使有时也存在合议庭等审判组织的行为或审判委员会的集体决策行为。但《人民法院审判人员违法审判责任追究办法（试行）》第二十四条至第二十六条规定了这种情况下如何追究故意违反法律规定或者歪曲事实、曲解法律，导致评议结论或决定错误时的责任追究，以及审判委员会主持人违反民主集中制原则导致审判委员会决定错误时的主持人责任承担。

河南省人大常委会曾因洛阳市法官李慧娟判决书中的不当行为而采取行文的方式作出"《河南省种子条例》第三十六条关于种子经营价格的规定与《种子法》没有抵触，继续适用"的自我判定，但2004年4月1日河南省人大常委会通过《河南省实施〈中华人民共和国种子法〉办法》，该办法自2004年7月1日起施行，《河南省种子条例》同时废止。这种前后自相矛盾的做法，使其自证了自己制定的"下位法抵触了上位法"的结论。① 但问题在于，对于本案的追责如何进行，确是本案中最应该关注的现实问题。地方立法主体在行使立法事权中的随意性以及事后解决问题的不当做法，实际上已经在昭示，立法主体不当甚至违法行为的追责，已经迫不及待，其对"坚持依宪治国，坚持依宪执政"的影响是巨大而深刻的。

除了对违反或抵触上位法的立法追究相应法律责任外，还需要强化对"僵尸条款""残疾条款"等"无用之法"立法行为的政治责任追究，② "无用之法"是消极行使立法权的典型，一方面造成了地方立法资源的浪费，形成"挤占效应"，另一方面造成中央与不同省份之间不平衡的实质事权关系，③ 这种局面实际上加剧了我国当前社会的主要矛盾，即人民对美好生活的向往与立法（能力）不平衡不充分发展之间的矛盾。因此，必须对其加大执法检查过程中的考核力度与权重，同时强化对其在审查后的及时反馈与修改。这种"无用之法"与"恶法"都与"良法"绝缘，属于"非良法"，如果借鉴国外的理

---

① 参见梁洪霞主编《世界各国宪法经典案例评析》，中国人民大学出版社2018年版，第103—105页。

② 原国务院法制办主任杨景宇同志将这种处于"良法""恶法"之间的立法称为"无用之法"，即所谓对社会矛盾焦点在"砍"的时候"砍空了"，区别于良法的"砍准了"和恶法的"砍歪了"。参见杨景宇《站在新的历史起点上做好立法工作的几点思考》，转引自冯玉军主编《完善以宪法为核心的中国特色社会主义法律体系研究》（上），中国人民大学出版社2018年版，"杨景宇序"第2页。

③ 有学者认为地方立法纵向重复不同程度反映了各省份对中央追随程度或偏离程度的区别。参见杨国栋《地方立法纵向重复问题再审视——以优化营商环境地方立法为例》，《中国地方立法报告（2022）》，社会科学文献出版社2022年版，第45页。

论，就是所谓的"正确法"之外的法。[1] 就我国所要追求的"良法善治"状态而言，中国特色社会主义核心价值观入法入规问题应该在此得到明显体现，一些属于中国语境下的"自由""平等""公正"等理念应该体现于地方立法的条文之中，[2] 并成为全国人大常委会对立法进行备案审查和执法检查的重要标准。同时，以立法程序科学、民主与依法推动立法本身的科学、民主与依法。

总体来说，对立法事权不当行使的责任追究设计，实际上是要在现有党和国家监督体系不断强化背景下处理好"惩戒与治理"的关系。在不断强化行政责任、司法责任[3]和防止监察机关"灯下黑"的大趋势下，我们有必要将立法责任的强调上升到一定高度，强化责任追究情形的设计。从机构设计来看，法院内部设立有督察局，其与纪委监委派驻法院的纪检监察组之间还存在衔接协调的功能设计，但对

---

[1] 关于"正确法（Richtiges Recht）"，其实指的是内容正确的实在法，实际上是法伦理学的一种体现。参见［德］卡尔·拉伦茨《正确法——法伦理学基础》，雷磊译，法律出版社2022年版，"译者序"第3—8页。如果将"正确法"与"良法"进行细致对比，还会有伦理善（具体的善）和终极善（形上善）的区分，这本身又涉及自然法与作为实在法的正确法的根本差异，也就是伦理层面或人文层面的善无须形而上的论证。另参见徐龙飞《立法之路——本体形上法哲学与国家政治思想研究》（中册），商务印书馆2020年版，第717页。

[2] 在党的二十大报告中，"公平"一词出现了13次，"正义"一词出现了8次，两者共同出现了7次，包括了国际、国内立法、国内司法等不同层面的"公平""正义"要求，而在这其中"社会公平正义"出现了4次，这实际上也与古罗马法学家奥古斯丁所言及的"人格正义"与"社会正义"相若，而成为当下在立法、司法等环节最需要考虑的因素，也是当前立法公平的最集中要求和体现，且立法公平正义对司法公平正义具有前导性，因此，这其中"社会公平正义"的入法入规就显得更为紧迫。而这些层面的正义最终又追求的是"自然正义"以及"人与自然和谐相处的秩序"，在这一点上，西方政治哲学与我国当下所追求的终极目标有契合之处。参见徐龙飞《立法之路——本体形上法哲学与国家政治思想研究》（中册），商务印书馆2020年版，第636—637页。

[3] 以司法责任为例，目前有关司法责任认定或追究的司法文件不下50部，最高人民法院发布的文件包括《关于完善人民法院司法责任制的若干意见》《关于进一步全面落实司法责任制的实施意见》《关于深化司法责任制综合配套改革的实施意见》《法官惩戒程序规定（试行）》《进一步加强最高人民法院审判监督管理工作的意见（试行）》等，最高人民检察院发布的相关文件也包括《关于完善人民检察院司法责任制的若干意见》《关于建立法官、检察官惩戒制度的意见（试行）》《检察官惩戒工作程序规定（试行）》《人民检察院司法责任追究条例》等。

于人大及其常委会的立法主体来说，就缺少相应的追责机制设计。同样是公职人员，行使的都是国家权力，但在面临监督与责任承担的可能性上存在较大区别。这不符合当前"把权力装进制度的笼子"这一综合监督思路设计，对于立法主体的个体来说，其面临的监督与责任承担可能就更微乎其微，这对于保证立法的高质量和科学立法的有效实现十分不利。不能因为权力行使的集体性或决策性，就忽视对其监督和责任的设计。属于中央事权的司法事权尚且不断强化监督，作为有地方立法事权设计板块的立法事权序列更应该与行政事权一样，强化责任设计，以此才能更好地保障以党内监督为主导的党和国家监督体系的全面铺开、权威高效。

立法事权作为立法权中相对明确的权力行使集束与方向，代表着中央与立法在不同领域的行权侧重，但是如果这种权力被消极行使或不作为，则相应责任在目前权力监督体制中的缺位就使这种权力的违法或不当行使变得更为隐蔽，这就是立法事权不同于行政事权及其面临的监督与责任追究机制设计之处。对此，我们一方面要进一步发挥好立法事权在类型化事务治理中的积极引领功能，让立法事权的消极或不当行使面临相对直接的政治责任设计，另一方面需要通过这种惩戒机制教育好更多的立法事权主体，使其不再产生"翻新"的权力消极行使理念。相比行政事权的行使而言，立法事权面临的监督和所需承担的责任少之又少，这就必然造成立法的高质量发展无法及时成形，从而在源头影响地方经济社会的高质量发展，包括前文述及的重复立法，实际上也已经构成了对国家立法资源的严重浪费，需要以相应的政治责任判断标准来强化对官员问责机制的设计，以保证地方立法主体中的主要领导责任、重要领导责任等政治责任追究机制得以激活。

第五章 "立法事权"行使限度的样板分析

——以设区的市为例

"行使限度",实际上是从反面界定"立法事权"的配置与行使范围。一方面,"立法事权"逐渐集束化,使得地方立法权的落实呈现典型的方向化与规模化;另一方面,在每一类"立法事权"列举的"区块"内,该类立法事权配置趋势及其相应的内涵和外延又并非随意界定。在缺少有效的官方解释的情况下,地方立法事权必然经历从自发生成再到逐渐尝试,在经由省级人大常委会批准和其他备案审查主体不断调试压缩的情况下,合理确定不违反法律保留和上位法立法权限并且不重复立法的事权范围,而这一事权范围就成为"立法事权"的行使限度。从2023年《立法法》的修改趋势来看,设区的市立法事权这种列举式的风格已经慢慢坐实。设区的市立法事权必然要落脚在具体的地方立法事项,也就是"立法主体行使立法权力的大小幅度以及有权通过立法规范和调整的事项范围"[1],但这些事项具有典型性,之所以被先列举出来,与其在地方经济社会发展中的关键性与代表性不可分割。相比法律保留事项的细化,设区的市在立法事项上则显示出逐渐扩容的趋势。而且这种扩容不是像法律保留事项那样追求表述的精准性,而是在不断适应城市治理的实际需要。对于2023年《立法法》中在设区的市立法事项中增加的"基层治理",其实在

---

[1] 谢慧、宋智敏:《地方立法理论与实务》,知识产权出版社2023年版,第57页。

有些设区的市已经出现了相应的立法，如2021年3月经山西省人大常委会批准的《太原市城乡社区治理促进条例》，其中一方面提到该条例适用于本市行政区域内城乡社区建设、治理、服务等活动，另一方面对城乡社区治理进行了界定。其中该条例的第二章"社区建设"倾向于属于"城乡建设与管理"，而"社区治理"则倾向于属于目前新增加的"基层治理"，类似于"社会管理""社会矛盾和纠纷的解决"。南京市甚至在2020年12月还通过了《南京市社会治理促进条例》，其第二条强调包括政治安全维护、矛盾纠纷化解、社会治安防控、公共安全保障、基层社会治理及其监督管理在内的活动属于社会治理的外延。2023年6月1日《延安市农村集体聚餐食品安全管理条例》得以施行，其上位法表述为《中华人民共和国食品安全法》和《中华人民共和国食品安全法实施条例》，这种立法本身涉及"农村集体聚餐""食品安全管理"两个关键词，实际上分别对应"基层治理""城乡建设与管理"，既具有一定的社会性，又具有一定的技术性，这种立法实际上也反映了未来设区的市地方立法在立法权行使上的一种趋势。在2023年《立法法》于设区的市立法权限中增设了"基层治理"之后，以"文明行为促进"为代表的各种地方立法，愈发显现出"基层治理"与"城乡建设与管理"的综合特征，如2023年7月1日起施行的《三亚市文明行为促进条例》在第二条"体制机制"方面对"社会协同推进""群众共同参与"的规定，其第十条、第十一条和第十二条分别对"社区""社会组织""行业组织"的参与方式的规定，而其第十四条第三款"重点治理清单"的监管规定及联合执法，则更类似于"城乡建设管理"类的立法。因此，这里就涉及"地方性事务"的界定，是否应在中央立法保留事项之外，将与地方实际紧密联系且具有地方差异性的事项，均可以理解为地方性事务，以给广泛存在的地方创制性立法提供合法性依据，[1] 值得考量。

---

[1] 参见金黎钢《地方性法规创制空间及其合法性研究——基于警察事务立法之考察》，上海人民出版社2019年版，第172页。

有学者甚至主张，凡是中央与地方立法共享的立法事项，尽可能将其解释为"地方性事务"。同时，中央立法保留事项中包含了很多不确定法律概念，也可在尊重地方差异性基础上作尽可能为地方保留立法空间的解释。①

一 地方立法事权行使限度的确定机制
——以设区的市为例

就地方立法事权行使范围来说，中央一级或省级的地方立法面对的限制相对较小，省级立法主要面对的是法律保留或行政法规保留事项，而设区的市作为低级别立法主体，应成为研究立法事权确定范围的首要对象。对其来说，不论是立法权、行政权或财权，都相对有限，一方面要突出行使立法事权的紧要性，突出轻重缓急，另一方面要不断拓新，防止出现立法上的漏项，而对中央立法而言，则需要在立法中尊重地方在"最后一公里"方面的立法事权行使空间，保持"谦抑"。省级立法作为涵盖创制性立法或先行性立法的重要立法层级，其立法事权范围主要取决于在"上承下达"方面，做好立法的"枢纽"，既不盲目扩权（力）、限权（利），也不对设区的市的"最后一公里"式的立法产生不适当限制。因此，设区的市立法事权的逐项确定就成为反方面确定各级立法事权机制中的重点。

（一）对地方立法事权中的新概念准确界定——以"生态文明建设"为例

1. "生态文明建设"地方立法事权概念表述变化的背景

2023年修改的《立法法》将"环境保护"改为"生态文明建设"。这一方面源于"环境保护"方面省级立法和市级立法到目前已经积累得较为丰富，经过几年的地方立法训练，地方立法的能力已得

---

① 参见章剑生《论地方差异性立法及其限定》，《法学评论》2023年第2期。

到明显提升，此时进一步适度扩大地方立法权能够在保证法制统一的基础上最大限度回应地方立法的迫切需求，弥补中央立法不能涵盖规制"最后一公里"之不足，通过地方立法为地方生态文明建设提供针对性的保障。另一方面，"生态文明"作为我国"五位一体"总体战略的重要组成部分，也于2018年正式被写入现行宪法。随着"环境"概念的升级扩大，将生态文明建设领域能及的立法权限作为带动地方环境立法的外延扩充的动力，无疑为地方生态文明建设升级提供突破口，同时适于实现《立法法》第五十五条所言及的"增强立法的系统性、整体性、协同性"。但"生态文明建设"之于"环境保护"的内涵与外延的扩容，仍需首先以环境法为核心，尽可能兼容环境法、自然资源法等领域的主要内容，回应了党的二十大报告中提及的"不断提高""系统思维"。2021年10月习近平主席在《生物多样性公约》第十五次缔约方大会领导人峰会上发表主旨讲话时，对"以生态文明建设为引领，协调人与自然关系"做了重点强调。[①] 生态文明建设立法作为实现人与人、人与社会和谐共生、全面可持续发展科学实践的法治保障手段受到了长足重视。2023年3月《立法法》正是在国家政策成熟和前期相关立法丰富的基础上，进一步将设区的市相关权限拓展为"生态文明建设"立法权。但这种《立法法》中新生概念的界定，还必须考虑宪法的相关规定与精神。现行宪法第九条第二款及第二十六条是有关环境立法，前者是关于国家对自然资源的保护，而后者则规定了国家保护和改善生活环境和生态环境。《环境保护法》继续在我国宪法关于"环境"的宏观表述上，将其涵盖为自然环境和人居环境两个方面。

  从学界的探讨来看，以王锴为代表的宪法学者在讨论环境法典的范围界定时，大多数认为城乡规划、城市景观、文物保护、名胜古迹等与居住环境相关的法律属于行政法范畴，并且认为居住环境与人类

---

① 习近平：《共同构建地球生命共同体——在〈生物多样性公约〉第十五次缔约方大会领导人峰会上的主旨讲话》，http://www.qstheory.cn/yaowen/2021-10/12/c_1127949118.htm，访问日期：2023年6月6日。

的生存利益紧密相连，而生态环境法律保护的是环境的存续利益。[①]二者有明显区别，因此不属于环境法体系。如果采取宏观的环境法定义[②]，是对环境法的无限扩大，万事万物都处于环境之中，环境法就成为了包罗万象的"大"法，这显然不符合现阶段立法针对性和专门性的现实需要。生态文明建设立法不等同于环境法，但"一刀切"地将居住环境排除在生态文明建设立法之外的做法也不合适。秦天宝教授形象地将环境法体系比喻为"大厦"，根据对边缘法能否以传统的部门法学理论解释适用作为衡量标准，其他边缘法与环境法可分别被视为"基底层""中坚层"和"高瞻层"。[③] 这一类比，对于界定生态文明立法研究范围有助益。升级后的"生态文明立法"与"大厦"中的"中坚层"有所呼应，生态文明立法不仅将"基底层"——传统环境法律部门的强调防治污染的要旨包括在内，生态文明建设立法则更加注重生态系统保护和可持续发展，着重于促进人与自然和谐共生，推进绿色、低碳、循环、可持续发展。生态文明建设立法止于"大厦"的"中坚层"，即能够通过对传统部门解释和规范改造来应对立法的需求。除此之外，"生态文明建设"穿插在各个部门法当中，各部门法都或多或少地围绕着生态文明建设法的立法目的而进行立改废释，这便是"高瞻层"，本身不属于生态文明建设立法的范畴。但在未来"环境法典"的编纂过程中也会产生一定的影响。

2. 生态文明建设立法事权概念涵盖的范围

生态文明立法不仅涉及大气污染防治、水污染防治、固体废物污染、环境防治等传统的环境法部门的应有内容，解决如何遏制和减少环境污染的发生与影响，的问题，处理好环境污染的废物和污染源，还囊括自然资源的保护和可持续利用等内容，如森林、水资源、草

[①] 王锴：《环境法典编纂的宪法基础》，《法学评论》2022年第5期。

[②] 有学者认为环境法律体系按内容划分主要包括三大部分：一是污染防治法，二是自然资源管理和保护法，三是生态保护法。吕忠梅：《环境法典编纂方法论：可持续发展价值目标及其实现》，《政法论坛》2022年第2期。

[③] 参见秦天宝《习近平法治思想关于生态文明建设法治保障的重要论述：整体系统观的视角》，《政法论坛》2022年第5期。

原、土地等自然资源的保护和利用，以及生态系统的保护和修复，后者意在保护生态系统的完整性和稳定性，促进自然资源的可持续利用和循环利用。生态文明建设与城市乡村生活环境密不可分，符合实现人与自然和谐发展的立法目的，因此从广义上来说，市容市貌和绿化建设也应被归属于生态文明建设的范畴。从现有地方立法的整体情况中不难发现，城市乡村市容市貌、绿化建设类立法占比居高，且近几年该类立法数量增长趋势迅猛，这类立法对于生态文明建设规律的研究不可或缺。绿化建设、市容市貌、生态农业等立法与人类生活生产关系密切，同时属于能够推动人与自然关系和谐发展的规则建构，在某种程度上其立法保护客体也可被扩大解释为"环境的存续利益"，属于"生态文明建设"的外围内容。但相比之下，旅游等领域的立法则更注重经济目的，环境保护对旅游来说不是其主要立法目的，但是新时代旅游的领域立法对环境保护的内容也涉及较多，因此，旅游领域立法能够被归属于生态文明建设的辐射（层）范围，而非生态文明建设立法包含的范围。[①]

3. 对地方"生态文明建设"相关立法的内涵分析

我们以"京津冀"、"长三角"、山东省、四川省、广东省和海南省等为例来展开对比分析。之所以作出上述选择，一方面是考虑到涵盖全国区域协同立法的典型区域，另一方面还涉及东部、西部的不同典型省份。北京市涉及生态环境领域的地方性法规大体涉及机动车和非道路移动机械排放污染防治、水污染防治、危险废物污染环境防治、野生动物保护、水土保持、湿地保护、生态涵养区生态保护和绿色发展、河湖保护管理、公园管理、绿化、实验动物管理和动物防

[①] 举例而言，就中央立法来说，例如《大气污染防治法》《水污染防治法》、《噪声污染防治法》、《固体废物污染环境防治法》《放射性污染防治法》《自然保护区条例》。这些法律主要关注的是环境污染的防治，旨在保护环境和生态系统的健康。这些法律主要涉及大气污染防治、水污染防治、环境噪声污染防治、固体废物污染环境防治和放射性污染防治等方面。这些传统环境法关注的内容是生态文明建设立法的核心内容。《森林法》《草原法》《资源税法》等法律主要侧重自然资源保护和可持续利用等方面，是生态文明建设立法的外围内容。

疫。天津市有关生态环境保护的立法主要包括生活垃圾管理、禁止燃放烟花爆竹、海洋环境保护与海域使用管理、机动车和非道路移动器械排放污染防治、野生动物保护、土壤污染防治、生态环境保护、环境教育、动物防疫、绿化、义务植树、划定永久性保护生态区域、滨海新区与中心城区中间地带规划管控建设绿色生态屏障、公园管理、绿色生态屏障管控地区管理、农作物秸秆综合利用和露天焚烧、湿地保护等。同为直辖市，且在地理区域上临近，但两者在地方生态环境领域方面的立法区别是明显的，比如天津对于划定生态区域、生态屏障管控地区管理、环境教育的特别规定，虽然有些立法是以决定的形式出台。北京市的生态涵养区生态保护和绿色发展有相近功效。两者的共性也比较明显，比如机动车和非道路移动器械排放污染防治方面两地都有相应立法，这实际上是践行"京津冀"在实际的环保实践中协同立法的思想，①天津市、北京市和河北省都是在2020年1月先后通过同类立法，且都在2020年5月1日实施。而在2017年《京津冀人大立法项目协同办法》分别经京津冀三地人大常委会主任会议通过。而在河北省，除了其省级的立法外，其设区的市利用被授予的立法权在河湖保护、海岸线保护、集中式饮用水水源地保护、景区保护等方面也有较为特色的立法尝试。

相比"京津冀"，"长三角"的沪苏浙则是在生态绿色一体化发展示范区这种高质量发展形态上发力，先后于2020年9月24日和2020年9月25日通过《关于促进和保障长三角生态绿色一体化发展示范区建设若干问题的决定》，规定了示范区建设的指导思想、适用范围、理事会相关职责、执委会相关职责、授权条款和政府及部门支持与法治保障等内容，并且充分体现了既有统一条款又有差异的互补

---

① 三地通过建立京津冀排放超标车辆信息平台，将执行标准、排放检测、违法情况等信息共享，可实现对排放超标车辆协同监管。参见蒲晓磊《京津冀诞生全国首部区域协同立法 为省级层面区域协同立法提供制度范本》，https://m.gmw.cn/baijia/2020-02/04/33523644.html，访问日期：2023年6月18日。

型立法之高级协同立法形态。①

在生态环境保护的重镇海南省，其特色的生态环境立法主要包括红树林保护、古树名木保护、沿海防护林建设与保护、热带雨林国家公园管理、"河长制"与"湖长制"、城镇园林绿化、特殊水库的生态环境保护、特殊河流生态环境保护、限制生产运输销售储存使用一次性塑料制品等领域。海南省下辖的海口市、三亚市、三沙市的相应生态环境立法则包括公园管理、城镇园林绿化、古树名木保护、湾长制、城市环境卫生管理、城市绿线管理、烟花爆竹燃放安全管理、特殊动物公园保护管理、山体保护、西沙群岛海龟保护等。可见，根据城市生态环境保护侧重点和特色的不同，市级立法与省级立法可有交叠的立法领域。省级立法本来就没有相对固定的立法事权范围，有时承担的是"补上（位法）之缺""启下（位法）之智"的"承上启下"之功能。但对于城市来讲，其特殊的立法需求很可能被省级（立法）所忽视。在2015年有些设区的市没有立法权之前，省级人大常委会会专门考虑为这些地方制定省级立法，以实现对其特殊地域的环境保护或历史文化保护任务。②但设区的市在获得立法权之后，对自己立法的事项，必然要考虑相应的执法（需求），即行政事权的运行，而此时财力保障的问题就变得较为突出，因此，在"量（财）力"的基础上考虑"小切口""短平快"的可操作立法，才是当前设区的市在包括生态环境保护的诸多领域应该重点关注的问题。

在生态文明建设立法方面，广东省面临着其他地方面对的同样挑战，涉及资金和技术限制、管理体制和机制不完善、对环境问题认识

---

① 参见丁伟主编《上海地方立法蓝皮书（2020）》，上海人民出版社2021年版，第154—155页。

② 比如河南省人大常委会为开封城墙保护制定的《河南省开封城墙保护条例》于2010年10月1日施行。10年后，开封市人大常委会制定《开封古城保护条例》，河南省人大常委会批准后于2021年1月1日起施行。其中也谈到"城墙"保护，但前述河南省级地方性法规并没有被废止。此外，河南省人大常委会2001年还制定了《河南省安阳殷墟保护管理条例》，2021年废止了该条例，取而代之以《河南省安阳殷墟保护条例》。2010年1月1日实行的《河南省信阳南湾水库饮用水水源保护条例》则是专门为某一水库"订制"的省级环境保护立法，2018年该条例又被河南省人大常委会修正。

不足、(立法导致的)利益冲突和(对立法的)抵触情绪等多方面的原因。但是，广东省及其所辖设区的市也积极抓住立法机遇，充分结合本地特色，出台了具有地方特色的生态文明建设立法。例如，广州市在城市园林绿化等方面制定了一系列法规，提升城市绿化覆盖率；深圳市在出租车电动化、太阳能热水器推广等方面，也出台了相关的生态文明建设立法。总体而言，广东省作为经济发达省份在生态文明建设立法方面取得积极进展，但其不同地市立法之间还存在一定差距，需要加强合作与协调，共同推进生态文明建设。广东省在省一级共颁布了30部关于生态文明建设的立法，市一级立法中深圳市作为经济特区，以25部的数量领跑全国，其次是广州市、珠海市、汕头市均有10部以上的生态文明建设立法文件。其他地市相对数量较少，基本在5部上下。

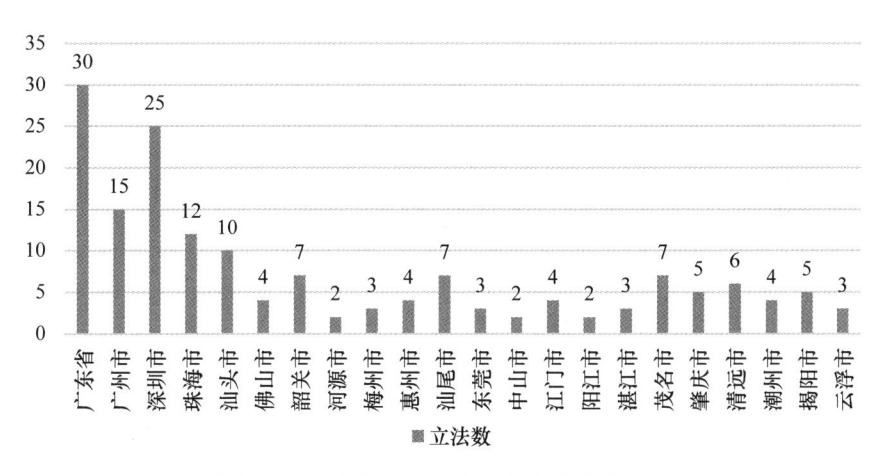

图 5-1 广东省设区的市生态文明建设立法

从立法关涉领域来看，立法数量最多的是生态环境保护类立法。生态环境保护类立法涉及自然资源、生态多样性、特殊区域保护。广东省的立法这几方面均有涉及，特别引人关注的是有关森林保护的立法，可以说广东省在此领域的立法自成一体。其中，省一级的立法包括封山育林、森林防火、森林公园、城市绿化等条例。广东省下辖设区的市一级立法则包括：广州市水源涵养林、珠海市园林绿化、汕头市城市绿化、梅州市森林火源管理、茂名市森林防火联防等立法，从林木的管理、经营、防火等多向度保护森林资源，促进生态文明建设，虽然其具体条款和立法目的会有区别，但体系化的林木法律立法模式对于加强广东本省的森林资源保护，同时在为其他领域的生态文明建设提供样板方面具有重要意义。

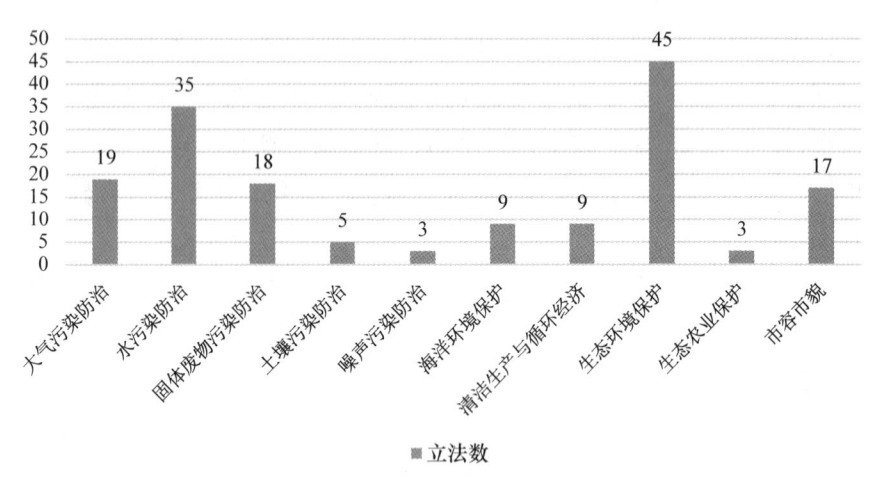

领域	立法数
大气污染防治	19
水污染防治	35
固体废物污染防治	18
土壤污染防治	5
噪声污染防治	3
海洋环境保护	9
清洁生产与循环经济	9
生态环境保护	45
生态农业保护	3
市容市貌	17

图 5-2 广东省生态文明建设立法领域分布

截至 2023 年 5 月，山东省共颁布 62 部有关生态文明建设的立法。济南市作为省会城市，以 32 部的立法数量位居第一，其次分别是青岛市和淄博市，① 在此之外，其他设区的市立法数基本上均在 10 部上下，明显低于前三者。通过查询可以发现，淄博市在山东省内 GDP 排名在过往两年均在第七位，而其立法却位居第三，其相关数量对比关系值得反思，而通过观察其立法内容则可以发现，其在一些可以体现地方特色的领域，大多把握住了立法"机遇"，尤其是颁布了具有地方特色的生态文明建设立法。

---

① 青岛市和淄博市都属于经国务院批准的较大的市，其中青岛市属于 1984 年 12 月第一批被批准的"较大的市"，而淄博市属于 1992 年 7 月第三批被批准的"较大的市"。

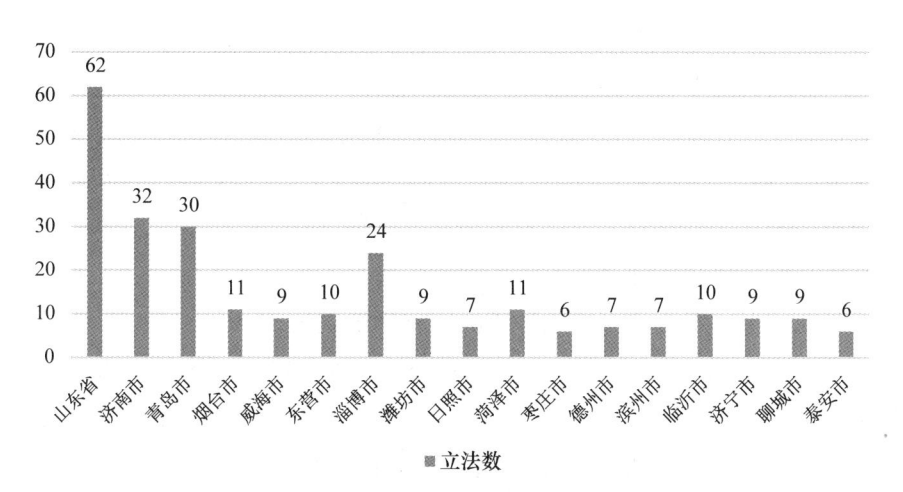

图 5-3 山东省设区的市生态文明建设立法

山东省内现行有效的生态文明建设的最早立法是 1989 年颁布的《青岛市古树名木保护管理办法》，其次是在 1996 年有一次突出的"立法数量峰值"，而后一直趋于平静，直到经 2015 年《立法法》赋权设区的市立法权之后的 2016 年，市级立法呈现出"井喷"之势，其设区的市立法数量连续保持在每年 20 部以上。

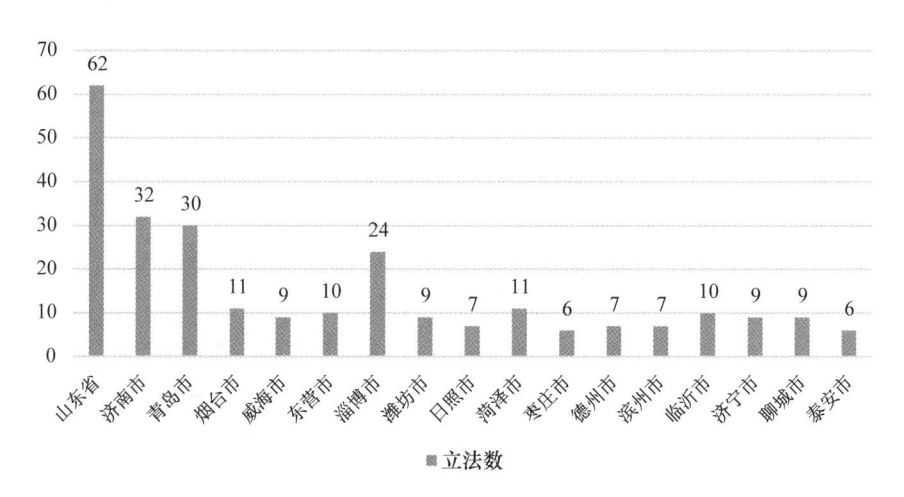

图 5-4 山东省生态文明建设立法领域分布

山东省关于水污染防治的立法数量最多,也最全面。在这一点上,有些省市和山东的情况相同,究其原因一方面是该地的水体众多,另一方面是立法者对水污染防治的重视。《中华人民共和国水污染防治法》自 1984 年 5 月 11 日公布,1989 年《中华人民共和国水污染防治法实施细则》及一系列与此有关的法律、行政法规、部门规章等相继出台。因此,山东省水污染防治有关的立法不论是在数量上还是在质量上都远高于其他种类的地方环境立法。

四川省享有生态文明建设地方性法规制定权的主体包括省一级和十八个设区的市以及三个自治州。截至 2022 年底,经上述主体颁布且仍属有效的涉及生态文明建设的地方生态文明建设立法共计 107 部,其中省级地方性法规有 30 部,设区的市地方性法规 57 部,自治州地方性法规 20 部。如上所述,除去省级地方性法规有 30 部,余下共计 77 部地方性法规,而在 18 个地级市以及 3 个自治州中,仅成都市就独占 19 部,约 24.7%。位于成都市之后的为阿坝藏族羌族自治州以及凉山彝族自治州,各有 8 部,攀枝花市和甘孜藏族自治州分别各有 5 部和 4 部,其余地市均在 2 部左右。具体数据如图 5-5 所示。

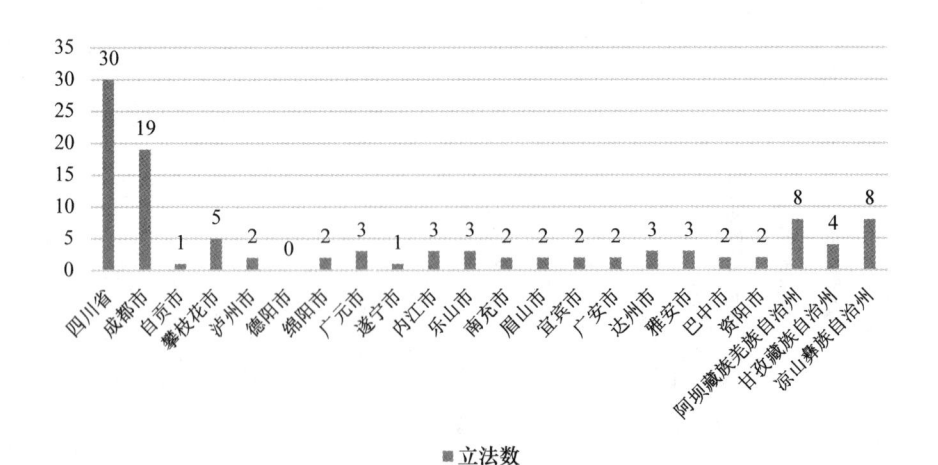

图 5-5 四川省设区的市生态文明建设立法

从地方生态文明建设立法覆盖环境保护的领域上看,四川省各级地方立法内容共涉及生态文明建设的 11 个领域,其基本分布情况如图 5-6 所示。

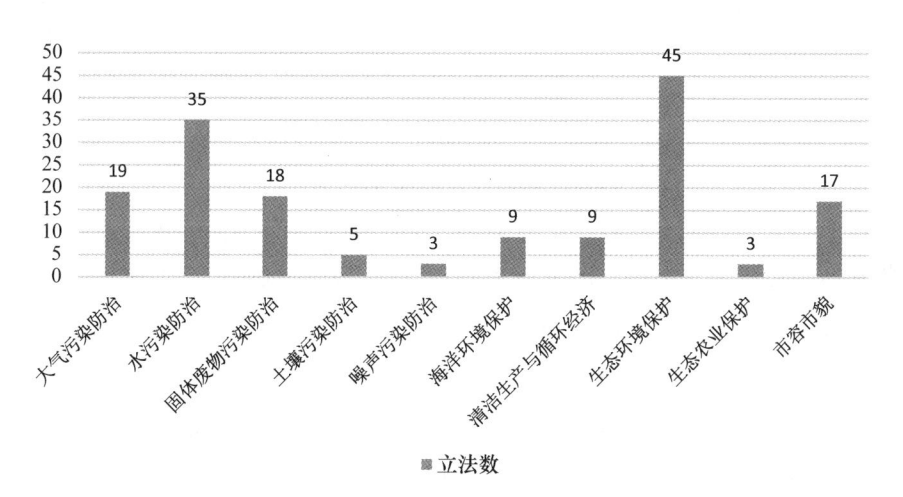

图 5-6 四川省生态文明建设立法领域分布

柱状图数据:
- 大气污染防治:19
- 水污染防治:35
- 固体废物污染防治:18
- 土壤污染防治:5
- 噪声污染防治:3
- 海洋环境保护:9
- 清洁生产与循环经济:9
- 生态环境保护:45
- 生态农业保护:3
- 市容市貌:17

由图 5-6 可知,四川省的生态文明建设立法占比数量最多的领域为水污染防治、生态环境保护和市容市貌三个方面,其中前两个方面的立法数量占比较多,各有 35 部,均占总体的 32.7%,除此之外的核辐射与安全、清洁生产与循环经济、生态环境标准管理与环境影响评价和生态农业保护均只有一部立法,由此可见,该省各地所覆盖的生态文明建设的领域立法极不均衡。从地方生态文明建设立法活跃程度上看,除成都市以及三个自治州外,绝大多数设区的市的立法活跃程度较低,甚至极个别地市完全未开展生态文明建设立法,如德阳市。

而值得一提的是四川省的生态文明立法注重立法质量,独具地方特色。就水污染防治所创设的 35 部地方性法规而言,其中有 10 部属于省级立法,除了《四川省城镇排水与污水处理条例》、《四川省饮用水水源保护管理条例》以及《四川省城市供水条例》等在其他省份也经常见到的类似立法外,四川省结合其地方特色,开展了一系列具有地方特色的生态文明建设立法。四川省作为长江上游省份，其为了保护水源，专门制定的《四川省长江水源涵养保护条例》《四川省沱江流域水环境保护条例》也体现了较强的地方特色。在设区的市及自治州立法层面，具有地方特色的地方生态文明建设代表性立法有《攀枝花市观音岩引水工程管理规定》《雅安市村级河（湖）长制条例》《凉山彝族自治州邛海保护条例》等。

从地方生态文明建设立法是否具备创新性来看，如考察下位立法在创设过程中是否具有上位法依据，我们得出如下判断：如果整部法律的创制均不具备现有的上位法作为参考，我们即可将其归结为整体型创制，这种创新可被归为深度创新，但这种立法相对少见，其创设也需要具有独特的历史、文化、风貌等背景，且往往会因为某地特有的现状而产生。与之相对应，如果地方立法主体所创制的法律文本已有上位法可作为依据或参考时，这种情形则可被称为部分型创制，这种立法是结合当地特色而对上位法进行的有限的创新，其创新程度虽不及整体型创制高，但却是实际中较为常见的情形[①]。当然，对于部分型创制还可以继续进行划分，依据下位法内容是否在上位法中有直接对应的立法文本，以及是否是对尚未立法文本进行内容上的"添附"而得出地方立法，我们又可以将下位法的创新分为独立型创新和依附型创新[②]。

以《四川省饮用水水源保护管理条例》为例，其直接的上位法为《中华人民共和国水污染防治法》和《中华人民共和国水法》，显然已不是整体型创新，继续深入研究其条文后发现，本法第六章法律责任共有十一条规定，除去第三十六条和第四十六条为原则性的规定外，其余诸条均有不同程度的创新（参见表5-1）。

[①] 曹瀚予：《创制性立法的判定标准及方法探讨——兼论地方立法的分类》，《学术交流》2020年第4期。

[②] 俞祺：《重复、细化还是创制：中国地方立法与上位法关系考察》，《政治与法律》2017年第9期。

表 5-1　　四川省饮用水水源保护立法与中央立法的个别对比

《四川省饮用水水源保护管理条例》	《中华人民共和国水污染防治法》	《中华人民共和国水法》
第三十七条	第六十三条	无
第三十八条	第八十四条	无
第三十九条	第八十五条	无
第四十条	无	无
第四十一条	第八十五条	无
第四十二条	第八十五条	无
第四十三条	第九十二条	无
第四十四条	第九十三条	无
第四十五条	无	无

如表5-1所示，第四十条以及第四十五条均未在其上位法中找到对应的依据，可将其归属于独立型创制，并对受其规制的主体科以全新的责任和义务。再如第三十七条规定"……擅自改变、破坏饮用水水源保护区地理界标……由县级以上地方人民政府生态环境主管部门责令……"，便可在《中华人民共和国水污染防治法》第六十三条中找到其依据，即"有关地方人民政府应当在饮用水水源保护区的边界设立明确的地理界标和明显的警示标志"。但对于第三十七条后部的法律责任则并未找到对应的依据，由此可见，其属于依附型创新，且同样创设了新的义务。再如第三十八条以及第四十三条，均对违反本条例规定的行为施加了一定的责任——罚款，但相较于上位法的规定，其初始罚款金额均进行了一定程度的增加，具体而言，第三十八条规定"……处二十万元以上五十万元以下的罚款……"，但其上位法则规定"……处十万元以上五十万元以下的罚款……"，等等。

从以上各省及其设区的市立法的具体状况来看，要想准确确定

"生态文明建设"的外延，并非易事，但可以鼓励各地在宪法精神和现有环境保护立法基础上创新，这也是各地应有的立法态度，有些地方结合地方实际特点开展有益的立法拓展，① 其实正是此次立法法在设区的市立法权限拓展上想要表达的"潜台词"。

立法总不可避免地具有一定的局限性和滞后性，为了弥补此类缺陷，就有必要通过持续的修改或解释立法，以期不断接近科学立法的需求。就生态文明建设领域的立法来说，地方经济社会发展与环境保护要求矛盾的凸显，这就需要进一步提高环境保护法规的针对性和有效性。从整体看，截至 2022 年，山东省与生态文明建设立法相关的法律共计 185 部，其中共有 78 部进行过修订，占总数的 42.2%；广东省与生态文明建设立法相关的法律共计 165 部，其中共有 86 部进行过修订，占总数的 52.2%；四川省与生态文明建设立法相关的立法共计 109 部，其中共有 33 部进行过修订，占总数的 30.3%。如果以年为修改周期的观察单位，即可得出图 5-7。

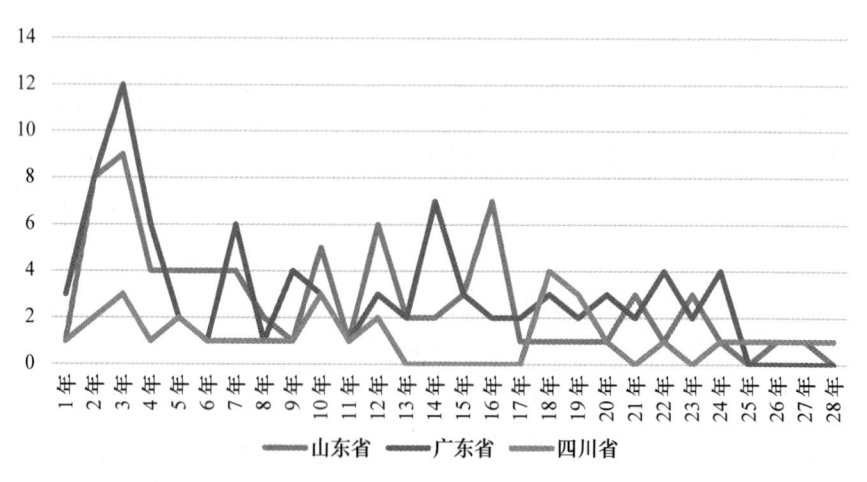

图 5-7 山东、广东、四川三省立法修改数量对比

---

① 比如前文提到的 2022 年 5 月 1 日施行的《德宏傣族景颇族自治州芒市城中田园保护条例》就是典型的符合生态文明建设立法趋向的特色立法，其对"城中田园"的法律定义为"城中范围内的永久基本农田、一般耕地、园地、水域水系、树木植被等元素构成的生态田园"，符合"山水林田湖生命共同体"的生态文明建设思路。

由图 5-7 可知，从新法公布后到初次修改间隔为 3 年的居多，除此之外并不具有一定的确定性，甚至出现有一些立法直至施行二十余年后才修改，一方面这些立法过长时间不进行评估，另一方面也不进行必要修改，从而导致了这些立法文本在科学性上"欠账过多"。除此之外，经过计算可以得出，以上三省中公布后有修改的立法，其平均修改时间间隔分别为 10.73 年、10.66 年和 12.85 年。同样不可忽视的事实是，到目前为止已经公布超 10 年仍未经修改的地方立法仍有很多。环境问题具有复杂性、多样性甚至多变性，各地面临的环境难题也不尽相同。因此，地方立法尤其需要结合本地气候、土壤、水文等状况进行"科学"修改。当然，立法的修改频率取决于很多因素，包括立法的复杂程度、立法机关的工作效率、社会经济发展的速度以及环境问题的紧迫性等。

以环境保护为代表的生态文明建设问题是一个变化迅速的领域，相应的生态文明建设立法也需要及时跟进和变更，否则会造成诸多执法和司法领域的问题。在实践中，立法变更的速度应尽可能及时，但也需要充分考虑立法程序、公众参与和利益相关方的意见等因素，确保立法的科学性。

我国的现行有效地方环境保护立法主要是在传统的立法思路下进行，虽然也有一些新的领域立法和个别地方的尝试，但整体上看，仍然缺乏创新性，过分强调了其地方立法对上位法的对应性，而可能忽略了当地环境保护的现实需求。《立法法》于 2015 年修订时赋予了各设区的市地方立法权，其本来的立法目的在于使各地区的立法机关能够根据当地的经济、社会、文化等特点，制定符合当地实际的、具有更高的针对性和可操作性的法规，从而有效地解决一些在当地存在的但中央立法却无法个别处理或者不宜处理的问题。[①] 但在立法实践中，确实存在着无视地方环境立法的区域性特征而大量进行重复立法，以致浪费地方立法资源。

---

① 周旺生：《关于地方立法的几个理论问题》，《行政法学研究》1994 年第 4 期。

山东省作为一个拥有着庞大人口和广阔土地的省份，山东省的各个地区，无论是经济发展水平还是生态环境情况，都各具特色，但各地区之间的生态环境问题也存在较大的差异。山东省各设区的市生态文明建设立法对这些差异性没有给予足够重视。山东省现行有效的地方环境立法主要是在原有的生态文明建设立法框架下进行，虽然也有一些新的领域立法和其他的尝试，但整体上看，仍然缺乏创新性。诸多设区的市生态文明建设立法在立法过程中，缺乏对本地特色的认识，所包含的规定较为笼统，缺乏对特定地区特殊立法需求的考虑。例如，《曲阜市水源保护条例》的制定是为了加强对曲阜市水源的保护，防止水源受到污染和破坏，从而保障当地居民的生活和健康。然而，在该法被制定时，立法主体没有充分考虑到当地的实际情况和特殊需求，甚至对当地发展造成一定限制。比如，一方面，该法规定了禁止在水源保护区域内进行砂石采挖、开垦荒地、植树造林等活动，严格限制水源保护区内的农业和畜牧业发展。这些规定虽在一定程度上保护了水源的纯净和用水安全，但也对当地农村经济的发展造成了一定影响。农业和畜牧业是曲阜市的传统优势产业，其受到限制导致当地农民的生计都受到影响。另一方面，该地方立法规定了对水源保护区域内的建设项目严格审批和管理，要求建设项目必须符合环保要求和水源保护区规划要求，严格控制污染物排放。这些规定有利于保护水源的安全和可持续性，但也可能会对当地的城市建设造成不同程度的限制。

在环境保护的立法实践中，地方立法存在着大量"立法重复"现象。学界将其划分为"必要重复"与"非必要重复"。"必要重复"是指下位法为了维护法律系统的一致性，对上位法原则与目的的重复，特别是对一般条款的重复，例如立法目的、范围、原则、概念解释、行为模式、法律后果、实施日期、废止条款等。[1] "非必要重复"则可能表现为照抄上位法或者在立法态度上的懈怠。"立法抄袭"是

---

[1] 汪全胜：《立法研究后评估》，人民出版社2012年版，第231页。

地方立法机构在立法过程中,在规定法律条款内容时,复制上位法或类似法,或仅对少数没有实际作用的词语进行修改,① "立法懈怠"是指以法律条文形式上的完整为目的而进行的一种结构和框架的重复。我国《环境保护法》与大气、水、固体废弃物和噪声等其他污染防治法律条款的重合度超过30%②。一些省的环境保护领域的地方性法规,照搬照抄上位法条款居多,不仅存在省级立法照抄中央立法的现象,同时还存在设区的市地方立法照搬省级立法的现象。以山东省曲阜市为例,其《曲阜市环境保护条例》的许多条款与山东省政府颁布的《山东省环境保护条例》大同小异,仅对某些条款及处罚方式进行了个别修改。山东省其他地区的环保立法中也存在着类似现象,这样的立法重复无疑在造成立法资源浪费的同时,加剧了下位法在适用中"无足轻重"的情形。

通过对我国地方环境保护立法的数量统计,不难看出,全国各地的环保法规内容基本涵盖了各个方面,而且在立法范围和立法主题方面都有所扩展,环境污染防治、生态环境和自然资源保护仍然是我国现行环境保护法律体系的主要内容。但从整体上来看,环境立法发展并不均衡。在我国城乡环保法规中,绝大多数都集中在城市环境保护方面,其重点大多放在了城市生活垃圾的治理方面,而对农村地区的环境保护却相对较少涉及。2019年习近平总书记曾在《推进我国生态文明建设迈上新台阶》中指出,"重污染天气、黑臭水体、垃圾围城、农村环境已成为民心之痛、民生之患,严重影响人民群众生产生活,老百姓意见大、怨言多,甚至成为诱发社会不稳定的重要因素,必须下大气力解决好这些问题。"③

从立法时间来看,《广东省农村环境卫生条例》是我国地方立法中第一部关于农村环境的法律法规,其于1995年颁布实施,该条例主要涉及农村环境的污染防治、垃圾处理、卫生设施建设和管理、动

---

① 孙波:《试论地方立法"抄袭"》,《法商研究》2007年第5期。
② 吕忠梅:《中国环境法典的编纂条件及基本定位》,《当代法学》2021年第6期。
③ 习近平:《推动我国生态文明建设迈上新台阶》,《奋斗》2019年第3期。

植物防疫等方面内容。该立法特别关注了农村垃圾处理的问题。但对比城市环境卫生立法其制定时间上的延后性就相对明显。在1982年，城乡建设环境保护部就制定了《城市市容环境卫生管理条例》，1985年《石家庄市城市市容和环境卫生管理条例》是全国第一部城市市容卫生方面的立法。从全国范围来看，这种趋势表现也较为明显。从数量上看，根据国家统计局2022年粮食产量数据的公告[①]，黑龙江、河南、山东三省在耕种面积、总产量方面位居三强。在农业发展方面，此三省以其得天独厚的优势为基础。但在乡村的环境保护问题上，发现此三省城乡环保立法差距明显。在立法领域，环境立法涉及大量的城市市容、环境卫生条例，但农村环境卫生的立法相对较少。在上述三个农业大省中，城市市容环境卫生的地方立法共有21部，其中，黑龙江制定5部，河南制定了14部，山东制定了3部，但涉及农村环境卫生的仅有三部，分别是《濮阳市农村生活垃圾治理条例》《哈尔滨市城乡容貌和环境卫生条例》《德州市城乡容貌和环境卫生管理条例》立法，农业大省尚且如此，说明农村环境保护在立法中不受重视。

从立法内容上看，城市和农村之间的差距也悬殊较大。城市环境立法则更多强调的高标准的美观感受的要求，农村则更多关注农业领域和经济的"基本环境建设型"立法。一些地方立法更多地反映的是城市的需要而不是相对欠发达的农村地区环境保护的需要。在综合性环境法规中，以《厦门市环境保护条例》为代表的城市环境保护条例延续了较大的市城市环境保护立法风格上的综合性，而以《宜宾市农村生活环境保护条例》为代表的农村环境保护条例以农村生活环境保护为目的，实质立法侧重偏向农村环境卫生管理。在固体废物污染防治问题上，城市立法更加细分，包括建筑垃圾管理、厨余废物管理、生活垃圾管理等方面的立法，而农村在法律项目的设置比较笼统地规

[①] 参见《国家统计局关于2022年粮食产量数据的公告》，www.stats.gov.cn/sj/zxfb/202302/t20230203_1901673.html，访问日期：2023年6月5日。

定了一些城乡生活垃圾管理条例。农村固体废物污染防治立法中有特色的是农业养殖废物管理条例。立法内容异同除了客观需要之外，立法机构的立场与选择也会对其产生一定的影响。

2015年修改的《环境保护法》，从某种意义上说，是对环境法制度的一种整体修改导向的布局与把控。但是，作为一部综合性的环境法，它在我国的法律制度中的作用定位，仍然没有得到一个相对清晰的界定。从立法过程来看，由于《环境保护法》在制定时间上先于环境单行法，但未能在立法技术上作出安排，导致环境单行法未受《环境保护法》的有效约束。[①] 就立法地位而言，《环境保护法》由全国人大常委会审议通过，并非立法意义上的基本法律，与各环境单行法处于同等位阶，在环境法体系中不能算是上位法，而只能是与其他环境单行法并列的一部法律。有学者主张应当将《环境保护法》作为基本法，整个环境法体系应该是围绕着《环境保护法》这个基本法展开，一系列的单行法律如《水污染防治法》《大气污染防治法》等法律的制定应该以基本法为遵循，不得相抵触。在我国环境立法体系和立法观念中，环境法不是一个独立的子系统，而是行政法、经济法两个部门交叉，且多以环境要素为基础分别立法，[②] 环境法各个法律之间位阶不明，法律部门之间不够衔接紧密，这是环境法不成体系的滥觞。由于规范地位不明，《环境保护法》很难对其他环境法律法规的制定充分发挥出基本法的统领、指导和协调的作用。

2015年修改的《立法法》明确"自治州"拥有环境保护的立法权。"自治县"与"自治州"不同，其立法权限源于《民族区域自治法》。《民族区域自治法》第四十五条规定："民族自治地方的自治机关保护和改善生活环境和生态环境，防治污染和其他公害，实现人口、资源和环境的协调发展。"因此，自治县人大及其常委会可以根据实际情况制定环境保护单行立法。但自治州立法则涵盖环境保护方

[①] 参见吴凯杰《历史视角下中国环境法典编纂的再体系化功能》，《荆楚法学》2022年第1期。

[②] 参见吕忠梅《论环境法典的"行政领域立法属性"》，《法学评论》2022年第4期。

面的地方性法规，也同时包括相关单行条例的制定权。通过统计全国31个省的关于环境保护的自治条例，可以发现，在民族自治地方的立法中，自治县立法其实居于立法主力军位置，自治县单行条例占据了民族区域自治地方立法的绝大多数，同时，由于它是最靠近基层的一级，有直面地方环境保护难题的优势。自治县立法权运行的优劣，直接关乎立法的效果。但是由于立法技术等问题，在上下位法的层级之间出现了混乱，在适用法律过程中，不同法律规范出现冲突和矛盾，影响法律适用的效果。在实际适用环境法时，民族自治地方环境法对上位法有变通权，使这一问题变得更为复杂。

立法抵触分为两种情况，分别是上下位法立法抵触和区域立法抵触。在上下位立法抵触方面，《中华人民共和国环境保护法》和《广东省环境保护条例》就存在一些矛盾和不一致的规定。比如，《中华人民共和国环境保护法》在大气污染防治方面规定了"颗粒物（PM_{10}）日平均浓度不超过150微克/立方米"，而《广东省环境保护条例》规定了"颗粒物（PM_{10}）日平均浓度不超过100微克/立方米"。山东省下辖设区的市中也存在类似情况，青岛市为了保障公共安全和人身、财产安全，防治环境污染，根据《烟花爆竹安全管理条例》等法律法规规定，并结合本市实际，制定了《青岛市禁止燃放烟花爆竹规定》。其中在法律责任一章，为了便于执行，对违反规定私自燃放烟花爆竹的行为施加了一定的处罚，其具体规定见于《青岛市禁止燃放烟花爆竹规定》第十一条之规定，对较轻的行为处以三百元以上五百元以下的罚款，而对较重的行为，直接规定处以五百元罚款，看似是为了更便于实施而对上位法做了细化规定，但《烟花爆竹安全管理条例》第四十二条规定的处罚范围是一百元以上五百元以下，青岛市直接调高了处罚的起始金额实则是与上位法相抵触，而同样的情况在《济南市禁止燃放烟花爆竹规定》中则没有出现。

在区域立法抵触方面，广州市和深圳市的相关立法表现明显，两个城市在环境保护方面的法律规定也存在差异和矛盾。比如，在大气污染防治方面，广州市规定了机动车排放标准，而深圳市则有自己的排放标准，两者并不一致。此外，在噪声污染控制方面，广州市规定了夜间噪声限制值，而深圳市则没有相应规定，造成企业在两个城市经营时面临不同的法律要求，从而也导致了企业经营成本和应对难度加大。

4. "生态文明建设"立法事权仍需完善

参照《立法法》相关规定和实践中的做法，生态环境立法事项应属于中央与地方共享事项。[①] 生态文明建设立法的核心是环境法，2023年《立法法》修改虽将设区的市地方立法事项"环境保护"改为"生态文明建设"，但并未就"生态文明建设立法"立法事项在中央和地方之间进行明确划分，尤其是在其中还有省级生态文明建设立法权行使的空间。我国的地方立法权来源全部是中央授予的，区别于美国联邦制，后者联邦政府的立法权权力来自各州的授予。在我国，中央有绝对的立法权，中央可以就任何生态文明建设立法事项进行立法，相比之下，地方环境的可创设空间很小，导致地方环境立法在创新性上的表现还不能完全满足地方生态环境保护的需求。在实践中地方立法主体大多"随大流"，生态文明立法存在大量立法的"非必要重复"，表现为条文同质化现象严重，以致形成对立法资源的浪费。而缺少央地立法事权的细致划分，也同时导致地方立法内容与中央立法事权相比又可能存在冲突或者遗漏，地方立法机构在立法时可能并未考虑到央地立法事权划分的具体情况，有时导致立法内容过于宽泛或者过于狭窄，难以保证其操作性。环境问题本身具有复杂性，环境立法不仅需要考虑到整体性、系统性，还需要考虑到协同性和时效性，以利于下一步形成统一的、协同的环境治理体系。

央地立法事权划分不明导致我国的环境立法呈现出分散式的特点。我国的分散式立法的不足主要体现在两个方面，即空间维度和时间维度。空间上的分散式是指在早期制定法律过程中，通过法律移植

[①] 参见周迪《论提高环境立法效益的可行路径：中央与地方环境立法事项合理分配》，《地方立法研究》2018年第4期。

而形成的立法,有大量借鉴域外环境立法内容的痕迹。西方有些国家从制定环境单行法到归纳推理一套系统成熟的环境法律体系经历了百余年时间,而我国的环境法从产生、形成到逐步健全,前后不过三十多年的历史。相比之下,我国的环境立法进度与转变过程还存在可以提升的空间。1989 年 12 月《中华人民共和国环境保护法》正式颁布后,我国颁布了一系列单行法律法规,用于污染防治、保护自然资源与环境。① 我国环境法虽然暂时填补了立法空白,形成了"有法可依",但当时对于出现的环境法律现象缺乏科学、全面的判断和认知,甚至在环境单行法的立法上采取了个别的照搬照抄,距离"科学立法"仍有差距,没有注意外国法与本国法之间的同构性和兼容性,导致大量立法徒有其表,在实践中被束之高阁②。此外,由于央地立法事权划分不明确,立法主体也会不可避免会受到主观因素的影响,在制定法规时也可能有意无意地追求本部门利益,从自身利益出发制定相关的法规、规章。在整个环保法律体系中,甚至很难对同一个特定事项做出系统明确的规范,下位法与上位法之间没有形成很有效的协调衔接。而在时间维度上,分散式立法的具体体现为:不同的环境保护单行法由于颁布时间存在差异,往往形成"自说自话"的立场,进而在内容上存在着重叠、矛盾等问题,增加了立法资源的浪费和适法难度。而对这种情形,如果没有"一揽子"的整体修改,就会导致法律冲突,而立法修改的延迟导致法律适用的矛盾加剧。③

5. "生态文明建设"立法事权完善的策略

习近平总书记曾提出,"从系统工程和全局的角度来寻找新的治理之道","要统筹兼顾、整体施策、多措并举,全方位、全地域、全过程开展生态文明建设"。④ 生态文明建设需要从系统工程和全局的角

---

① 参见才惠莲《中外环境法历史发展比较分析》,《理论月刊》2008 年第 8 期。
② 参见吴凯杰《历史视角下中国环境法典编纂的再体系化功能》,《荆楚法学》2022 年第 1 期。
③ 参见吕忠梅《将环境法典编撰纳入十三届全国人大立法计划》,《前进论坛》2017 年第 4 期。
④ 习近平:《推动我国生态文明建设迈上新台阶》,《奋斗》2019 年第 3 期。

度来思考，不能只解决一个方面的问题，而忽视其他方面的影响和作用。在环境治理领域，需要将经济、社会、文化、生态等各个方面的因素综合考虑，采取多元化、综合性的治理方式，实现经济社会发展与生态环境保护的良性互动。同时，生态文明建设不能只看重某一个地区或某一个环节的治理。需要在全国范围内统筹考虑，从整个生态系统的角度出发，设计和实施相关政策，制定合适的立法措施，确保生态环境的可持续发展。"大统筹"原则分为两个方面的内容：一是同一立法者制定的不同时期不同类型、领域的生态文明建设法律要有能够一以贯之的内在核心理念（比如"山水林田湖草沙"生命共同体的理念），确立这个生态文明建设法律体系的内在核心，是保证不同时期、不同类型、不同领域的立法能够一以贯之的重要手段。这个内在核心可以涵盖一系列基本原则和具体理念（比如生态环境保护优先、资源节约和循环利用、生态系统保护和修复、生态安全和人与自然和谐共生等方面的原则和理念）。二是地方立法者在针对同一环境要素进行制定或修改环境立法时，需要将生态文明理念反映在立法内容中，应当坚持污染防治、资源利用、生态保护与修复的一体化，治污的同时加强生态保护，保护生态时也重视自然资源的合理利用与修复。比如，广东省的林木环境立法就是一个很好的例子，保护好林地资源就需要全面统筹封山育林、林木经营、林木砍伐、林木防火，林木周围的水资源涵养，陆生植物水生植物、污染防治与生态保护，达到系统治理的最佳效果。这与党的二十大报告反复强调的"系统观念"密切关联，是联系、全面、发展的哲学观点在观察事物与把握事物发展规律方面的体现。

  地方生态文明立法的统筹规划，还表现在制定和实施地方环境保护法律、法规时，应该在中央立法与地方立法之间保持立法工作计划的联系，并形成与包括环境保护规划在内的"多规合一"之衔接。以广东省为例，其《广东省生态环境保护"十四五"规划》明确了省级环境保护工作的目标、任务和重点，以实现"绿色广东"的目标为核心，明确了重点领域和工作任务，包括水、大气、固体废物、土壤等多个方面的环境问题。同时，该规划还明确了实施环境保护工作的重点领域、政策措施和保障措施，如加强环保设施建设、实施环境监管和执法等。但这些规划内容如果与广东省甚至其所辖设区的市的人大及其常委会的立法工作计划相衔接，则上述环境监管、执法等领域的问题更能及时地反映在立法中。从2021年起伴随着《全国人大组织法》相关内容的修改，立法工作计划的内容公开已经成为每年各级人大及其常委会工作开展的规定动作，如何让这种标配能够与环境保护规划之间的内容形成衔接，使"协同"不再局限于立法、行政的单一领域，而是实现更好的跨领域协同，以形成立法事权与行政事权的预先沟通，也是地方事权在总体上发挥更好功能的前提。这也是在地方环境立法中贯彻"统筹规划"原则的重要表现，与此同时，地方的空间规划也应该被提到日程上来，构建一个符合"山水林田湖草沙生命共同体"的整体统筹和规划的统一国土空间规划体系，为推动生态系统的整体保护、系统修复和综合治理奠定基础。很多地方也在加快构建国土空间规划体系的速度，在需要的时候，出台一部地方性法律来处理国土空间规划的问题①。

同时，针对地方环境立法重复的现象，可考虑进一步完善立法协调机制，加强国家与省级、省级与市级等各层级立法的"两两"或"多对多"之间的纵向立法协调，而省级立法机构在其中是关键的协调环节。同时，应该加强立法的横向协调，避免不同地方之间的立法出现大量同质性的内容。中央立法主体与地方立法主体间应建立更密切有效的沟通渠道，及时共享环境保护立法的信息与动态，并在制定或修改环境保护法规时提供与其他相关立法进行协调和衔接的证明材料。尤其是省级立法主体作为上传下达的重要主体，要起到把关和传递立法信息的关键作用，一方面负责中央生态文明建设意图在本省范

---

① 参见叶依蕴、王志刚《面向生态文明建设的广东省地方环境立法研究》，《环境生态学》2023年第3期。

围内的落实，另一方面要与市级立法主体进行沟通，提前介入了解其立法意图，以保证其在立法思路和内容上的"不越位""不缺位"。《立法法》第八十一条第一款规定，省级人大常务委员会有权审查地方性法规的合法性，并有权决定是否批准，主要关注其是否同宪法、法律、行政法规和本省、自治区的地方性法规相抵触。除此之外，省级人大常务委员会在审查地方环境立法的合法性时，也可对地方性法规是否重复进行审查。同时，省级人大常委会要强化立法前的调查研究，为防止出现地方重复立法做好预防性措施。省级地方性法规就在其中显得至为关键，尤其应在环境立法体系中明确其地位，以防各设区的市就同一问题进行不必要的立法重复。[①]

在生态文明建设立法的完善过程中，还需要重视对立法效果的评估和反馈，要及时发现并解决立法中存在的问题，让生态文明建设立法的针对性更强，让严格执法、公正司法与全民守法能够反馈科学立法。与此同时，在对生态文明建设的立法进行完善的过程中，也必须要与环保技术和政策的发展同步，强化立法的技术背景。另外，要坚持立改废释并举，通过系统性、大范围的立法清理，不断完善并强化生态文明建设立法的重新排列组合，注重生态文明建设立法的"科学瘦身"。尤其是在上位法修改之后，地方生态文明建设立法要及时跟进，确定是否及时进行针对性修改，以保证上下位法之间形成"协同作战"的局面，让上位法的最新精神在下位法布置"最后一公里"时得到明显体现[②]。

强化立法技术创新也是协调央地立法事权行使的重要手段。在立

[①] 参见叶依蕴、王志刚《面向生态文明建设的广东省地方环境立法研究》，《环境生态学》2023年第3期。

[②] 比如，有学者指出，《广东省水污染防治条例》与上位法有效衔接，吸收东江、西江、韩江、北江等重要江河、流域的单行立法，相应地将《广东省跨行政区域河流交接断面水质保护管理条例》等5部单行法予以废止，既能补充广东省水污染治理的短板，又能凸显广东省水污染治理的特色，又有利于协调不同区域间的法律、法规间的矛盾。姜逾婧：《广东首部系统全面统一的治水法规——〈广东省水污染防治条例〉解读》，《人民之声》2021年第3期。

法过程中运用包括人工智能等在内的现代技术手段，对环境数据进行分析和应用，为环境立法提供科学依据和技术支持。在制定某一环保立法时，地方立法主体可利用大数据技术，对环境污染问题进行数据分析，模拟出该领域环境污染、生态破坏等情景，利用三维建模技术更直观地展示环境问题可能面临风险的严重性及其紧迫性，为"治未病"式的立法提供前瞻依据。地方立法主体还可了解污染来源、污染物排放量和污染物扩散路径等方面的信息，根据分析结果确定相应的污染防控措施和地方标准，通过大数据分析对环境损害执法状况与赔偿案件判决等进行研究，及时搜集上位法和其他地方立法的规定和做法，及时征集相关群体的意见，确定更科学、合理的环境立法政策导向，发现地方生态文明建设中的潜在规律，为环境立法提供更深入的参考和指导。立法技术创新是强化"科学立法"、优化"民主立法"和深化"依法立法"的重要抓手。

（二）对"基层治理"概念的内涵确定

"基层治理"先前在规范性文件中出现较多，2013年党的十八届三中全会通过《中共中央关于全面深化改革若干重大问题的决定》，提出"全面深化改革的总目标"包括"推进国家治理体系和治理能力现代化"，2014年党的十八届四中全会提出，"推进基层治理法治化"。2017年党的十九大报告指出要"把企业、农村、机关、学校、科研院所、街道社区、社会组织等基层党组织建设成为""领导基层治理"的"坚强战斗堡垒"。2019年党的十九届四中全会通过的《中共中央关于坚持和完善中国特色社会主义制度　推进国家治理体系和治理能力现代化若干重大问题的决定》提出"健全党组织领导的自治、法治、德治相结合的城乡基层治理体系"。2021年4月28日通过的《中共中央　国务院关于加强基层治理体系和治理能力现代化建设的意见》专门强调"基层治理是国家治理的基石"，除此之外，该文件中"基层治理"出现45次，基本上从"政理"上捋清了"基层治理"的内涵与功能及建设目标。① 从法制上的表现来看，2021年8月民政部公布的《中华人民共和国城市社区居民委员会组织法（修订草案征求意见稿）》中"基层社会治理"出现2次，"社区治理"出现6次，逐步揭开"基层治理"入法的序幕，为"法理"上确定其地位提供了基础。而同样在2021年修订的《海南经济特区物业管理条例》已经规定了"社区（综合）治理"4次，将"社区治理"与"物业管理"结合起来。从现行有效的294部法律来看，除《立法法》外，虽没有直接出现"基层治理"，但出现"治理"多达300余次，为下一步"基层治理"的"入法"打下了很好的基础。从设区的市立法来看，各市先后通过并经省级人大常委会批准施行了有关"社区建设促进"（辽宁沈阳）、"城乡社区治理促进"（吉林长春）、"基层社会治理"（青海海东）、"城乡基层网格化服务管理"、（广东清远）等立法，② 为该政治性概念"入法入规"营造了很好的氛围。在《杭州市人民代表大会常务委员会关于进一步深化党建引领下"四治融合"推进基层治理体系和治理能力现代化建设的决定》中就表明"基层治理"应当做到"四治融合"，其中的"四治"③ 便是"自治、法治、德治、智治"。除杭州市人大及其常委会将"基层治理"的内涵和范围做了规定外，其他设区的市如《海东市基层社会治理促进条例》④和《无锡市社会治理促进条例》⑤ 也对"基层治理"做了规定。从设

---

① 关于"政理"，可参见张文显《习近平法治思想的政理、法理和哲理》，《政法论坛》2022年第3期。
② 这四地的立法分别为2022年11月1日起施行的《沈阳市城市社区建设促进条例》、2023年1月1日起施行的《长春市城乡社区治理促进条例》、2023年2月1日起施行的《海东市基层社会治理促进条例》和于2023年6月1日起施行的《清远市城乡基层网格化服务管理条例》。
③ 《杭州市人民代表大会常务委员会关于进一步深化党建引领下"四治融合" 推进基层治理体系和治理能力现代化建设的决定》于2022年12月20日杭州市第十四届人民代表大会常务委员会第七次会议通过。
④ 《海东市基层社会治理促进条例》第二条："本市行政区域内基层社会治理的基层建设、治理措施、基层服务、保障机制等相关活动，适用本条例。"
⑤ 《无锡市社会治理促进条例》第二条："本条例适用于本市行政区域内公共安全保障、社会治安防控、矛盾纠纷化解、基层社会治理以及相关保障促进等活动。"

区的市的立法中可以看出，"治理"是一个内容丰富、包容性很强的概念，地方立法机关将基层建设、治理与服务、公共安全保障、社会治安防控、矛盾纠纷化解等事项纳入"基层社会治理"的范畴。我国面向社会征求意见的《立法法（修正草案二次审议稿）》的表述是"基层社会治理"①，而在《全国人民代表大会关于修改〈中华人民共和国立法法〉的决定》中将原有的"基层社会治理"替换成"基层治理"②，笔者认为，二者的内涵并无本质上的差别，作出这样的替换更多是为了防止表述上的冗余。

"基层治理"不仅是政治性概念向法律性概念转化的典型，更是众多价值的核心聚集体，是社会主义核心价值观在中国特色社会主义法治体系中的要求，某种意义上也是部分核心价值"入法入规"的集中体现。也就是说，"基层治理"入设区的市立法事项，具有多方面的价值目标，既利于增进民生福祉和践行全过程人民民主，也有利于实现中国式法治现代化，同时，对于实现国家治理体系和治理能力现代化会有独特的促成作用，实际上在客观上也有助于立法事权矛盾纠纷的预防性解决。

"基层治理"契合全过程人民民主的价值追求。党的二十大报告指出："江山就是人民，人民就是江山"③，国家的发展离不了人民，

---

① 《立法法（修正草案第二次审议稿）征求意见》第二十一项：将第七十二条改为两条，第一款作为第七十八条；第二款作为第七十九条第一款，修改为："设区的市的人民代表大会及其常务委员会根据本市的具体情况和实际需要，在不同宪法、法律、行政法规和本省、自治区的地方性法规相抵触的前提下，可以对城乡建设与管理、生态文明建设、历史文化保护、基层社会治理等方面的事项制定地方性法规，法律对设区的市制定地方性法规的事项另有规定的，从其规定。"

② 《全国人民代表大会关于修改〈中华人民共和国立法法〉的决定》第二十四项：将第七十二条改为两条，第一款作为第八十条；第二款作为第八十一条第一款，修改为："设区的市的人民代表大会及其常务委员会根据本市的具体情况和实际需要，在不同宪法、法律、行政法规和本省、自治区的地方性法规相抵触的前提下，可以对城乡建设与管理、生态文明建设、历史文化保护、基层治理等方面的事项制定地方性法规，法律对设区的市制定地方性法规的事项另有规定的，从其规定。"

③ 习近平：《高举中国特色社会主义伟大旗帜 为全面建设社会主义现代化国家而团结奋斗——在中国共产党第二十次全国代表大会上的报告》，中国政府网，www.gov.cn/xinwen/2022-10/25/content_ 5721685.htm，访问日期：2023年6月18日。

在全面建设社会主义现代化国家的新时期，必须将人民的利益放在首位。我国目前共有289个设区的市，设区的市的立法机关与人民的联系十分紧密，它们的立法关乎人民福祉，赋权设区的市以"基层治理"立法权，有助于实现"全过程人民民主"。设区的市在"基层治理"的权限范围内，可以针对促进本地区实现"自治""德治与法治""智治"的事项进行立法，以期能全方位、全链条地覆盖与践行全过程人民民主，这也是通过"基层治理"立法事项扩容更进一步带动"新四权"中的"参与权""监督权"之行使。如果我们检索从2015年3月15日到2023年3月15日我国设区的市现行有效的法规，会发现现有市级立法中已有促进基层实现"自治""德治与法治""智治"的立法。如《湖州市预防和化解矛盾纠纷条例》，就本市行政区域矛盾纠纷的预防与调处进行规定，让矛盾化解在基层；《鞍山市群众诉求办理条例》规定民众可以针对该市的社会治理事务进行查询、申请咨询和求助、提出建议、反映有关情况、进行举报和投诉。这一规定对于保障人民对基层事务治理的知情权、表达权、参与权以及监督权，促进基层实现"自治"，加强基层政权治理能力建设，实现全过程人民民主大有助益。《台州市荣誉市民条例》规定了荣誉市民所享有的礼遇，以及大部分设区的市都在本行政区域内制定了文明行为促进条例[1]。这些设区的市立法在加强思想道德治理上发挥了重要作用，也有一些设区的市就法律援助相关事项进行了立法，则有助于细化和强化民众的法治意识，实现"法治与德治"的更好融合。此外，还有一些设区的市针对数字资源等事项进行立法，如《抚顺市政务数据资源共享开放条例》《沈阳市政务数据资源共享开放条例》等。这些立法有利于促进设区的市进行智慧政务建设，实现"智治"。上述立法是从地方制度层面保障民众权益，从客观上说这些设区的市的立法有补强基层治理"最后一公里"之效。但依2015年修正的

---

[1] 如《潮州市文明行为促进条例》《张家口市文明行为促进条例》《保山市文明行为促进条例》等。

《立法法》赋予设区的市在"城乡建设与管理""环境保护""历史文化保护"等三种事项上的立法权，实际上无法完全涵盖上述事项的立法，从而使设区的市制定的上述立法处于一种尴尬地位。总体来说，这些孕育于基层治理需要中的立法正是契合了全过程人民民主的需要，属于解决人民群众"急难愁盼"事项的重要抓手，但无法被涵盖到"城乡建设与管理""环境保护（或生态文明建设）""历史文化保护"任何一个范畴内，因此，有必要为设区的市增设"基层治理"立法事项加以补强。

  "基层治理"对于实现中国式法治现代化的需要，至关重要。中国式法治现代化是中国式现代化在法治领域的表现，其作为中国式现代化的上层建筑，为实现中国式现代化提供了有力的法治支撑。[①] 中国式现代化是具有中国特色的法治现代化。之所以称其为"具有中国特色"，是因为中国既不照搬既有的书本理论，也不盲目跟从他国法治经验，而是始终结合本国的国情走符合自身法治发展实际的道路。中国式现代化作为一种顶层设计，具有宏观性和抽象性，其面对的难题是中国当前的主要社会矛盾。当前主要社会矛盾表现在立法需求上则是立法意愿的集中表达。如果想让更多公民参与到中国式法治现代化的进程中并表达自己的需求，就需要着眼于微观，发挥基层受众的作用。受众参与到治理过程中，便成为治理主体。作为《立法法》赋予设区的市一项新兴的立法权限，"基层治理"本身具有民主性背景，是"共建共治共享"在政府社会管理、公共服务等职能中的新表现。赋权给设区的市以"基层治理"相当于为人民参与中国式法治现代化进程提供了一个平台，设区的市通过"基层治理"这一立法权限规定人民参与中国式法治现代化的方式和途径，使得人们能够最大限度地直接集中表达自己的心声，进而推进中国式现代化的进程。中国式现代化富含的价值需求，还包括对"平等""公正"等价值的需求，党的二十大报告中对"公平正义"的要求已经跨越了司法公正的环节限

[①] 参见陈柏峰《中国式法治现代化的中国特色》，《法制与社会发展》2023年第2期。

制，突破至制度公平正义的范畴，也就是老百姓对每一项法律制度（包括地方立法）"公平正义"的需求和对每一宗司法案件中的"公平正义"都同样急迫，而地方立法的科学化与民主化也会进一步促进区域司法水准的提升，这也是解决人民群众对美好生活向往与不平衡不充分发展间矛盾的重要途径。

"基层治理"对于实现国家治理体系和治理能力现代化，也不可或缺。党的二十大报告重申，到2035年，基本实现国家治理体系和治理能力现代化，全过程人民民主制度更加健全，基本建成法治国家、法治政府、法治社会。国家治理体系是一个综合性概念，其包含政治、经济、社会发展、文化发展、生态保护、党的建设等一系列制度、法律法规在内。[①] 习近平总书记也不止一次强调，法律是治国之重器，法治是国家治理体系和治理能力的重要依托。[②] 法治体系是国家治理体系的骨干工程，[③] 对于实现国家治理现代化具有不可替代的作用，建立优良法治体系的前提是建立完备的法律规范体系，而地方立法体系是构建完备的法律规范体系的重要组成部分。地方立法体系的优劣直接影响我国法律规范体系的完备与否，赋予设区的市以"基层治理"立法权限有利于进一步优化地方立法体系。一方面，激发设区的市立法积极性，使得设区的市及时对本行政区划范围内出现的新问题、新事项通过立法的方式加以解决，以满足本市法治、经济、文化等发展的需要。这是将国家治理体系中的地方治理体系与中国特色社会主义法治体系融合的表现，完备的法律规范体系也呼唤完备的地方立法体系。

对立法事项的进一步扩容和精准化，也利于规范设区的市立法权的行使。由于《立法法》尚未明确规定"城乡建设与管理""生态文

---

① 参见李洪雷《论在法治轨道上推进国家治理体系和治理能力现代化》，《广东社会科学》2022年第4期。

② 习近平：《坚定不移走中国特色社会主义法治道路，为全面建设社会主义现代化国家提供有力法治保障》，《中国法律年鉴》2021年第1期。

③ 习近平：《论坚持全面依法治国》，中央文献出版社2020年版，第112页。

明建设""历史文化保护"的范围,尤其是针对"城乡建设与管理"的范围,学界目前对其仍然存在不同的意见。全国人大常委会法工委作出的法律询问答复也是比较宽泛,这使得地方立法机关很难找到遵循的标准,导致出现立法不规范的现象。本次《立法法》修正,将"基层治理"权限下放至设区的市,相当于从侧面提醒设区的市人大哪些事项不该放入"城乡建设与管理"的范畴,而是应当属于"基层治理",从而使设区的市人大在之后的立法中进一步规范自身的立法行为,做到"不越权",优化立法权限配置,进一步通过"科学立法"促进"科学决策",进而践行"科学执政"的精神。[①] 尤其是,在当前如果能用科学的机制确定"基层治理"的大致外延,则对于地方立法权的科学行使,对于立法事权矛盾的防止有着独到的作用。设区的市在"基层治理"方面的立法围绕人权保障以及"四治"融合来展开,实际上是当前科学立法、民主立法之急需,也是"立良法"之首要前提,是尽可能排除"无用之法"的最可能保障,同时,充分发挥地方立法"小快灵""短平快"的机动特点,将"基层治理"这一政策性概念中的考量及时转化为立法优势,这既是《立法法》修改本身的重点用意,也是通过"基层治理"实现国家治理体系和治理能力现代化的重点抓手。"新四个全面"建设的重要任务和"第二个百年"的奋斗目标近在咫尺,当下最需要的就是围绕上述任务和目标的治理思路和手段,作为地方立法,实际上是集"基层治理思路和手段"于一体的中观范畴,必须在全面建设社会主义现代化国家、建设中国特色社会主义法治体系、实现国家治理体系和治理能力现代化的征程上走在前端,稳定启动全面依法治国的导航器与引擎,以求中国特色社会主义法治道路前行过程中的行稳致远。

除了上述较为典型的领域以外,其他新兴的领域涉及内容比较综合和多元,以乡村振兴为例,不同地方的立法者基于对本地现实基

[①] 党的二十大报告按先后顺序同时出现了"坚持科学执政、民主执政、依法执政""推进科学立法、民主立法、依法立法""坚持科学决策、民主决策、依法决策"的排比式表述,绝非偶然,应更加注重三组不同层面表述之间的逻辑关系。

础、社会风貌和公民精神的考察和审视，显然应当有差异化的立法逻辑和立法表达。① 2023 年《立法法》修改之时，"基层治理"作为设区的市新增立法事项，虽然属于较为典型的地方管理的事项，但如何保证地方在立法过程中不与上位法相冲突，也是必须重点关注的问题。

从现有研究来看，对以"基层治理"为关键词在北大法宝的法学期刊中检索，可发现这些期刊中不乏以"物业""住宅专项维修资金""社会诚信建设""社区工作""乡村治理""乡村振兴""基层司法治理""城市基层综合行政执法""扶贫"等为文章主要论述对象的，因此也大致可以推定将以上事项纳入"基层治理"的范畴有其合理性。

从规范性文件层面观之，笔者通过北大法宝检索了江苏省、浙江省等 17 个省、自治区设区的市从 2015 年 3 月 15 日至 2023 年 3 月 15 日的立法情况，发现超出"城乡建设与管理""生态文明建设""历史文化保护"之外的立法主要集中在精神文明建设、旅游、老少妇残幼权益保护、营商环境优化、科技创新、体育、安全生产、教育、食品卫生、奖惩、市场管理、志愿服务、医务工作、传染病防治、献血、殡葬管理、华侨权益保护、税收、劳动保障、人才发展等领域。在以上条例中，占比较高的是精神文明建设领域的立法，如浙江省达到了 14 部，在本省超出立法权限的 70 部立法中占比 20%；江苏省达到了 14 部，在本省超出立法权限的 90 部立法中占比 15.6%，山西省达到了 11 部，在本省超出立法权限的 32 部立法中占比 34.4%；辽宁省有 12 部精神文明建设领域的立法，在本省超出立法权限的 52 部立法中占比 23.1%。老少妇幼残权益保护方面的立法，如江苏省在这一领域的立法达到了 13 部，在本省超出立法权限的 90 部立法中占比 14.4%；浙江省有 8 部保护老少妇幼残权益的立法，在本省超出立法权限的 70 部立法中占比 11.4%。优化营商环境方面的立法，浙江省

---

① 李蕊：《乡村振兴地方立法的逻辑进路》，《地方立法研究》2022 年第 1 期。

达到了8部,在本省超出立法权限的70部立法中占比11.4%;河南省有6部,在本省超出立法权限的34部立法中占比17.6%;江苏省有8部,在本省超出立法权限的90部立法中占比8.9%。

诸如精神文明建设、老少妇幼残权益保护方面的立法,是否可以被纳入"城乡建设与管理",值得商榷。首先,精神文明建设、老少妇幼残权益保护方面的法律不适宜归入到"环境保护"和"历史文化保护"的范围基本已经达成共识。其次,上述立法同样不适宜纳入到"城乡建设与管理"的范畴。原因如下:"城乡建设与管理"从词语构造的角度来看,可以把"城乡"当成是修饰语,"建设与管理"当成是并列结构的中心词。[①] 因而可以将"城乡建设与管理"分为"城乡建设"与"城乡管理"两部分。首先,关于"城乡",可以依据《城乡规划法》[②] 做出理解,即包括村庄、乡镇和城市。其次,关于"城乡管理",虽然目前尚无作为直接诠释依据的官方文本,但近似的"城市管理"却有比较明确的释义:2015年12月24日印发的《中共中央国务院关于深入推进城市执法体制改革改进城市管理工作的指导意见》明确:"城市管理的主要职责是市政管理、环境管理、交通管理、应急管理和城市规划实施管理等。"既然"城市管理"的内涵能够明确,则只要将管理的场域再扩充至《城乡规划法》第二条第二款意义上的乡镇和村庄,即可以得出"城乡管理"的确切内涵。从上述"城市管理"的内涵来看,精神文明建设和老少妇残权益保护都不在"城市管理"的范围之内,因此,也不应当纳入"城乡管理"的范畴。最后,关于"城乡建设",可从我国中央行政主管机关——住房和城乡建设部的"三定方案"中管窥。根据国务院办公厅《关于印发住房和城乡建设部主要职责内设机构和人员编制规定的通知》

---

① 郑毅:《设区的市级地方立法权的改革与实施》,法律出版社2020年版,第69—70页。

② 《城乡规划法》第二条第二款:本法所称城乡规划,包括城镇体系规划、城市规划、镇规划、乡规划和村庄规划。城市规划、镇规划分为总体规划和详细规划。详细规划分为控制性详细规划和修建性详细规划。

对该部职责的规定,从中剔除"住房管理"方面的事项,余下即为"城乡建设"的范畴,即主要包括城乡规划、基础设施、建筑市场监管、工程建设和质量管理、房地产市场监管等。由此观之,精神文明建设和老少妇幼残权益保护也不适宜纳入"城乡建设"的范畴。笔者认为对于"城乡建设与管理",无论是从城乡规划、基础设施建设,还是从市政管理这一角度来看,都更具有"物质性"或"有形性",即对某一具体事项或资源进行保护和管理。笔者认为"城乡建设与管理"应当坚持其"物质性"的属性,所立之法也应当具有"有形性"和"物质性"的特征。

精神文明建设和老少妇幼残权益保护适宜归入"基层治理"的范畴。以"精神文明建设"为例,通过检索相关法律法规可以发现这一领域的条例大都强调基层组织和人民团体的作用,这与上文提到的"基层治理"中"基层"的内涵相契合,[①]《宿迁市文明行为促进条例》第五条第二款"开发区(园区)、旅游度假区管理机构应当按照市(县)人民政府规定的职责,做好文明行为促进工作"。这为将"精神文明建设"纳入"基层治理"提供了合理性。在老少妇幼残权益保护方面,这一领域的立法主要体现对老年人、未成年人、妇女以及残疾人的人文关怀,强调"人"的治理与保护。这与上文说到的"基层治理"中"治理"的内涵相契合。各设区的市的有关营商环境的立法,其上位法是国务院制定的《优化营商环境条例》,在优化营商环境的立法上,主体依然是自然人和法人,即与"人"有关。因而,将营商环境优化纳入"基层治理"的范畴是适宜的。

从立法目的层面来看,《中共中央、国务院关于加强基层治理体系和治理能力现代化建设的意见》指出:要"健全基层群众自治制度""推进法治和德治建设""加强基层智慧治理能力建设",即形成"自治""法治""德治""智治"四治融合的局面。党的二十大报告

[①] 如《广安市文明行为促进条例》第六条第四款,"市、县级工会、共青团、妇联等人民团体,企业、事业单位及其他社会组织,应当发挥各自职能作用,积极做好文明行为促进作用"。

指出："我们坚持走中国特色社会主义政治发展道路，全面发展全过程人民民主，社会主义民主政治制度化、规范化、程序化全面推进，社会主义协商民主广泛开展，人民当家作主更为扎实，基层民主活力增强，爱国统一战线巩固拓展，民族团结进步呈现新气象，党的宗教工作基本方针得到全面贯彻，人权得到更好保障。"基于此，设区的市的"基层治理"的范畴可以是"实现四治融合"和"人权保障"的统一。"基层治理"与人有关，从发扬基层民主，保障人权的角度看，设区的市与人权相关的立法应当纳入"基层治理"的范围中去，如对平等权的保障、对"老少妇幼残权益保护""华侨权益保护""少数民族权益保护""消费者权益保护"，以及对公民物质需要和精神需要的满足等。"基层治理"的理想化出路是实现"四治融合"，笔者认为，设区的市制定的有利于促进基层"自治""法治与德治""智治"的立法可以归入"基层治理"的范围内。其中"自治"可以围绕村民委员会、居民委员会以及其他社会自治组织展开自我管理、自我服务和自我监督来理解，因而"自治"的范围是比较宽的；"法治与德治"可以从加强法治建设与公民思想道德建设、发展公益与慈善事业、荣誉市民等方面来理解；"智治"则可以从数据资源、数据资源与医疗、市场等要素的结合来理解。

表 5-2　　设区的市与"人权保障"和"四治"有关的立法

省份	"人权保障"类立法	"自治"类立法	"法治与德治"类立法	"智治"类立法
江苏省	老少妇幼残：13 安全生产：3 传染病防治：1 华侨权益保护：1 教育：1	市场管理：7 营商环境优化：8 人才发展：1 渔业管理：1 质量综合规定：1 农副产品：1 禁毒：1 旅游：10	精神文明建设：14 献血：5 奖惩：3 社会信用：1 法律援助：1 国家公祭：1	专利：1 科技创新：1

续表

省份	"人权保障"类立法	"自治"类立法	"法治与德治"类立法	"智治"类立法
浙江省	老少妇幼残：8 安全生产：2 教育：2 优抚：1 体育：1 学校安全：1 心理健康：1 食品安全：2 反家庭暴力：1	营商环境优化：3 经济发展：2 企业发展：1 治安：3 基层矛盾化解：2 医疗纠纷：1 服务行业：2 经贸展览：1 宗教事务：1 旅游：3	精神文明建设：14 献血：1 奖惩：3 法律援助：1	科技创新：5 电子商务：1
辽宁省	老少妇幼残：2 安全生产：3 殡葬管理：3 华侨权益：1 就业：1 旅游：1	营商环境优化：4 金融：1 企业发展：1 体育：2 医疗纠纷：1 经济发展：2 群众诉求管理：1 调解：1 税收：1 种子管理：1	精神文明建设：12 教育：2 志愿服务：2	科技创新：2 数据资源共享：1
吉林省	老少妇幼残：1 殡葬管理：1 食品安全：1 教育：1 体育：1 旅游：1	营商环境优化：1 蚕种管理：1 统计管理：1 企业登记：1 动物诊疗：1 餐饮：1	精神文明建设：7	科技创新：1 人才发展：1
陕西省	老少妇幼残：2 教育：2 医务工作：2 消费者权益保护：1 反家庭暴力：1 旅游：1	企业发展：3 经济发展：2 餐饮：1 治安：1 特种行业：1 预算管理：1 统计管理：1 会展：1 农业管理：1	精神文明建设：3 奖惩：1	科技创新：1

续表

省份	"人权保障"类立法	"自治"类立法	"法治与德治"类立法	"智治"类立法
河北省	老少妇幼残：2 医务工作：1 人事工资：1 食品卫生：1 体育：1 旅游：4	营商环境优化：1 电子商务：5 港口港务：1 基层组织管理：1 投资：1	精神文明建设：6 志愿服务：1	人才发展：1
黑龙江省	老少妇幼残：1 学校安全：2 劳动保护：2 食品卫生：1 体育：1 殡葬管理：1 少数民族权益保护：1	营商环境：1 反餐饮浪费：1 市场管理：4 气象技术：1 民营企业：1	精神文明建设：9	
湖南省	老少妇幼残：2 医务工作：1 殡葬管理：1 旅游：2	治安：2 市场管理：2	精神文明建设：11	
宁夏回族自治区	旅游：1	餐饮：1	精神文明建设：4	
内蒙古自治区	老少妇幼残：2 教育：1 旅游：1	基层组织管理：1 中医中药：2 经济：1	精神文明建设：2	科技创新：1
新疆维吾尔自治区	传染病防治：1 旅游：1	营商环境优化：1 农副产品：4 经济发展：1 市场管理：1 基层组织管理：1	精神文明建设：4	科技创新：2
甘肃省	老少妇幼残：2 绿色食品：1	反餐饮浪费：1	精神文明建设：5	科技创新：1

（三）小结

"生态文明建设"作为较为典型的新生概念，是在我国宪法指导下出现的法律概念，影响到地方立法事权的延伸与扩容，需要通过全国人大常委会宪法解释来不断明确范围，正如当年解释"城乡建设与管理"的道理相若。"生态文明建设"在地方立法的行使基本可以通过原有的"环境保护"实现自然过渡。但"生态文明建设"的行使限度如何确定，却需要省级人大常委会在行使批准权时严格把关，对跨地域或跨领域的设区的市立法事权的行使，必须注重其目的性和作用对象的有限性。随着环境立法体系的完善和构建，综合性生态环境保护立法减少，主题也转变为生态文明建设，说明国家环境法律基本完善的条件，设区的市生态文明建设立法需要进一步细分，因地制宜，实现地方环境治理的针对性，通过各地区的相关立法共同构建具有逻辑性与规范性的环境法体系。①

"基层治理"作为立法事权领域的新生概念，受到"国家治理体系和治理能力现代化"的目标影响，本身就属于"全面深化改革"的目标，这种带有政治性的立法事项或事权概念，需要对当下行动中不同意志与利益之间的分歧进行平衡，从而使社会成员接受并自觉采取一致行动，并通过地方立法法律功能的发挥规训政治在平衡意志和利益分歧时存在的恣意，使基层治理立法成为相对普遍意志与利益的反映。② 同时，"基层治理"这种不确定法律概念完全有可能随着地方在公共服务、社会管理方面的领域变化实现不受节制的职权增长，同时还有可能未顾及责任的同步确定，以及财政事权的不匹配导致的"权责不统一"变化，因此，需要通过权力清单与责任清单的明确为反向约束这一立法权的行使提供依据，同时，在条件成熟时尽可能使权责清单实现法定化，以保证地方立法事权的不受节制和控权手段的乏力。地方立法尤其是地方性法规本身就具有较强的"治理法"属性，如何处理好要"基层治理"功能实现过程中"软法"与"硬法"的比例，也是下一步设区的市基层治理立法应该重点关注的问题，特别是处理好其中管理型规范（禁限型规范）与促进型规范（提倡型规范）之间的搭配甚至比例关系，增强促进型立法的实效性，坚持目标导向。③

---

① 参见杜寅《地方环境立法研究》，法律出版社 2023 年版，第 46—52 页。
② 参见苗壮《地方立法能力评估指标体系研究》，法律出版社 2023 年版，第 22—23 页。
③ 参见吕庆明《地方立法技术与规范》，法律出版社 2023 年版，第 5—10 页。

二 设区的市立法事权原有概念
限度的内涵确定

(一) 对"城乡建设与管理"的内涵确定

1. 现有立法类型梳理

城乡建设与管理的立法涵盖的范围十分庞大。按照不同内容，分为三类：城乡建设、城乡管理、综合性立法。在城乡建设方面，涉及的典型法规主要包括：第一类是城乡空间规划建设类，如《三亚市国土空间规划管理规定》《邯郸市村庄建设条例》；第二类是精神文明建设类，如《廊坊市志愿服务促进条例》；第三类是农田管理类，如《四平市农田水网条例》；第四类是路政管理类，如《枣庄市农村公路条例》；第五类是土地利用类，如《四平市黑土地保护条例》；第六类是科技与农机类，如《舟山市科技创新促进条例》等。在城乡管理方面，涉及的典型法规主要包括：其一是交通安全管理类，如《常州市道路交通安全条例》；其二是土地及房屋确权管理类，如《鞍山市城市房屋权属登记条例》；其三是市场管理类，如《宁波市菜市场管理条例》；其四是食品卫生管理类，《重庆市食品生产加工小作坊和食品摊贩管理条例》；其五是粮食安全管理类，如《无锡市粮油流通安全条例》；其六是旅游促进与管理类，如《大同市旅游条例》；其七是工业管理类，如《曲靖市建设工程施工现场管理条例》；其八是社会治安管理类，如《鹤壁市社会治安综合治理条例》；其九是特殊行业管理类，如《西安市特种行业治安管理条例》；其十是危险品管理类，如《安庆市危险化学品安全管理条例》；其十一是疾病防治与管理类，如《阳泉市黑热病防治规定》；其十二是消防类，如《镇江市消防条例》；其十三是资源管理类，如《北海市矿产资源保护条例》；其十四是节约节能类，如《德州市反餐饮浪费条例》；其十五是广告管理类，如《宁德市户外广告和招牌设置管理条例》；其十六是人口管理类，如《佛山市非户籍人口居住登记条例》；其十七是网络管理类，如《天津市网络虚假信息治理若干规定》；其十八是预算监管类，如《重庆市预算审查监督条例》等。

还有一些综合性立法囊括了多领域内容或不便于归入上述两种分类之中，覆盖范围广，涉及内容庞杂，呈现出较强的兜底性。如果进行列举，其可以涵盖档案管理类立法、信息公开类立法、突发事件与应急管理类立法、急救医疗类立法、价格类立法、体育类立法、地震监测预防类立法、民族事务类立法、各类宣传与教育立法、自贸区类立法、外商投资类立法、工商管理类立法、优化营商环境类立法、动物防疫与植物检疫类立法、禁毒类立法、地名管理类立法、弱势群体保护类立法、劳动保障类、归侨侨眷权益保护类立法等。可以看出，城乡建设与管理类立法是一个兼容并包的立法体系，不胜枚举。

2. 城乡建设与管理类地方立法特点总结

当前，地方立法过程坚持问题导向、贯彻新发展理念，这些也为城乡建设与管理类立法注入了生机与活力。经过八年多的立法经验积累，地方立法呈现出全新的图景，当前设区的市城乡建设与管理立法呈现出如下特点。

一方面，立法覆盖领域更加细化，新型探索式立法逐步增加。随着社会的发展进步，城乡建设与管理类立法的内容日益丰富，从国家法律法规数据库公布的2023年公布实施的立法来看，城乡建设与管理类立法出现了许多新型法规，如《聊城市失能老年人照护服务条例》，区别于老年人教育条例、保护条例、权益保障条例，聊城市人大常委会根据本区域实际，将目标对准失能老年人，该条例具体规定了失能老年人的认定标准以及具体照护服务单位责任。《广州市青年创新创业促进条例》也有异曲同工之处，其在兼容创新性与针对性的同时，大大增强了权益保护的可操作性。

另一方面，这些立法注重以人民为中心，提升服务效率。1987年的《天津市若干公民权益纠纷分工受理的规定》，1992年正式实施的《太原市受理公民权益纠纷投诉分工的若干规定》，以及1993年宁波市开始实施《宁波市受理民间纠纷投诉分工暂行规定》,此类法规的制定目的是明确受理投诉机关、组织间的分工,更好保障公民权益。但是该类型法规的数量较少,且制定年代久远,均已被废止,因其主要内容被拆分体现在了《中华人民共和国行政诉讼法》《中华人民共和国民事诉讼法》《国有土地上房屋征收与拆迁补偿条例》等法律、行政法规之中。然而这种做法使得诉讼受理的行为规定分散,缺乏系统性规定,不及专项法规的效果。2019年,鞍山市人大常委会审议通过了《鞍山市群众诉求办理条例》,关注群众诉求,通过规范诉求办理工作,维护群众合法权益,追求便民高效,提升服务水平。呼和浩特市也出台了《呼和浩特市接诉即办工作条例》,法规的名称改变,将便民性与效率性体现得淋漓尽致,反映了"以人民为中心"的立法主旨。而有了这些立法"先头兵"的打样,接诉即办工作条例也被各市纳入近几年的立法规划之中。

3. 城乡建设与管理立法问题之审视

(1) 界定难:城乡建设与管理边界模糊

纵观《立法法》修改历程,无论是2015年的修改还是2023年的修改,设区的市立法权限问题都存在较大的变动。2015年的修订,《立法法(修正草案)》一审稿将制定地方性法规的权限限定为城市建设、市容卫生、环境保护等城市管理方面,二审稿将范围变更为城市建设、城市管理、环境保护等方面,最终表决通过的权限范围为城乡建设与管理、环境保护、历史文化保护等方面。2023年的修正,2022年10月《立法法(修正草案)》审议稿将设区的市的人大及其常委会可以对"环境保护"方面的事项制定地方性法规,修改为可以对"生态文明建设"方面的事项制定地方性法规。2022年12月的《立法法(修正草案)》(二次审议稿)中,又在第一次审议稿基础上增加了"基层社会治理",在2023年修正后的立法法中其被表述为"基层治理",而"环境保护"被改为"生态文明建设","城乡建设与管理"与"历史文化保护"的表述则保持不变。

虽然本次修改保留了城乡建设与管理,但是从《立法法》修改历程不难看出立法者对城乡建设与管理的界定之艰难。对于该权限范围的界定，目前仍存在争议。城乡建设与管理的含义如何界定？对《立法法》第八十一条第一款中的"等"该作何种解释？是否可以对城乡建设与管理进行宽泛理解等一系列问题，理论界存在不同的声音。从字面上看，城乡建设与管理有三种解释方法：第一种理解是可以将其拆解为"城乡建设"与"城乡建设的管理"，第二种理解是可以将其拆解为"城乡建设"和"城乡管理"，第三种理解是将其拆解为"城乡建设"与"管理"。由于第三种解释并不符合日常的语言习惯，故在此只讨论前两种解释。前两种解释结果对应的立法范围只存在部分重合。在前两种结果中，"管理"的范围也存在差异，前者限于城乡建设的管理，后者的"管理"则可及于城乡建设的管理之外。

采用文义解释显然不能完全厘清城乡建设与管理的内涵。从历史解释的角度出发，《立法法》关于设区的市立法权限范围的表述反映了一个整体趋势，即立法主体的扩张与立法权限范围的限缩。2000年出台的《立法法》第六十三条采用排除式的方法界定当时较大的市的立法权，即只要不存在同宪法、法律、行政法规和本省、自治区的地方性法规相抵触的情形，较大的市人民代表大会及其常务委员会的立法权限则不受限制。而2015年与2023年的修正都采用列举式兜底的方式规定设区的市的立法权限，某种程度上其反映的是对权力的限制。立足于此倾向对城乡建设与管理相关概念进行分析发现：首先，从《立法法》审议过程中对设区的市立法权限范围的提法的变化来判断。关于"城乡建设与管理"的理解，以"城乡建设"与"城乡管理"两方面为宜，这里的"管理"及于城乡建设之外的管理。但在理解"城乡管理"这一概念时，仍应进行狭义解释，限于对城乡的公用事业、公共设施等方面规划和市政建设的控制、指导。其次，立足于限权的立法初衷。关于"等"字的理解，采用"等内等"的解释似乎更为合理。这也与时任全国人大常委会法工委主任的李适时在第21次全国地方立法研讨会上"从立法原意讲，应该是等内，不宜再作更加宽泛的理解"的说法相契合。

针对是否可以对城乡建设与管理进行宽泛理解这一问题，学者们也是莫衷一是。如针对义务献血等事项是否属于设区的市立法权限范围这一问题，全国人大常委会法工委在回应中给出了肯定答案。除此之外，全国人大法工委将权益保护类、行业发展促进类事项也划定在城乡建设与管理的权限范围内，亦有从宽认定城乡建设与管理的倾向。① 还有些地方将义务献血纳入设区的市立法范围，也有扩大城乡管理范围的嫌疑。尤其是结合其立法目的判断，更容易得出相应结论。②

对设区的市立法权限的不同理解，导致各地立法形态表现不一，并由此出现各地对所涉关键词汇的不同扩张式理解。其中，最明显的就是对城乡建设与管理的理解，这直接导致了城乡建设与管理成为了设区的市立法权限伸缩的"一个筐"，什么都可以往里装，比如前述有关义务献血的立法、未成年人保护的立法、公筷使用管理的立法（如2022年10月1日起实施的《宁波市公筷使用规定》）、终身学习促进的立法（如《苏州市终身学习促进条例》），但其明显区别于传统意义上的城乡建设与管理。可见，当立法者对其所立之法性质无法进行准确定位时，为保证立法能够在权限上实现逻辑自洽，"城乡建设与管理"就成为设区的市立法权限扩张的一条"捷径"，文词表达范围的可伸缩就决定了立法权限的可伸缩。但2023年《立法法》的修改并没有对有如此争议的概念重构或替换，这种立法态度是否意在保持设区的市在立法权限上的可伸缩性？

（2）审查难：上位法不明

在梳理设区的市城乡建设与管理相关立法过程中，不难发现的一类现象是，许多法规并未在条文中注明该法规具体的制定依据，即上位法的表述是否明确的问题。而在立法文本中将制定依据予以明确的

---

① 参见李园园《地方立法权之"城乡建设与管理"范围研究》，转引自郑磊、田梦海主编《立法研究》（第五辑），北京大学出版社2005年版，第25页。
② 比如2021年施行的《泰安市献血条例》，其在立法目的中提到"促进献血事业健康发展"，其是否可以被归为"城乡建设与管理"，值得商榷。

利处主要在于：其一，明确该法的制定意图与价值取向。通常情况下，判断一部法规的制定价值往往依据该法规第一条关于其制定目的的表述。此外，还可以依据该条款中明确的上位法对其立意进行判断。有些法规的多项制定依据属于不同的类型，如《孝感市停车场建设和管理条例》，其制定依据包括《中华人民共和国城乡规划法》和《中华人民共和国道路交通安全法》。其二，当无法准确判断该法作为下位法属于哪种类型立法时，制定依据及其他立法目的表述可起到指引作用。其三，便于相关的备案审查工作进行。对于接受备案审查的机关来说，最直接的判断结论实际上源于对该立法与其上位制定依据的对比。2021年，经过批准的设区的市、自治州、自治县（包括立、改、废）地方性法规和自治条例、单行条例共计1000余件，其中包含新制定的地方性法规590余件。2022年经过批准的（含立、改、废）设区的市、自治州、自治县的地方性法规、自治条例和单行条例共700余件，其中设区的市新制定地方性法规高达521件①。全国人大法工委的备案审查年度报告显示，从十二届全国人大至2017年年末，全国人大法工委收到对地方性法规进行审查建议的有66件，占比5.5%，2021年针对地方性法规、自治条例和单行条例、经济特区法规的有5596件，约占该年度审查建议的97%。2022年，在法工委收到公民以及组织提出的审查建议4829件中，属于全国人大常委会审查范围的有4067件，针对地方性法规、自治条例和单行条例、经济特区法规提出的有3815件，约占该年度全部审查建议的79%。② 形成上述现状的原因，除了公民法治意识的提升，地方立法主体的扩容也是不容忽视。而在备案审查工作庞杂的现状下，不在立法中明确立

---

① 参见闫然《地方立法统计分析报告：2022年度》，《地方立法研究》2023年第1期。
② 根据2022年12月28日全国人大常委会法制工作委员会主任沈春耀同志在第十三届全国人民代表大会常务委员会第三十八次会议上所做的《全国人民代表大会常务委员会法制工作委员会关于十三届全国人大以来暨2022年备案审查工作情况的报告》，2018年以来的五年，公民、组织提出审查建议17769件，其中2018年1229件，2019年226件，2020年5146件，2021年6339件，2022年4829件，http://www.npc.gov.cn/npc/c30834/202301/071b016931d6480abfef076f95b8b208.shtml，访问日期：2023年6月12日。

法制定依据，无疑会加重地方立法备案审查的工作量。

虽然法律并未明文规定制定法律规范必须将明确的制定依据体现在该规范法条中，但是在立法实践中，在法律规范的第一条交代其制定目的及制定依据，往往已成为约定俗成的立法惯例，可能存在的例外在于该立法无法找到明确的上位法依据，或者相关的上位法依据过多，只单单表述为根据相关法律、法规。但后一种情况中的上位法依据往往会在立法草案说明中加以明确。更多的城乡建设管理类立法对上位依据的表述，采取的是多种多元、据实表述的方式。如《绥化市中小学校校园周边环境管理条例》"根据《中华人民共和国未成年人保护法》《黑龙江省学校安全条例》等有关法律、法规的规定，结合本市实际，制定本条例"。许多未在条文中明确上位法的法规主要表现为各种较为具体的城乡管理事项以及在宪法及其他上位立法中难以找到明确依据的典型城市性立法，典型如各市的养犬管理条例、各市的文明行为促进立法（如《台州市文明行为促进条例》等）以及菜市场管理立法（如《宁波市菜市场管理条例》等）。如果细加总结，可以将上述立法对上位法依据的表述分为四种情形，笔者根据制定依据在条文中的不同表述情形，将其分类总结四种类型，具体见表5-3。

表 5-3　　制定依据在法律、法规文本中的表述类型

制定依据在法律、法规文本中的表述类型	典型法律、法规名称	表现特征	具体条文表述
未穷尽列举型	《苏州市终身学习促进条例》	文本第一条立法依据中，有具体法律法规名称，其后用等代替，表示未尽列举	第一条　为了构建服务全民的终身学习体系，保障市民终身学习的权利，推动市民终身学习，促进人的全面发展，推进学习型社会建设，根据《中华人民共和国教育法》等法律、法规，结合本市实际，制定本条例

续表

制定依据在法律、法规文本中的表述类型	典型法律、法规名称	表现特征	具体条文表述
穷尽列举型	《鞍山市市政工程设施管理条例》	文本第一条立法依据只有具体法律法规名称，表示已尽列举	第一条 为加强市政工程设施管理，充分发挥市政工程设施的使用功能，为经济发展和人民生活服务，根据国务院《城市道路管理条例》和《辽宁省市政公用设施保护条例》，结合本市实际，制定本条例
依据不明型	《淄博市全域公园城市建设管理条例》	文本第一条立法依据没有具体法律法规名称，表述为"根据有关法律、法规的规定"	第一条 为了促进和保障全域公园城市建设管理，提升城市品质和能级，推动经济社会高质量发展，满足人民群众美好生活的需要，根据有关法律、法规的规定，结合本市实际，制定本条例

(3) 创新难：立法重复问题突出

创新性与立法与时俱进、体现地方特色息息相关，也是评判立法质量的一项重要指标。在长期的领导实践中，习近平总书记为推动守正与创新及其关系理论做出巨大贡献，其重要论述在持续推进中国特色社会主义法治的理论创新、制度创新、实践创新的深入发展方面具有极大助益。党的十八大以来，关于全面依法治国的系列新理念、新思想、新战略不断被提出，向全党和全国人民展现了守正创新的重要作用。立法创新对立法技术水平是一个相当大的挑战，对2015年以来新获立法授权的设区的市人大及其常委会来说更甚，最突出的一个表现就是地方立法重复上位法。在2015年《立法法》修改时，关于是否将立法权下放给设区的市这一问题引发了理论和实务界的大讨论。许多学者对立法重复问题表示担忧，认为立法体系趋于完整的情况下，留给地方的立法空间较小，大规模下放立法权，立法重复问题难以避免。对于地方立法尤其是设区的市立法而言，在面临这种立法思维影响的前提下，如何破除传统思维，形成"小快灵""短平快"的立法创新思路，至关重要。

为更加直观感受城乡建设与管理重复上位法的现实样态，笔者选择其中献血管理类的立法为样本进行后续分析，再对其进行筛选，只选取 2015 年修订的立法法生效后制定或有修改的样本，选择献血事项进行分析的原因在于：（1）自 2015 年赋予设区的市立法权以来，设区的市关于献血事项法规制定呈现积极态势，为立法重复的考察提供了充足的样本；（2）全国人大常委会法工委明确回应，献血事项属于城乡建设与管理的范围；（3）现行《中华人民共和国献血法》于 1998 年 10 月 1 日起施行，实施二十余年间并无修订，存在较大的立法空间。将各设区的市现有的献血条例与上述两部上位法进行对比，得出的数据如表 5-4 所示。

表 5-4　　　　　部分设区的市献血立法重复上位法状况

法规名称	上位法	法条总数	重复法条数	法规重复率（%）
《苏州市献血条例》	《中华人民共和国献血法》《江苏省献血条例》	38	20	52.6
《泰安市献血条例》	《中华人民共和国献血法》	28	9	32.1
《南宁市献血条例》	《中华人民共和国献血法》	25	3	12.0
《南京市献血条例》	《中华人民共和国献血法》《江苏省献血条例》	40	7	17.5
《昆明市献血条例》	《中华人民共和国献血法》	27	5	18.5
《武汉市献血条例》	《中华人民共和国献血法》《湖北省实施〈中华人民共和国献血法〉办法》	25	6	24.0
《泰州市献血条例》	《中华人民共和国献血法》《江苏省献血条例》	35	12	34.3
《毕节市献血条例》	《中华人民共和国献血法》《贵州省献血条例》	26	7	26.9
《临沂市献血条例》	《中华人民共和国献血法》《山东省实施〈中华人民共和国献血法〉办法》	41	8	19.5
《合肥市献血条例》	《中华人民共和国献血法》	32	1	3.1

续表

法规名称	上位法	法条总数	重复法条数	法规重复率（%）
《无锡市献血条例》	《中华人民共和国献血法》《江苏省献血条例》	46	12	26.1
《宁波市献血条例》	《中华人民共和国献血法》《浙江省实施〈中华人民共和国献血法〉办法》	33	9	27.3
《聊城市献血办法》	《中华人民共和国献血法》《山东省实施〈中华人民共和国献血法〉办法》	10	1	10.0
《徐州市无偿献血条例》	《中人民共和国献血法》《江苏省献血条例》	34	8	23.5

表5-4反映出了如下问题：（1）该组数据重复率最低值为3.1%，最高值达52.6%，各地立法的重复率差异较大，平均值能较为客观地反映重复情况。上述法规的平均重复率为23.34%，表明城乡建设与管理立法重复上位法的情况仍较为普遍；（2）立法重复的存在并非一时一地，各地都有此类共性问题。同时，以上结论无不说明立法重复问题没有引起立法者足够的重视。尽管《立法法》第八十二条第二款第四项明确规定，"制定地方性法规，对上位法已经明确规定的内容，一般不作重复性规定"，但该条文中"一般""重复性规定"的说法过于原则化，其理解与适用没有统一标准，在实践中欠缺操作性，实施效果欠佳。此外，在单一制国家形式下，地方立法不得抵触上位法的观念深入人心。立法者过于重视"不抵触"原则，对法规的审查也是合法重于重复。此消彼长，反而忽视了法规的重复问题。由此观之，学者们对立法重复的担忧不无道理。

4. 城乡建设与管理立法制度的完善建议

（1）城乡建设与管理之保留与完善

为什么2023年《立法法》修改保留了城乡建设与管理？在此情形下又如何解决城乡建设与管理含义不明带来的种种问题？为回答前一问题，首先要明确《立法法》规定设区的市立法权限的底层逻辑，其本质是放权与限权的平衡。这里主要涉及两方面的问题：其一，下放的权力要足以满足地方立法的现实需要，其二，限制地方立法权力，避免出现权力滥用的情况。2023年《立法法》修正时保留设区的市立法权限中的城乡建设与管理这一权限并不悖于问题导向的立法原则。如何把握放权与限权之间的平衡是立法权力配置中的一大难题。设区的市立法权限的规定，是对当前我国设区的市立法实践经验和现实需要的深度总结。这可能不是设区的市立法权限范围界定的"最优解"，却是当前设区的市立法的"最需解"。语言的模糊性、法律的滞后性都向我们发出一个信号：我们不需要将设区的市立法权限限制过死，尽管从文义解释和目的解释等方法出发都透露出限制地方立法权的倾向，但这并不表示实际操作中我们要对设区的市立法权限做出最小范围的解释。一刀切地进行限缩解释只会加剧地方重复立法问题，遏制地方立法的创新性。适当留白，给设区的市在结合本地实际需求的基础上留下探索的空间，为良法的出台提供"土壤"。当然，立法权的科学解释要以维护法制统一和不违背法律基本原则为前提。

面对因此造成的前述实践问题，立法者的适中态度是对立法实践争议的最好回应。第一，为预防争议加强与上级立法机关的沟通。立法水平与能力的参差使得各地立法工作进度迥异，立法节奏上极易出现混乱，或急于求成，盲目跟风，或犹豫不前，造成立法滞后。无论哪种情况，靠设区的市一己之力难以应对的情况，及时在立法之前与上级立法机关沟通都是解决问题的上策。上级人大常委会适时给予指导，既防止出现在批准中形成"死结"，也对设区的市立法要面对各类备案审查形成保障。第二，可以采取多种可行方式明确"城乡建设与管理"的含义，以增强该条文的可操作性。全国人大常委会充分运用立法解释权，进一步明确具体含义，对该争议的发生实现预防。此外，负面清单不失为明确城乡建设与管理的具体含义的好办法。当正面清单无法解答立法工作者的困惑时，一份明确规定哪些事项不属于城乡建设与管理范围的清单，或许可以为立法主体指明方向。负面清单的实践总结是一个长期过程，因急于得到一个明确结果而限缩或扩大解释某关键概念并不可取。在此之前，对于难以界定范围的立法事项，需要依靠个案征询予以明确，由全国人大法工委进行答复，由点到面，最终实现明确设区的市立法权限的目的。第三，设区的市立法主体要把握城乡建设与管理立法的总基调，做到"放中有控"①，树立立法节制意识，充分认识到城乡建设与管理的范围并不是真的无所不包。在进行立法之前，对该事项是否属于城乡建设与管理事项范围加以充分评估，并在立法草案中做重点说明，以期为后续的批准程序和备案审查工作提供可资参照的依据。

（2）上位法不明情形的制度应对

针对前文述及的上位法不明之问题，这里主要以未穷尽列举型和依据不明型两类模式加以分析。一方面，立法者采用未穷尽列举的方式阐释上位法可能存在以下几种原因：一是据以制定该下位法的上位法数量过多，仅仅选取主要的立法依据在法规文本中体现出来，用"等"表示未尽列举。二是据以制定该法的上位法，主要依据的是注明的上位法，但文本中还有少数条文的制定依据是依据其他法律法规，将主要的立法依据列明，次要的立法依据用等代替。三是列举的具体上位法已经涵盖了其制定依据，可能已经达到穷尽列举的状态，但立法者在立法时，为留有一定的审查空间，防止出现抵触上位法的情形而在具体上位法后追加一个"等"字，防止出现文本中一些法条无法找到与现列上位法相契合的情况。

另一方面，法律文本中之所以存在依据不明型的表述，也有两种可能。第一种可能是该类型立法属于"填空式立法"。根据《立法法》第八十二条第二款的规定，除本法第十一条规定的事项外，其他事项国家尚未制定法律或者行政法规的，省、自治区、直辖市和设区的市、自治州根据本地方的具体情况和实际需要，可以先制定地方性法规。即该类立法属于"先行先试"类的创制性立法，并无可直接依据的上位法。第二种可能是，立法者有意为之，其本质是对立法备案审查的变相逃避，这里称之为"规避式立法"。此时将情形设定为依

---

① 参见代水平《"城乡建设与管理"地方立法的规范与实践》，《西北大学学报》（哲学社会科学版）2021年第2期。

据不明型的下位法抵触上位法,再将"填空式立法"与"规避式立法"代入上位法与下位法抵触的情形中,分析二者的区别。根据制定时间的不同,可以将下位法与上位法抵触的情况分为两类,第一类是旧的下位法与新修改的上位法间的抵触,第二类是新制定的下位法与旧的上位法相抵触。二者在本质上是不同的。就旧的下位法与新修改的上位法相抵触而言,又分为两种情况,第一,地方性法规制定时具体对应的上位法尚未制定,对应前文所言及的"填空式立法"情况。第二,制定时存在与之对应的上位法,但是后来对上位法进行了修改,下位法未及时进行对应修改,从而出现下位法抵触上位法的情形。这两种情形都是我国多层级立法体制下法律发展的必然结果[①],加之上位法与下位法的制定总会出现或多或少的时间差,此类上下位法之间的抵触不能归责于设区的市立法机关。对于新制定的下位法与旧的上位法相抵触来说,设区的市立法主体在已经存在相应上位法的情形下,制定出与之相抵触的地方性法规,存在明显过错,有悖于"依法立法"的原则。此时在立法中"有意"模糊上位法的做法,对应的是上文的第二种可能——"规避式立法"。具体来说,上述情形的对应关系如表5-5所示。

表5-5 依据不明型表述与上、下位法时间维度上抵触类型的对应

		左右表格对应关系			
依据不明型	填空式立法	√	下位法的制定先于上位法	旧的下位法与新修订的上位法的抵触	下位法与上位法时间维度上可能的抵触类型
		×	下位法制定后上位法修订		
	规避式立法	√		新制定的下位法与旧的上位法的抵触	

---

① 参见杨登峰《关于〈立法法〉修改的几点意见——以科学立法为中心》,《地方立法研究》2022年第6期。

对比未穷尽列举型和依据不明型两种表述方式，前者列有明确的上位法，至少为是否抵触上位法的审查提供了具体的参照内容。而"依据不明型"，"有关法律、法规的规定"的说法为备案审查工作增加了难度，为减轻备案审查的工作难度，必须根据不同的类型及其特性进行针对性的规制。"填空式立法"符合法律发展的基本规律，下位立法者不存在过错，上位法的模糊无可指摘。但在"规避式立法"模式下，下位立法主体存在一定过错，且这种过错是应当避免的，立法者有故意逃避立法审查的嫌疑。笔者以为，对"规避式立法"的规范化可以从事前预防以及事后归责两方面入手。在此之前，需要正确区分"填空式立法"与"规避式立法"。事前预防的主要方式就是将立法漏洞扼杀在萌芽状态。通过立法的形式，对"规避式立法"的情形进行确认，同时做出禁止性规定，这是扼杀"规避式立法"的第一道防线。事后归责就是要明确责任主体以及责任承担方式。禁止性规定必须与具体的责任承担共同发力，才能达到实施效果的最优化，否则可能与倡导性规定的效果无异。如果立法者认为无法将所制定法规的上位法在文本中予以明确，就应当作出特别说明。未在法规文本中阐明上位法，也无法做出说明，审查结果出现抵触上位法的情形的，应根据立法主体的过错进行问责，筑牢上位法不明的第二道防线。

（3）城乡建设与管理立法创新性的提升路径

这里所说的创新性，是建立在城乡建设与管理的现实需求基础上，在保持地方性立法稳定性的同时，因时因地制宜开展针对性立法，其终极目标是建设"人无我有，人有我优"的全覆盖立法体系。创新性既可以是对立法过程的要求，也可以是对立法内容的主观评价，但并不是地方立法的最终目标，城乡建设与管理立法更需立足于本地的现实需求。

立法的重复可以有两个不同的维度。提升城乡建设与管理立法创新度是第一步，是优化横向重复立法，重视减少纵向重复立法。立法的横向重复发生在不同区域、相同级别的立法者制定的同类法规之间。如关于献血者的年龄上限的规定，在上位法没有规定的情况下，多个设区的市相关法规出现"既往无献血反应、符合健康检查要求的献血者主动要求再次献血的，年龄可以延长至六十周岁"的相同规定，这些横向重复实际上也代表了一种广义的立法协同。而纵向立法重复则包括对上位法的篇章结构的重复和法条内容重复，具体表现为完全复制上位法内容（如《徐州市无偿献血条例》第三条关于无偿献血人员的规定与《江苏省献血条例》第二条的关系）；对上位法的法条进行拆分或者对多个法条进行组合使其成为新的法条（如《无锡市献血条例》第八条与《江苏省献血条例》第八条第一款和十三条的关系）；虽然法条的内容与上位法的表述不完全相同而表达意思完全相同（如《宁波市献血条例》第十五条血站的设立与《中华人民共和国献血法》第八条"设立血站向公民采集血液，必须经国务院卫生行政部门或者省、自治区、直辖市人民政府卫生行政部门批准"的关系）。纵向立法重复中除了必要的细化性重复，其效果往往是负面的，除了造成立法资源浪费，还会助长立法者的惰性，使地方立法更容易沦为形式主义的文本[1]，以致影响上位法的权威性。

横向立法重复则可能包含多种情况，除了依照本地情况开展合理借鉴外，对相邻同级立法主体的"横向立法重复"其实更利于保持立法在区域内的一致。设区的市在制定城乡建设与管理类立法时，可能面对的上位法既包括法律、行政法规，也包括各省级人大及其常委会的立法。在上位法就某些问题并没有规定时，设区的市立法就需要对某些问题开展创制式规定，进行先行先试，但这种"先行先试"的效果其实也部分取决于各地不同的立法能力。有些地方立法机关及其具体立法工作人员对立法风险的分析和预估可能不足，此时对相邻区域或类似情形的已有地方立法开展借鉴，实际是减少立法成本的合理方式。如果被借鉴立法已经实施了一段时间且经实践证明效果突出，则

---

[1] 参见林琳《对实施性地方立法重复上位法现状的原因分析和改善设想》，《人大研究》2011年第1期。

立法借鉴或横向立法重复就更具可行性。但这种借鉴实际上并不是完全的照搬照抄，而是在结合本地实际或地方性知识的前提下尽可能实现立法的本地化。

提升城乡建设与管理立法创新度的第二步，是实现立法重复审查指标化、全程化。将地方立法重复率作为衡量立法质量的一项指标，省级人大引导下级地方立法机关注立法重复问题，在法规出台前的各环节对立法重复问题层层把关，重点关注重复法条是否有存在价值，若认为该重复法条具备保留价值，需将具体理由记录备案。在法规移交给有关部门审查时，单独附说明材料，说明立法与上位法的重复情况，并将审议过程中保留的重复法条留存理由一并上交，由审查人员对法规重复情况进行判断，并做出针对性后续处理。

（二）对"历史文化保护"的内涵确定

截至 2022 年 12 月 1 日调研的数据显示，按照本文的归类方式，历史文化保护项下的地方立法已经有 332 件。历史文化保护领域内的地方性立法在纵向上增速明显，但相比于其他两项来说，还是有很大的差距。一方面可能是因为历史文化保护的地方禀赋存在差异，另一方面也不排除一些设区的市历史文化保护意识不强、保护思路不清等原因。但法规数量绝对值的增加可以说明地方对此领域有地方立法需求，地方性法规制定主体设区的市的新增也从侧面说明地方立法机关经过法律授权地方性立法准备后，开始有能力进行地方立法。尽管新获得立法权的设区的市在历史文化保护领域内的地方立法数量相对来说较少，但也便于对这项内容的地方立法情况有一个总体概览。

就目前的学术研究状况来看，专门讨论历史文化保护这项内容的文献和相关的立法资料也相对较少。郑泰安、郑文睿对 18 个经国务院批准的较大的市从 1988 年至 2014 年期间的立法行为进行实证分析。在他们的分类标准框定下，在历史文化保护领域内只有 58 次立法，他们也基于此认为该领域内的立法不是这些城市立法者重点关注的内容。① 林彦、吕丹妮对截至 2018 年 3 月 31 日新获得立法权的设区的市的地方性法规进行实证分析。城乡建设与管理项下的地方性法规数量有 226 件，生态文明项下的地方性法规数量有 148 件，历史文化保护项下的地方性法规数量有 58 件。尽管统计口径不同，但将误差考虑之后，历史文化保护项下的地方性法规数量与其他两项相比，还是属于相对少数的立法类型，只占了 13.4%。② 尽管历史文化保护领域的法规在数量上与其他三项差距明显，但立法将此纳入地方立法权的范畴，也并不是随意的选择。

1. 历史文化保护立法面对的实践难点

（1）区域协同立法壁垒仍在，遗产保护理念存在差异

由于历史文化本身的流动性，其传播不受行政区划限制，而以人为载体，但是民间自发行为的保护力量十分有限，政府行为的保护经费需要通过地方财政支出，因此，针对历史文化的政府行为保护和开发通常以行政区域为单位，难以实现突破和跨越。目前地方更多关注传统村落、古镇等区域性文化遗存的保护和开发，对城市周边历史文化遗产的保护重视不足，忽视了不同地域之间文化上的差异性。虽然历史文化遗产的价值不可估量，但是在不同地区，对于区域文化价值的认识却存在着差异，其保护理念也存在着多样性。从全国来看，我国各地区对文化遗产保护的关注和资金投入力度普遍不足。尽管各地对于本行政区划内文化遗产的挖掘研究相对深入，然而对于历史发展过程中本城市与周边城市的关系，及本地在区域内的定位和角色即时间文化景观的研究相对较少、理解较浅，因此许多地方尚未建立起各个城市对于区域文脉和遗产网络的整体认知，同时各地区对于自身文化遗产资源开发利用的模式不尽相同，从而导致缺乏统一的标准来开展（立法）保护工作。此外，各地文化遗产的展示和利用仍然局限于

---

① 郑泰安、郑文睿:《第三方评估的有效性研究——以党的依法治国决定为主线的考察》,《社会科学研究》2015 年第 6 期。

② 参见林彦、吕丹妮《设区的市立法权行使情况实证分析》,《新疆社会科学》2018 年第 5 期。

本行政区范围内，并且呈现片段化，对于区域内同类型遗产或跨行政区线性遗产的整体展示和合作利用相对较少。

（2）历史文化保护对象复杂，保护水平参差不齐

从各地的立法法规名称和保护内容可以看出，设区的市在历史文化保护领域内存在着众多的立法需求，这些需求呈现出较明显的地方特色，特别是在特定领域内的法规方面，从古村落到各类特色古建筑，从石窟艺术到工业遗迹，从传统工艺到少数民族历法，法规内容呈现出极其多样化的特点。在非物质文化保护领域内，相关立法基本是"一法一模式"，较难呈现同类化特征。在文物保护领域内，各个城市中普遍存在着对高等级文物保护对象的重视关注，而对低等级文物和历史街区保护较为忽视的现象。对市域、县域内的名镇、名村以及跨越行政辖区的区域线性、片状遗产的保护力度不足，导致对多数名城历史文化保护的关注重点仍然集中在古城区范围内。另外，许多地方还没有建立完善的遗产管理与利用体系，文化遗产的传承、发展与创新也受到了严重影响。比如在京津冀区域内的遗产保护方面，对一些历史街区的保护仍存在"破坏性"方式，即通过大规模的拆除、重建和更新来保护古城的风貌。如何使历史文化资源真正实现可持续利用是当前亟待破解的重要课题之一。

2. 我国设区的市历史文化保护立法现状

（1）设区的市历史文化保护领域立法梳理

①一级分类：文物文史和文化

历史文化遗产是人类在社会历史实践中创造的具有文化价值的物质财富和精神财富，通过对法规类别的梳理，分为两大类：文物文史和文化。我们以前文提到的设区的市在历史文化保护领域内的332部地方性法规作为研究对象[1]。根据历史文化保护立法的分类，能看到

---

[1] 该数据收集自北大法宝。在北大法宝网站（https://www.pkulaw.com/）"高级检索"界面，选取"地方法规"，效力级别中选择"设区的市地方性法规"，批准时间选择"2015年3月15日至2022年12月1日"，时效性选择"现行有效"，收集后整理检索结果，最后检索时间为2022年12月8日。

更多地方特有的立法内容的占比（见表4-6）。

表5-6　　　　　　　　　　历史文化保护法规分类

大类	类别	数量	占比（%）
文物文史	文物与古迹保护	175	52.71
	文物保护单位	2	0.6
	历史文化名城保护	86	25.9
	文物博物馆	1	0.3
文化	文化综合规定	68	20.48
合计		332	

通过表5-6可知，当前设区的市对于历史文化保护立法主要关注保护的客体内容，较少涉及保护机构的建设与管理。对比历史文化保护主要上位法《中华人民共和国文物保护法》《中华人民共和国非物质文化遗产法》《中华人民共和国城乡规划法（2019年修正）》，这三部法律在文物保护方面立法中并未强调区域协同。在《中华人民共和国文物保护法》第一章总则部分第三条中，以"列举式+概括式"的方式对文物进行分类，将其分为"不可移动的"文物和"可移动的"文物，并针对性提出了保护措施。针对"古文化遗址、古墓葬、古建筑、石窟寺、石刻、壁画、近代现代重要史迹和代表性建筑等不可移动文物，根据它们的历史、艺术、科学价值，可以分别确定为全国重点文物保护单位，省级文物保护单位，市、县级文物保护单位"，围绕不可移动文物空间变动小、规模体量大、管理较复杂、修复保护难度大、文化科研价值高等特点，对不可移动文物进行就地保护和单位保护。"历史上各时代重要实物、艺术品、文献、手稿、图书资料、代表性实物等可移动文物，分为珍贵文物和一般文物；珍贵文物分为一级文物、二级文物、三级文物"，围绕可移动文物体量小、数量多、表现形式繁杂、科研价值差异大等特点，对可移动文物进行二级分类、三级分类，并采取不同程度的保护措施。

②二级分类：文物与古迹保护、历史文化名城保护、文化综合规定

表5-7　　　　历史文化保护立法特定领域法规分类

二级分类	类别	数量	占比（%）
文物与古迹保护	文物保护	25	9.73
	战争革命遗迹	21	8.17
	考古遗址	21	8.17
	工业遗址	10	3.89
	长城	3	1.17
	石窟石刻岩画	7	2.72
	城墙	3	1.17
	运河、河、渠遗址	8	3.11
	古树名木	11	4.28
文化综合规定	传统工艺、技艺	17	6.61
	少数民族文化	3	1.17
	非物质文化遗产代表性传承人	3	1.17
	非物质文化遗产	27	10.5
历史文化名城保护	历史文化名城名镇名村保护	38	14.79
	古城古镇	26	10.12
	传统村落	16	6.23
	历史建筑和街区	18	7
合计		257	

对于遗址遗迹的保护界定标准难以统一，比如《保山市龙陵松山战役战场遗址保护条例》以某次战役为客体进行保护，《贵港市太平天国金田起义遗址保护条例》对时间跨度较长的革命遗址进行保护，《七台河市东北抗联文化遗存保护利用条例》针对特定时间段的战争

遗址进行保护，但是保护侧重不在于遗址遗迹本身而是文化遗存。可见在文化遗产保护领域法规内容分布广，也可看到很多地方的立法有鲜明的特色，特别是非物质文化遗产保护领域内的法规，基本一法一模式，亦难以实现同类化立法倾向。《河池市民间传世铜鼓保护条例》的上位法不仅包括《文物保护法》还包括《非物质文化遗产法》和《广西壮族自治区文物保护条例》，针对的具体保护对象在第三条中明确："本条例所称的民间传世铜鼓，是指1949年以前铸造并留存于民间世代传承的具有历史、艺术、科学等价值的铜鼓"，可见不仅保护了民间传世铜鼓作为文物本身的价值，同样将民间传世铜鼓作为壮族民族特色文化的标志，同样重视历史、艺术、科学等非物质文化遗产层面的保护，但因极具针对性难以形成区域协同。而针对石刻这一保护对象，由于保护视角不同而致产生的地方性法规也不同，有些地方将其作为非物质文化遗产中传统工艺进行保护，如《福州市寿山石雕刻技艺保护规定》，其上位法为《中华人民共和国非物质文化遗产法》《传统工艺美术保护条例》《福建省非物质文化遗产条例》，有些地方是作为个体或某一区域内文物古迹进行保护，如《连云港市石刻保护条例》，其上位法则为《中华人民共和国文物保护法》《中华人民共和国文物保护法实施条例》《江苏省文物保护条例》，可见针对同一类型保护对象由于其本身蕴含的历史文化价值糅合并且各地方对于价值认知和保护侧重不同，也难以形成同样的保护措施和标准。

非物质文化遗产的保护对象不仅限于传统工艺和存有的文物古迹此类对象，还包括非物质文化遗产项目代表性传承人，如2018年实施的《红河哈尼族彝族自治州非物质文化遗产项目代表性传承人保护条例》和2022年实施的《呼伦贝尔市非物质文化遗产代表性传承人保护管理条例》，可见少数民族地方在非物质文化遗产保护和发展意识上走在前列，都以《非物质文化遗产法》作为上位法，某种程度上反映了地方立法需要中央立法提供更明确的立法价值导向。通过表5-8可以看出，二者在具体法规设定上也体现了当地的地方特色和不同考量。

表 5-8　两部《非物质文化遗产代表性传承人保护管理条例》章节对比

	《红河哈尼族彝族自治州非物质文化遗产项目代表性传承人保护条例》	《呼伦贝尔市非物质文化遗产代表性传承人保护管理条例》	区别
第一章	总则 （第一条至第五条）	总则 （第一条至第六条）	后者新增"市、旗（市、区）人民政府应当将开展非物质文化遗产代表性传承人保护管理工作所需的经费列入本级财政预算"
第二章	申报认定 （第六条至第十二条）	申报认定 （第七条至第十五条）	前者申报认定为"州级两年一次+县（市）级根据实际需要适时组织"，后者为"市、旗（市、区）人民政府文化主管部门应当每三至五年组织"；后者细化了"专家评审组和评审委员会"组织机制，新增"建立非物质文化遗产代表性传承人档案"制度
第三章	保护传承 （第十三条至第二十一条）	权利义务 （第十六条至第十七条）	
第四章	保障措施	保障措施 （第十八条至第二十二条）	前者提出"建立非遗代表性传承人健康检查制度"
第五章	法律责任	监督管理 （第二十三条至第二十五条）	
第六章	附则	法律责任 （第二十六条至第二十八条）	前者对"在申报非遗代表性传承人过程中弄虚作假的"行为所承担的法律责任进行了进一步细化
第七章		附则（第二十九条）	

（2）与"城乡建设与管理"立法权限范围交叉的立法之现状分析

在现实的立法中，历史文化保护与城乡建设与管理和环境保护两项的界限并不是很明显，某些法规看上去可能既可以属于城乡建设与管理，又属于历史文化保护，或者可能既属于生态文明建设，又属于历史文化保护。而实际上，现实中的法规很难泾渭分明地完全属于某个分类。为了更好地在立法中体现不同类立法的特色与倾向，就需要事先判断法规的性质归类，从其内容中对其应有的立法侧重点进行判断。正如前文所述，城乡建设与管理的范围在广义上包括城乡规划方面、公共设施方面，和公共事业和公共事务在内的市政管理。与城乡建设与管理类立法可能存在交叉的立法领域主要是历史文化名城保护和古建筑保护。

①历史文化名城保护

表 5-9　　　　　　历史文化名城保护上位法列示

效力级别	序号	制定主体	规范名称	发布时间	生效时间
法律	1	全国人大常委会	《中华人民共和国城乡规划法（2019年修正）》	2019.04.23	2019.04.23
	2	全国人大常委会	《中华人民共和国文物保护法》	2017.11.04	2017.11.05
行政法规	1	国务院	《历史文化名城名镇名村保护条例》	2017.10.07	2017.10.07

从广义角度上看，所有具有历史文化价值的名城、名镇和名村，均可被纳入保护范围。以《亳州国家历史文化名城保护条例》为例，该立法制定的上位法分别为《城乡规划法》和《历史文化名城名镇名村保护条例》，其中关于名城建设规划、古城建筑遗产等具体要求在上位法中没有明确体现。若仅从标题和引用的上位法角度审视，则可能被归入城乡建设与管理的范畴之中。但该法规本身的文本内容旨在维护亳州北关历史文化街区、历史城区和历史文化风貌区的完整性，同时城乡建设方面的规定也旨在保护这些地区既有的历史文化遗产。如果将其不纳入历史文化名城建设的范畴，对于实现其所预设的立法目标则存在影响。

②古建筑保护

建筑与城乡规划建设之间存在着紧密的联系，二者相辅相成，共同构成了城市发展的基石。我国现有法律法规对古建筑保护方面的规定也较少，然而，古代建筑与历史文化保护之间关系密切。比如《梅州市客家围龙屋保护条例》所引用的上位法包括《文物保护法》《城乡规划法》和《历史文化名城名镇名村保护条例》，且该法规明确指出，保护客家围龙屋的目的在于传承客家卓越的传统文化。

（3）与"生态文明建设"立法权限范围交叉的法规整理说明

①风景名胜区保护

尽管"名胜"一词与历史文化保护相关，但在风景名胜相关法规中，"风景"二字显然与环境保护更息息相关，因此难以完全纳入环境保护或历史文化保护的范畴。本研究对我国现有有关风景名胜方面的法律、法规进行了梳理和总结，经过深入研究发现与环境保护相关的法规内容占据了主导地位，并且这些法规所引用的上位法主要以《环境保护法》为主。某些法规同时引用了《风景名胜区条例》，但是并非仅针对历史文化保护这一内容。同时，《环境保护法》第二条所规定的范围内，涵盖了风景名胜区这一区域。可以推断，将地方性法规中关于风景名胜类的规定排除在历史文化保护的范畴内更为恰当。针对风景名胜中的特定历史文化保护内容可以制定专门的法规进行保护，比如《十堰市武当山古建筑群保护条例》，是为了更好地对武当山上的古建筑进行专门保护，相比于整个风景名胜区的立法，这些法规更适合纳入历史文化保护范围内。

②古树资源保护

表 5-10　　　　　　　古树名木保护上位法列示

效力级别	序号	制定立体	规范名称	发布时间	生效时间
法律	1	全国人大常委会	《中华人民共和国森林法（2019 年修订）》	2019.12.28	2020.07.01
行政法规	1	国务院	《中华人民共和国野生植物保护条例（2017 年修订）》	2017.10.07	2017.10.07
	2	国务院	《城市绿化条例（2017 年修订）》	2017.03.01	2017.03.01

尽管有学者将古树列在历史文化保护项下[1]，但笔者认为不宜将古树放在此分类下。从法律层面而言，我国现有的法律法规对于古树并没有明确的规定和要求，虽然古树具有历史文化价值，但其本质属于植物范畴，其中更多内容倾向于自然科学领域，而非纯粹的历史文化存在，因此在引用上位法时，很多该领域立法多以《中华人民共和国森林法》为主要依据。目前，我国对于古树保护主要集中于"生态公益林"和"风景名胜区"这两大类别中，而对于古树的法律属性研究甚少。以《临沧市古茶树保护条例》为例，其旨在维护古树资源的完整性，而具体的管理则以林业部门为主导，对其进行规范的内容也主要关注于其作为植物本身的生物特性，因此，将古树纳入环境保护或生态文明建设的范畴更为恰当。

③古生物资源保护

古生物领域也是同时兼具历史文化保护和环境保护属性。在对相关地方立法梳理的过程中发现，《河源市恐龙地质遗迹保护条例》便是这个情况。从法规引用的上位法看，有《环境保护法》《文物保护法》《古生物化石保护条例》和《自然保护区条例》，文物主管部门和环境主管部分同时都对法规的保护对象有管辖权，但法规保护的对象是区域内的恐龙地质遗迹。这些考古发现在历史文化上的意义远大于其在环境保护领域的意义。

（4）对跨行政区域历史文化保护行为的类型化分析

探讨跨区域历史文化保护行为，首先需要对相关概念予以辨析，认识它们的共同点和不同点，有助于明确区域的内涵和外延，在此基础上展开区域协同立法的讨论。区域是一个客观存在的空间概念，不同的学科对它的定义有所不同，比如自然区域、经济区域与行政区域。地理科学上的区域是指一个具有具体位置的地区，在某种方式上或以内部组成物质的特性形成与其他地区的差别并限于这种差别所延

---

[1] 参见林彦、吕丹妮《设区的市立法权行使情况实证分析》，《新疆社会科学》2018年第5期。

伸的范围之内①。经济学中关于区域的概念颇多，有学者将其概括为："拥有多种类型资源，可以进行多种生产性和非生产性社会经济活动的一片相对较大的空间范围"②。法学中的区域概念，一般可以理解为基于行政区划而形成，按行政权力的覆盖面划分的，指特定国家权力可以触及的空间范围。不论是从哪个学科角度对区域的理解，都以地理学上的特定空间为依托或与此密切相关③。

①跨区域历史文化保护行为类型化的"二分法"

本节所讲的区域是指包含多个同一等级或包含不同等级的行政区划而形成的复合行政区域，并以设区的市之间是否由同一省管辖作为判断标准。第一种，省内跨设区的市历史文化保护协同立法。2021年，潮州、汕头、揭阳三市在历史文化保护领域开展了协同立法保护潮剧文化的有益实践探索，为全国文化领域的协同立法树立了典范。根据对《潮州市潮剧保护传承条例》《揭阳市潮剧保护传承条例》《汕头市潮剧保护传承条例》的梳理，可以发现这三个地方的法规框架结构相似，在原则性规定方面基本保持一致，包括但不限于立法目的、保护传承对象以及保护原则等。然而，三地在融合自身经济社会发展和潮流戏剧发展的过程中，各自呈现出独具特色的亮点。《潮州市潮剧保护传承条例》规定，政府在古城区建立市级潮剧文化主题园区，其中包括潮剧大戏院、潮剧茶楼、潮剧文化展示馆等，以此打造潮州文化名片和展示窗口，将潮剧文化保护传承与古城旅游有机融合。通过将潮剧文化与传统工艺美术相互融合，创作出以潮剧文化为主题的旅游工艺品，从而推动潮剧文化的传承与发展。这些措施有效地提升了潮剧在文化旅游业中的地位。根据《揭阳市潮剧保护传承条例》，监管部门应加强对经营性潮剧演出活动的监管，依法查处各类违法违规演出活动，这一措施不仅在短期内规范了演出市场，更从长

---

① 参见［美］R.哈特向《地理学性质的透视》，黎樵译，商务印书馆1981年版，第129—130页。
② 参见孙久文、叶裕明《区域经济学教程》，中国人民大学出版社2003版，第2页。
③ 参见王小萍《协同：区域环境立法模式研究》，《环境保护》2018年第24期。

远角度提升了潮剧院团整体演出水平。《汕头市潮剧保护传承条例》规定，广东潮剧院、汕头文化艺术学校在潮剧人才艺术培养及潮剧艺术的研究、传承、展演等方面具有独特的优势，可通过多种渠道、不同方式引进潮剧专业人才、聘用特殊人才，并合理确定薪资报酬，特别是对于高层次人才、关键岗位、业务骨干或者紧缺急需人才，可采用协议工资、项目工资、年薪制等多种分配方式进行培养和储备。此外，该法规还提出了加强地方法规制度建设，推动三地联合制定地方性法规。而在本轮的历史文化保护立法中，三地立法机关达成共识，决定建立完善的潮剧保护传承区域合作机制，涵盖九个方面，包括共同设立潮剧艺术节、建立区域名家收徒传艺机制以及协作开展区域潮剧人才培养等。这一举措将推动三地各领域之间的交流与合作。然而，至今仍未建立起三地立法机关之间的协同机制，政府部门相关配套政策的落实仍有待加强，协同立法的制度化和常态化也需要进一步探索。

第二种，跨省跨设区的市历史文化保护协同立法。此类与省内跨设区的市协同立法最大的区别就在于上级机关不同，上文所述三地立法机关形成的法规最终都将报批于广东省人大常委会通过，而广西龙胜各族自治县、三江侗族自治县和融水苗族自治县，湖南通道侗族自治县，贵州黔东南苗族侗族自治州从江县、黎平县，是桂湘黔交界的少数民族聚居区，三省（区）六县协同立法难度更大。作为全国民族文化的代表性片区，"民族文化"是桂湘黔交界区域的核心资源，首创构建桂湘黔三省（区）六县人大常委会基层立法联系点工作区域协同机制，共同承接全国人大常委会立法征询意见工作，以"立法直通车"为桥梁和纽带，为桂湘黔六县少数民族群众提供了一个表达和反映社情民意搭建平台。比如《三江侗族自治县少数民族特色村寨保护和发展条例》，其上位法不同于其他地方历史名城名镇名村保护立法[1]，而是将《中华人民共和国民族区域自治法》作为上位法，进一

---

[1] 根据笔者统计的结果显示，目前历史名城名镇名村保护地方立法的上位法集中在《中华人民共和国城乡规划法（2019修正）》《中华人民共和国文物保护法》《历史文化名城名镇名村保护条例》三部法律法规当中。

步突出其民族特色和区域协同立法的性质。在县域民族村寨特色建筑与特色文化的保护和开发利用方面，立法过程中融入了全过程人民民主，从而有效促进了立法条文的实施。

②跨区域历史文化保护行为类型化的"三分法"

本节所探讨的区域指的是一种文化现象或具有文化特征的人群在空间上的分布区域，可划分为形式文化、功能文化和乡土文化。与行政区划不同，文化区之间呈现出一种作用互补、空间重叠和动态时间的结构性。因此，要加强对我国历史文化遗产的保护与开发工作，就必须重视并积极推进跨区域间的历史文化保护活动。从三个不同的文化区所涵盖的内涵和外延出发，结合当前的立法实践经验，我们可以总结出各种跨区域历史文化保护行为的不同类型。

A. 形式文化区

通过对形式文化区内涵和外延的界定，我们可以得出结论：形式文化区是一种具有核心区集中和边界文化区模糊特点的文化现象，其空间分布呈现出一定的关联性，不同地区受其独特的历史地理条件、自然环境、人文社会等因素影响。形式文化区是在自然状态下逐渐形成的，其文化特征呈现出典型的核心区、外围区和过渡带文化相对一致但逐渐弱化的特征，例如长江流域、黄河流域和长城沿线。

表 5-11　　　　　长城保护立法中的文化条款列示

效力位阶	序号	制定机关	法律文件	施行时间	条款	内容
行政法规	1	国务院	《长城保护条例》	2006.10.11	0	
省级地方性法规	1	山东省人大常委会	《山东省齐长城保护条例》	2022.09.21	1、27、28、29、30	传承长城文化、历史文化、中华优秀传统文化、长城国家文化公园、文化教育

续表

效力位阶	序号	制定机关	法律文件	施行时间	条款	内容
省级地方性法规	2	宁夏回族自治区人大常委会	《宁夏回族自治区长城保护条例》	2021.11.30	1、3、28、31、32	弘扬长城文化、长城文化景观、长城国家文化公园、长城文化和古迹遗产、长城文化价值、发挥长城文化在国防教育、爱国主义教育的作用、建立长城沿线非物质文化遗产保护协同发展机制，组织长城沿线非物质文化遗产资源调查，开发长城文化沿线非物质文化遗产主题旅游线路
省级地方性法规	3	河北省人大常委会	《河北省长城保护条例》	2021.03.31	1、4、10、32、33、34、35、36、38、41、42、43、44、45	传承长城文化、学校建立长城文化传承教育基地、长城国家文化公园、长城国家文化公园，形成具有特定开放空间的公共文化载体，集中打造中华文化重要标志、长城文化景观、长城文化资源、文化产品开发、鼓励长城文化元素进社区、进校园、进企业
省级地方性法规	4	甘肃省人大常委会	《甘肃省长城保护条例》	2019.05.31	25	中华优秀传统文化、鼓励建立长城保护利用示范区、长城文化公园
地方政府规章	1	山西省人民政府	《山西省长城保护办法》	2021.02.09	25	鼓励社会力量参与长城保护和开展文化研究工作
地方政府规章	2	北京市人民政府	《北京市长城保护管理办法（2018修改）》	2018.02.12	0	

续表

效力位阶	序号	制定机关	法律文件	施行时间	条款	内容
设区的市地方性法规	1	呼和浩特市人大常委会	《呼和浩特市长城保护条例》	2023.01.01	1、3、7、19、20、22	传承长城文化、文化延续性、长城国家文化公园、长城文化博物馆、文化景观、长城文化精神内涵和时代价值、长城文化宣传
	2	大同市人大常委会	《大同市长城保护条例》	2022.10.01	1、2、5、20、22、23	传承长城文化、长城文化景观、长城国家文化公园、长城文化遗产保护廊道、文化研究、长城博物馆、文化馆、图书馆和展览馆、长城文化资源、长城文化宣传
	3	忻州市人大常委会	《忻州市长城保护条例》	2022.01.20	1、3、7、27、28、29	弘扬长城文化、长城文化景观、将与长城精神和长城文化有关的长城博物馆、长城文物展览室、长城文化资料馆作为本市长城精神和文化传承教育实践基地、长城文化资源
	4	秦皇岛市人大常委会	《秦皇岛市长城保护条例》	2018.09.01	6	弘扬长城文化
	5	包头市人大常委会	《包头市长城保护条例》	2017.10.01	11	深入挖掘长城的历史、文化、艺术价值

长城是我国现存体量最大、分布最广的文化遗产[1]，国务院2006年出台了《长城保护条例》（以下简称《条例》），其上位法是《中华人民共和国文物保护法》。《条例》第三条明确指出"长城保护应当贯彻文物工作方针，坚持科学规划、原状保护的原则"，将长城视为文物遗迹进行保护，侧重于宏观层面规划，重点关注保护责任的分配和长城遗址的建构本体。长城资源调查项目（2007—2012年）结果显示，除极少长城区段被开发为旅游景区得到系统保护外，绝大部

---

[1] 国家文物局：《中国长城保护报告》，《中国文物报》2016年12月2日第003版。

分仍处于原始存在的状态，长期受到自然和人为的双重破坏，损毁严重①。梳理地方历史文化保护相关的法律规定以及现实运行中存在的各种状况，不难发现仅凭 2006 年的中央立法，无法解决各地在长城保护和开发中单纯追求利益最大化造成长城资源的无序开发、过度开发的问题。大量旅游设施建设和旅游娱乐项目设立均以实现经济效益为目的，长城所蕴含的建筑文化、建造工艺、民俗风情等历史文化价值被长期忽视，强化长城历史文化保护迫在眉睫。

通过表 5-11 信息可见，2017 年后，对于长城的历史文化保护工作迎来了新局面。2017 年 1 月中办、国办印发《关于实施中华优秀传统文化传承发展工程的意见》，首次以中央文件形式专题阐述中华优秀传统文化传承发展工作。2017 年 10 月，党的十九大报告中"坚定文化自信，推动社会主义文化繁荣兴盛"内容占了较大篇幅，"加强文物保护利用和文化遗产保护传承"作为坚定文化自信的一个部分被写进报告，文化建设被提升至更高层面，肩负更多的使命。2017 年 10 月，包头市人大常委会首先颁布《包头市长城保护条例》，以立法形式明确了"深入挖掘长城的历史、文化、艺术价值"，长城所蕴含的历史文化价值逐步得到重视，立法所保护的客体也从长城遗址遗迹延伸到以长城文化、长城精神为代表的长城文化资源。表 5-11 反映的另一个重要信息在于，对长城文化保护的形式呈现多样化和可持续趋势，长城文化公园、长城文化博物馆、文化产品开发等措施被反复提及。2019 年 7 月 24 日，习近平总书记主持召开中央全面深化改革委员会会议，审议通过了《长城、大运河、长征国家文化公园建设方案》（以下简称《方案》），《方案》要求"要修订制定法律法规，推动保护传承利用协调推进理念入法入规""要协调推进文物和文化资源保护传承利用"，历史文化保护不仅仅是守住文物和文化资源本身，而是在保护的基础上传承和利用其蕴含的丰富精神文明价值，而这种价值本身突破了行政区划的框架，其依附于长城遗迹自然形成，在空

---

① 国家文物局：《长城资源调查工作文集》，文物出版社 2013 年版，第 14 页。

间分布上有沿长城带集中的核心区与模糊的边界区，因此《方案》要求"跨区域统筹协调"，"形成一批可复制推广的成果经验"。就区域协同而言，《长城保护条例》仅在第十四条第二款中提及"国务院文物主管部门应当建立全国的长城档案"，之后未见以长城为主体的区域协同立法出现。2022年1月实施的《宁夏回族自治区长城保护条例》才在第三十二条中提出"长城所在地县级以上人民政府建立长城沿线非物质文化遗产保护协同发展机制，组织长城沿线非物质文化遗产资源调查，开发长城文化沿线非物质文化遗产主题旅游线路"，可见地方对长城所蕴含的非物质文化遗产重视和利用程度有望提高，对长城文化遗产的区域协同保护意识正逐步建立，但对长城文化公园如何建设以符合长城精神内涵和时代价值还停留在宏观规划层面，其配套定位、建设、管理、立法等没有行之有效的成果和经验。

B. 功能文化区

通过功能文化区的内涵和外延进行界定可知，功能文化区具有受政治、经济或社会某种功能影响的文化特征，其内部相互联系，从而确定了其分布范围。功能文化区具有空间上集聚性，时间上延续性及类型多样性等特点。作为在非自然状态下形成的文化区，其存在一系列具有执行功能的机构，它们的边缘清晰可见，同时也是功能的核心。在我国当前经济社会转型升级时期，功能文化区成为促进区域间协调发展的重要机制之一。长三角和京津冀区域是典型的功能文化区协同保护立法区域，它们共同致力于保护这些地区的文化遗产。目前我国正初步建立国家公园体系等全国文化遗产保护制度框架，但尚未建立起与之相适应的地方跨区域协调机制，导致一些地区出现了文化资源不被重视或利用过度的现象。2020年8月20日，习近平总书记主持召开扎实推进长三角一体化发展座谈会时指出："长三角区域城市开发建设早、旧城区多，改造任务很重，这件事涉及群众切身利益和城市长远发展，再难也要想办法解决。同时，不能一律大拆大建，要注意保护好历史文化和城市风貌，避免'千城一面、万楼一貌'"。2023年4月，沪苏浙皖四地文旅部门在上海联合签署了《长三角文化与旅游一体化高质量发展2023浦江宣言》（以下简称《2023浦江宣言》），全面展开了新一轮长三角文旅一体化高质量发展的重点工作，力求为中国式现代化区域文旅一体化高质量发展提供新的样本。《2023浦江宣言》提出："联手推进长江国家文化公园、大运河国家文化公园建设""以中华文明探源工程、考古中国等重大项目为引领，强化长三角地区文物保护和考古研究领域联动效应""强化考古遗址、历史建筑、非物质文化遗产等领域交流合作"。

在漫长的历史长河中，京津冀地区孕育了丰富的文化遗产资源，其中包括8处享誉世界的文化遗产、7座享誉全国的历史文化名城、8个享誉中国的历史文化名镇、15个中国历史文化名村、4个充满中国历史文化气息的街区、451项被列为全国重点文物保护单位的文化遗产以及290项国家级非物质文化遗产。从历史文化脉络和遗产分布的空间特征来看，北京是京津冀区域历史文化资源最为丰富的聚集地，彰显了首都在文化领域中的核心地位。以太行山东麓大道为主轴，串联多座历史文化名城，同时将长城和大运河两带一横一纵纳入全国性的军事和经济格局，而其他四条廊道则以北京为原点向外辐射，这表明交通职能在文明发展和文化传播中扮演着至关重要的角色。通过研究分析不同类型城市在特定时期的社会政治环境、经济结构以及地理环境等因素对其产生的影响，总结出各个时期具有代表性的历史文化名城的特点及规律。在京津冀区域内，有七座国家历史文化名城，它们是该地区文化遗产分布和文化价值体现最为密集的区域。通过分析各城市在古城保护中取得的经验，总结了现阶段面临的困境以及未来发展趋势，并提出相应对策建议。随着社会各界对历史文化遗产保护意识的日益增强，各地名城保护机制不断完善，但仍面临着各自的难题和共同的机遇、挑战。在此背景下，本文试图通过分析研究，总结出一些规律和经验，以期能够促进我国历史文化名城保护工作的进一步展开和深入①。

---

① 赵幸、刘健：《合久必分　分久必合——从区域文化遗产保护看京津冀区域协同发展》，《北京规划建设》2016年第4期。

C. 乡土文化区

通过对乡土文化区的内涵和外延进行界定，我们可以发现，该地区的居民在思想和情感上具有一种共同的区域自我意识，这种意识不仅在情感上有所体现，还存在一种文化符号作为标志。乡土文化区具有明显的地域性特点，它既不是一个地理概念，也不属于任何国家或民族的地域范畴，而是居民基于长期生产生活形成的一种地域性认知，其功能中心不明确，边界不明确。乡土文化区协同发展需要制定相应的法律规范来协调与整合各方面利益关系。潮州文化的保护立法，是乡土文化区协同保护的典型范例。2020年10月12日习近平总书记访问潮州时强调，潮州是历史悠久的文化名城，潮汕文化是岭南文化中的一个重要部分，也是中华文化中的一个重要支脉。要把弘扬和传承优秀传统文化作为一项重大而紧迫的战略任务抓紧抓好。中华文化的瑰宝，包括潮绣、潮雕、潮塑、潮剧，以及工夫茶、潮州菜等，皆为珍稀之物，难以复制。因此，必须高度重视对这些传统民间工艺和非物质文化遗产进行全方位保护和发展。为了全面贯彻落实习总书记的重要指示精神，广东省人大常委会法工委建议以潮州市人大常委会为主导单位，在潮州、汕头、揭阳三个城市展开潮剧文化保护的区域协同立法工作。这对于推动地方文化事业和文化产业发展具有十分重大的意义。在广东省人大常委会的指导下，潮州、汕头、揭阳三市人大常委会率先启动了文化保护领域的区域协同立法，为全国树立了榜样。

（5）设区的市历史文化保护立法的体系化思路

①中央加强立法，发挥指导性作用

通过从《宪法》和《立法法》、全国人大及其常委会授权立法、协同立法的单行立法和具体历史保护制度四个维度出发，我们可以建立一个系统化的中央层面历史文化保护立法法律规范体系，为区域协同立法提供依据，并有效监督区域法治建设的推进。其中，以国家最高立法机关颁布的法律为主线，通过对各层级法规进行横向比较分析，可发现目前存在着诸多问题，如立法层次较低、立法权限界定标准不明、缺乏专门针对某一地区或行业历史文化保护的专项立法等。

在此基础上，需要构建"权力制衡机制、利益平衡机制"这两种机制，以完善我国当前历史文化遗产保护立法的思路和机制。

历史文化的保护具有跨越不同地域的独特性质，现行的《宪法》为区域法治的协调发展提供了广泛的空间，其中蕴含的宪法制度思考包括权力下放、地方分权、地方自治以及地方之间平等互惠等，为区域协同立法的形式、内容和途径提供了无限的想象空间。同时，通过对《历史文化名城保护条例》《民族民间传统体育传承人保护规定》及"非遗"名录的比较研究，可以看出跨区域历史文化遗产保护协同立法的可行性。目前，我国在历史文化遗产保护方面已经取得了显著的进展，但仍需解决一些尚待解决的问题。因此，有必要借鉴国外有益经验，建立跨省、跨区历史文化交往的"协商"机制。为了解决跨区域历史文化保护协同立法缺乏法律依据的问题，须在《宪法》《立法法》等相关法律中明确规定省内、省际协同立法的法律依据，并加快完善相关条款或出台立法解释，以确保"科学立法"。

全国人大及其常委会通过授权立法的方式，授予地方立法机关协同制定法规的权力，以确保法规的合法性和规范性。这一制度对于保障中央权威、提高国家治理能力具有重要意义。根据我国《立法法》的规定，仅有国务院以及经济特区所在地的省、市权力机关方可被授权为被授权主体，而其他地方机关则不在授权范围内。随着我国各类特定区域的不断涌现，以国务院和经济特区所在地的省、市为主要被授权主体的规定已经无法满足特定区域对法治建设的需求，因此必须对被授权主体的范围进行适当的拓展，以实现"特定区域"法治先行的目标。由于目前我国缺乏统一规范的跨省区市地方政府间的权力划分标准，这就需要制定出具有可操作性的地方性法规来指导具体实践。比如为了实现京津冀区域、长三角区域、粤港澳大湾区等跨省级区域的法治一体化发展，我们可以采用一种区域授权或一事一授权的方式，通过精准授权特定区域的历史文化保护协同立法权限，以满足区域历史文化保护体系化建设的迫切需求。

增设协同立法条款。解决地方协同立法的共性问题和一般原则，即明确规定协同立法的主体资格、权限范围、法律效力、立法和审批程序等方面，并对区域协同立法的一般性原则进行解释，为地方提供可操作的立法指引。在"城乡建设与管理""环境保护"的法律法规中加入历史文化保护内容，在具体的历史文化保护法律法规中增设协同立法条款。比如《黄河保护法》，不仅仅是为了维护黄河流域的生态环境，更重要的是注重黄河文化的保护、传承和弘扬，以系统化的方式保护黄河文化遗产，"深入研究其发展脉络，阐发其精神内涵和时代价值，从而加强中华民族共同体意识的铸造，以推动黄河文明的可持续发展"。《黄河保护法》第八章专章规定"黄河文化保护传承弘扬"，其中第九十一条规定："国务院文化和旅游主管部门应当会同国务院有关部门编制并实施黄河文化保护传承弘扬规划，加强统筹协调，推动黄河文化体系建设"。这不仅为今后制定相应法规提供了指导方向，也对如何实现这一目标指明了路径。类似地，在对流域、山川等区域性实体保护的法律法规中，可将历史文化保护的内容和区域协同立法的授权条款纳入其中，以进一步强化其保护力度。①

②地方积极探索立法事权运行的优势

在中央和地方立法权限的范围内，地方立法机构应积极探索建立和完善区域环境协同立法制度，以推动地方层面对该制度的积极探索。我国地域广袤，人口众多，各地区的文化资源配置存在明显的差异，其中少数民族聚居区具有丰富多样的自然资源、独特鲜明的民族特色与人文底蕴、深厚悠久的历史传统。比如在桂湘黔边界区域，"民族文化"不仅是其产业蓬勃发展的突破口和生长点，更是受到国家高度重视和保护的重要文化遗产。促进该区域的可持续发展，应当充分考虑民族区域自治地方和国家一般行政地方的差异，加大对其保护和开发的资金投入，并授予其合法、合理的自治权。此外，在制定民族地方立法时，需要综合考虑多个方面的问题，包括但不限于如何

---

① 参见陈诚《央地关系视角下区域环境协同立法的完善路径》，《理论月刊》2022年第2期。

以全景式的方式保护民族文化，以及如何在梯田农耕、民族村寨、民族建筑、民族语言、民族服饰、民族节庆等方面进行精细的"小切口"立法，以凸显其独特的"小快灵"特质，从而为片区民族文化的协调发展提供更加有效的法律保障。

为确保"历史文化协同保护"意识贯穿整个立法过程，地方立法机关应当在立法主体、立法程序、立法内容、保障机制四个方面展开全面协同，以提升协同立法的专业性和实效性。在地方立法权的行使过程中，法律冲突和协调问题是制约协同立法效果的重要因素之一，需要得到充分的重视和解决。因此，必须通过完善立法体制、理顺行政关系、强化监督机制来化解地方立法中存在的各种法律冲突，使之达到和谐统一。要实现立法机构的一体化，必须确保立法机构之间的协同配合，这是实现协同立法的基础和前提所在。协同立法的核心和关键在于地方政府之间的紧密合作，其中包括法规制定、执法监督等方面的协同作用。我国目前采用人大联席会议的方式设立立法协同机构，这种制度安排虽然能够提高地区间法律实施的效率，但是却不利于协调各地不同主体的利益诉求，形式较为松散不利于激发地方积极性。因此，有必要对联席会议进行改革创新，建立一个由地方各级人民代表大会及其常委会牵头组织、联合有关部门共同参加的区域性法律审议会议制度，提高决策效率，从而实现更加高效的决策过程。同时，可以采用一事一议的磋商型联席会议，以建立定期的交流和会晤机制，从而提高审议的效率和质量。此外，还需要加强对联席会议成员间的沟通和互动，从而形成一个具有良好凝聚力和广泛影响力的议事平台。在设定议题时，必须始终坚持以问题为导向，充分发挥各方观点的作用，注意避免出现碎片化的倾向。对于涉及多个地方政府或部门参加的区域性立法工作，宜采取邀请参会的方式进行联合决策，从而形成合力。为确保会议的顺利进行，建议采用长三角地区各地区轮流召开会议的机制，以便在选择会议召开地点时能够更好地协调各方利益。对于具体的事项安排，应当遵循平等协商原则，兼顾效率与公平，使之更加科学合理。在考虑成员构成时，必须综合考虑不同层级、不同利益相关方之间的相互关系，以及在法律实施过程中可能面临的各种问题。要使联席会议制度化、规范化，必须建立起相应的组织机构和协调机制。为了避免联席会议的形式主义，我们需要将历史文化保护的核心议题置于内容的核心位置，以达到更高层次的协同效果。此外，为确保区域立法联席会议制度的顺利实施，有必要考虑制定专门的法律或规定等措施。历史文化保护协同立法是一个动态的发展过程，需要有一套完整的运作机制作为支撑。在我国现行的法律法规框架下，有必要明确界定区域协同立法的内涵及其独特性，根据历史文化保护立法的客体特征和立法目的，可以将它划分为一般性协同立法和专项性协同立法两种类型。为确保区域协同立法的合法性和规范性，必须严格遵守《立法法》对一般立法程序的规定，但考虑到协同立法与传统单一地方立法之间的差异，在遵循一般立法原则和程序的同时，充分认识到协同立法的独特属性。为了确保立法的一致性和实施效果，地方立法机构应当在平衡各地文物和文化资源的实际情况的基础上，识别需要协同的重点事项，提炼需要共同立法的事项，并进行协商，以找出问题的根源并采取相应的措施。为确保立法的有效性，必须建立完善的制度体系，其中包括协调和监督机制，其中监督机制就是为了保证各主体之间的信息通畅以及相互制约。目前，由于缺少科学的监督手段和评价标准，也造成部分立法没有发挥预期效果，甚至造成了一定程度上的资源浪费。

　　为实现区域历史文化保护的协同立法目标，必须在法律实质层面上实现立法内容的衔接。由于历史文化本身具有地域性特征，因此区域协同立法也必须从地域出发，兼顾各民族间的差异，从而达到促进本区域环境、经济与社会等多方面协调可持续发展的目标。在制定区域内不同层级或部门之间的法律时，协同立法应当以整体协调发展的需求为出发点，而不是简单地从局部代替全局，以体现"整体性"理念，历史文化保护应当与当地社会经济环境相适应，为区域经济社会可持续发展提供助力。此外，还要注重发挥社会团体和公民个人在历史文化保护中的作用。

(三) 小结

对于上述两类在2023年《立法法》修正过程中没有出现表述变化的两类立法权，其实也并不能代表就在未来的立法事权行使过程中不出现权力的变动。其中，历史文化保护以其较为明确的文化属性，更倾向于属于中央与地方共同财政事权的体现，从其行使的必要性上来看，也确实需要在有中央统一立法的基础上，进一步通过地方立法完成法律规范功能实现的"最后一公里"，除了遵循不抵触原则之外，地方立法必须要从权力的构成要素、实施环节上配合中央立法实现权责的明确，一方面不可推诿原本属于自己的职责，比如中央承担监督管理、出台规划、制定标准等职责，地方则通过自己的立法保证执行手段的法治化，另一方面在确定职责的基础上更通过立法不能推诿自己的责任，即地方通过立法实现自己责任的法治化，敢于通过地方立法打造行政事权或支出责任的法定化，"中央要在法律法规的框架下加强监督考核和绩效评价，强化地方政府履行财政事权的责任"。而其确定的依据也如前述探讨的结论，即通过"受益范围"和"影响程度"来综合确定，这同时也是国务院第49号文确定的标准。

对于"城乡建设与管理"，则需要强调在缺少中央上位法的基础上突出地方立法（事权）的合法行使，主要是通过宪法精神、宪法原则或宪法规定开展相关合宪性审查，而如果有《城乡规划法》等相关部门法作为相关上位法依据，则可以通过开展合法性审查来控制地方立法事权的行使，而对于该类行政事权或财政事权来讲，则更倾向于地方作为行使主体。但是，在明确地方作为事权主体的基本前提下，则可以通过明确一定级别政府在保持区域内经济社会稳定、促进经济协调发展、推进区域内基本公共服务均等化等方面的职责，同时通过地方立法事权的行使，明确将有关城乡建设、公共设施管理等适宜由基层政府发挥信息、管理优势的基本公共服务职能下移，强化基层政府贯彻执行国家政策和上级政府政策的责任，这等于说就是在通过地方立法事权的行使在一定级别以下的政府层级实现权力与责任的合理划定。

参考文献

（一）中文著作类

《习近平法治思想概论》编写组：《习近平法治思想概论》，高等教育出版社 2021 年版。

《宪法学》编写组：《宪法学》（第二版），高等教育出版社 2020 年版。

安秀梅主编：《中央与地方政府间的责任划分与支出分配研究》，中国财政经济出版社 2007 年版。

曹瀚宇：《地方创制性立法研究》，中国社会科学出版社 2023 年版。

陈维春：《大兴安岭地区湿地保护地方性立法研究》，中国经济出版社 2021 年版。

陈运生：《地方人大常委会规范审查制度研究》，中国政法大学出版社 2013 年版。

丁伟：《与改革发展同频共振：上海地方立法走过三十八年》，上海人民出版社 2018 年版。

丁伟主编：《上海地方立法蓝皮书（2020）》，上海人民出版社 2021 年版。

董皞主编：《地方立法教程》，中国政法大学出版社 2020 年版。

杜寅：《地方环境立法研究》，法律出版社 2023 年版。

封丽霞：《大国立法的逻辑》，商务印书馆 2022 年版。

封丽霞：《中央与地方立法关系法治化研究》，北京大学出版社 2008

年版。

冯玉军主编:《完善以宪法为核心的中国特色社会主义法律体系研究》（下册），中国人民大学出版社 2018 年版。

冯玉军主编:《新〈立法法〉条文精释与适用指引》，法律出版社 2015 年版。

付子堂主编:《中国地方立法报告（2019）》，社会科学文献出版社 2020 年版。

高绍林主编:《地方立法工作体系研究》，天津人民出版社 2019 年版。

韩大元:《1954 年宪法与中国宪政》（第二版），武汉大学出版社 2008 年版。

黄晓光:《寻租、立法与官僚体制的纯经济理论》，中山大学出版社 2022 年版。

姜廷惠:《立法法律与程序》，商务印书馆 2022 年版。

焦洪昌主编:《立法权的科学配置》，北京大学出版社 2022 年版。

教育部省部共建地方立法协同创新中心、西南政法大学立法研究院:《中国地方立法报告（2022）》，社会科学文献出版社 2022 年版。

金黎钢:《地方性法规创制空间及其合法性研究——基于警察事务立法之考察》，上海人民出版社 2019 年版。

兰华:《西方政治制度比较研究》，山东人民出版社 2008 年版。

李敏:《设区的市立法的理论与实践》，知识产权出版社 2018 年版。

刘长兴主编:《环境法体系化研究》，法律出版社 2021 年版。

刘建兰、张文麒:《美国州议会立法程序》，中国法制出版社 2005 年版。

刘平:《立法原理、程序与技术》，学林出版社 2017 年版。

刘莘主编:《国内法律冲突与立法对策》，中国政法大学出版社 2003 年版。

吕冰洋:《税收分权研究》，中国人民大学出版社 2011 年版。

吕庆明:《地方立法技术与规范》，法律出版社 2023 年版。

吕忠梅等:《长江流域立法研究》，法律出版社 2021 年版。

孟庆瑜等:《地方立法与法治政府建设——基于河北省的研究视角》，

知识产权出版社 2019 年版。

苗壮：《地方立法能力评估指标体系研究》，法律出版社 2022 年版。

潘波：《解词说法：机关工作词义考》，商务印书馆 2021 年版。

彭振：《地方立法的理论与实务——以自治区政府立法为视角》，武汉大学出版社 2022 年版。

乔晓阳主编：《〈中华人民共和国立法法〉导读与释义》，中国民主法制出版社 2015 年版。

全国人大常委会法制工作委员会法规备案审查室：《〈法规、司法解释备案审查工作办法〉导读》，中国民主法制出版社 2020 年版。

饶艾、程馨桥、陈迎新等：《地方立法公众参与机制研究》，四川大学出版社 2020 年版。

任进：《和谐社会视野下中央与地方关系研究》，法律出版社 2012 年版。

上海市立法研究所编：《上海地方立法蓝皮书（2021 年）》，上海人民出版社 2022 年版。

石佑启、朱最新：《中国地方立法蓝皮书：广东省地方立法年度观察报告（2021）》，中国社会科学出版社 2021 年版。

石佑启、朱最新、潘高峰、黄喆：《地方立法学》（第二版），高等教育出版社 2019 年版。

宋方青、姜孝贤、程庆栋：《我国地方立法权配置的理论与实践研究》，法律出版社 2018 年版。

孙久文、叶裕明：《区域经济学教程》，中国人民大学出版社 2003 年版。

谭波：《我国中央与地方权限争议法律解决机制研究》，法律出版社 2014 年版。

谭波：《央地财权、事权匹配的宪法保障机制研究》，社会科学文献出版社 2018 年版。

田成有：《立良法——地方立法的困局与突围》，法律出版社 2019 年版。

万鹏飞、白智立主编：《日本地方政府法选编》，北京大学出版社 2009 年版。

汪全胜：《立法的法理研究》，光明日报出版社 2021 年版。

汪全胜：《立法研究后评估》，人民出版社 2012 年版。

王广辉：《比较宪法学》，武汉水利电力大学出版社 1998 年版。

王建学：《立法法释义学专题研究》，中国社会科学出版社 2022 年版。

王孟、刘兆孝、邱凉：《地方水资源保护立法理论与实践》，长江出版社 2017 年版。

王瑞贺主编：《中华人民共和国海南自由贸易港法释义》，法律出版社 2021 年版。

王喜、莫纪宏：《治理能力现代化下的地方立法与民间规范》，中国社会科学出版社 2022 年版。

王学棉、王书生、王重阳：《地方电力立法研究》，中国政法大学出版社 2019 年版。

文政：《中央与地方事权划分》，中国经济出版社 2008 年版。

吴玉姣：《地方立法谦抑论》，知识产权出版社 2020 年版。

武钦殿：《地方立法专题研究——以我国设区的市地方立法为视角》，中国法制出版社 2018 年版。

习近平：《论坚持全面依法治国》，中央文献出版社 2020 年版。

夏锦文主编：《区域立法发展的江苏样本》，法律出版社 2022 年版。

谢慧、宋智敏：《地方立法理论与实务》，知识产权出版社 2023 年版。

熊文钊：《大国地方——我国中央与地方关系宪政研究》，北京大学出版社 2005 年版。

徐龙飞：《立法之路——本体形上法哲学与国家政治思想研究》，商务印书馆 2020 年版。

徐向华：《我国地方立法统一审议制度及其运作研究》，法律出版社 2023 年版。

许崇德、胡锦光主编：《宪法》（第七版），中国人民大学出版社 2021 年版。

杨惠琪：《市级立法的权能、实践与优化——以主体扩容为分析背景》，中国法制出版社 2021 年版。

杨临宏：《立法学：原理、程序、制度与技术》，中国社会科学出版社

2020年版。

叶必丰主编：《日本地方自治法》，肖军、王树良译，上海社会科学院出版社2022年版。

应松年、薛刚凌主编：《行政组织法研究》，法律出版社2002年版。

袁明圣：《我国地方立法权的整合问题研究》，中国政法大学出版社2016年版。

张君劢：《宪政之道》，清华大学出版社2006年版。

赵宝云：《西方五国宪法通论》，中国人民公安大学出版社1994年版。

浙江立法研究院、浙江大学立法研究院编：《浙江地方立法蓝皮书（2018—2022）》，中国民主法制出版社2022年版。

郑磊、田梦海主编：《立法研究》（第五辑），浙江大学出版社2022年版。

郑毅：《设区的市级地方立法权的改革与实施》，法律出版社2020年版。

周迪：《论中央与地方环境立法事项分配》，中国社会科学出版社2019年版。

周旺生：《立法学》，法律出版社2005年版。

周英主编：《京津冀协同发展背景下地方协同立法实践与探索》，中国民主法制出版社2022年版。

周永龙主编：《中华人民共和国行政处罚法注释本》，法律出版社2021年版。

周宇骏：《我国国家立法权的内部配置研究》，法律出版社2022年版。

朱最新、黄涛涛、刘浩：《地方立法评估理论与实务》，法律出版社2020年版。

（二）外文译著类

[比利时] 吕克·J. 温特根斯：《立法法理学：立法研究的新路径》，朱书龙译，商务印书馆2022年版。

[德] 卡尔·拉伦茨：《正确法——法伦理学基础》，雷磊译，法律出版社2022年版。

［法］勒内·达维：《英国法与法国法：一种实质性比较》，潘华仿、高鸿钧、贺卫方译，清华大学出版社2002年版。

［美］R.哈特向：《地理学性质的透视》，黎樵译，商务印书馆1981年版。

［美］弗朗西斯科·帕雷西、［美］文希·冯主编：《立法的经济学》，赵一单译，商务印书馆2022年版。

［美］华莱士·E.奥茨：《财政联邦主义》，陆符嘉译，译林出版社2012年版。

［美］托马斯·帕特森：《美国政治文化》，顾肃、吕建高译，东方出版社2007年版。

［美］文森特·奥斯特罗姆：《美国联邦主义》，王建勋译，上海三联书店2003年版。

［日］礒崎初仁、［日］金井利之、［日］伊藤正次：《日本地方自治》，张青松译，社会科学文献出版社2010年版。

［新加坡］约西·拉贾：《威权式法治：新加坡的立法、话语与正当性》，陈林林译，浙江大学出版社2019年版。

（三）期刊论文类

才惠莲：《中外环境法历史发展比较分析》，《理论月刊》2008年第8期。

曹海晶、王卫：《设区的市立法权限限制研究》，《湖南大学学报》（社会科学版）2020年第5期。

曹瀚予：《创制性立法的判定标准及方法探讨——兼论地方立法的分类》，《学术交流》2020年第4期。

陈柏峰：《中国式法治现代化的中国特色》，《法制与社会发展》2023年第2期。

陈诚：《央地关系视角下区域环境协同立法的完善路径》，《理论月刊》2022年第2期。

程庆栋：《地方补充性立法与行政处罚设定权的配置》，《政治与法律》2021 年第 5 期。

程庆栋：《论设区的市的立法权：权限范围与权力行使》，《政治与法律》2015 年第 8 期。

程庆栋：《执行性立法"抵触"的判定标准及其应用方法》，《华东政法大学学报》2017 年第 5 期。

崔立文：《地方性法规的分类》，《政治与法律》1985 年第 2 期。

代水平：《"城乡建设与管理"地方立法的规范与实践》，《西北大学学报》（哲学社会科学版）2021 年第 2 期。

代水平：《建国以来我国地方立法权限变革的历程、逻辑与经验》，《深圳大学学报》（人文社会科学版）2019 年第 5 期。

封丽霞：《地方立法的形式主义困境与出路》，《地方立法研究》2021 年第 6 期。

封丽霞：《中央与地方立法权限的划分标准："重要程度"还是"影响范围"?》，《法制与社会发展》2008 年第 5 期。

封丽霞：《中央与地方立法事权划分的理念、标准与中国实践——兼析我国央地立法事权法治化的基本思路》，《政治与法律》2017 年第 6 期。

冯辉：《宪政视野下央地税权分配体制之重构——以〈关于实行分税制财政管理体制的决定〉的修改为中心》，《政治与法律》2015 年第 11 期。

冯洋：《论地方立法权的范围——地方分权理论与比较分析的双重视角》，《行政法学研究》2017 年第 2 期。

冯玉军：《〈立法法〉修改：理念原则、机制创新与完善建议》，《交大法学》2023 年第 2 期。

傅红伟：《对税收立法权划分制度规定的理解与评价》，《税务研究》2004 年第 12 期。

胡学勤：《论税收立法权的划分及立法体制的改革》，《涉外税务》2003 年第 10 期。

黄海华：《新行政处罚法的若干制度发展》，《中国法律评论》2021 年第 3 期。

黄进：《让深圳经济特区立法权发挥更大的作用——纪念深圳经济特区获授立法权 20 周年》，《中国法律》2012 年第 4 期。

黄锴：《地方立法"不重复上位法"原则及其限度——以浙江省设区的市市容环卫立法为例》，《浙江社会科学》2017 年第 12 期。

贾康：《中国财政改革：政府层级、事权、支出与税收安排的思路》，《地方财政研究》2004 年第 1 期。

姜逾婧：《广东首部系统全面统一的治水法规——〈广东省水污染防治条例〉解读》，《人民之声》2021 年第 3 期。

李店标：《设区的市立法权入宪的价值维度》，《学术交流》2021 年第 4 期。

李芳、何得佳：《协同治理视野下法治化营商环境营造路径的优化》，《行政科学论坛》2021 年第 6 期。

李洪雷：《论在法治轨道上推进国家治理体系和治理能力现代化》，《广东社会科学》2022 年第 4 期。

李明哲：《地方立法中的反思理性——以 G 省〈优化营商环境条例〉为例》，《辽宁大学学报》（哲学社会科学版）2019 年第 6 期。

李蕊：《乡村振兴地方立法的逻辑进路》，《地方立法研究》2022 年第 1 期。

梁西圣：《地方立法权扩容的"张弛有度"——寻找中央与地方立法权的黄金分割点》，《哈尔滨工业大学学报》（社会科学版）2018 年第 3 期。

林琳：《对实施性地方立法重复上位法现状的原因分析和改善设想》，《人大研究》2011 年第 1 期。

林彦、吕丹妮：《设区的市立法权行使情况实证分析》，《新疆社会科学》2018 年第 5 期。

刘长兴：《中国环境立法年度观察报告（2021）》，《南京工业大学学报》（社会科学版）2022 年第 2 期。

刘超：《〈长江法〉制定中涉水事权央地划分的法理与制度》，《政法论丛》2018 年第 6 期。

刘剑文、侯卓：《事权划分法治化的中国路径》，《中国社会科学》2017 年第 2 期。

刘康磊、高加怡：《由立到适：地方性法规治理能力实现的解释路径》，《宁夏社会科学》2021 年第 6 期。

刘松山：《地方性法规与政府规章的权限界分》，《中国法律评论》2015 年第 4 期。

刘松山：《对〈立法法（修正草案）〉的审思：从七个重点问题展开》，《交大法学》2023 年第 2 期。

刘雁鹏：《中央与地方立法权限划分：标准、反思与改进》，《河北法学》2019 年第 3 期。

吕忠梅：《环境法典编纂方法论：可持续发展价值目标及其实现》，《政法论坛》2022 年第 2 期。

吕忠梅：《将环境法典编撰纳入十三届全国人大立法计划》，《前进论坛》2017 年第 4 期。

吕忠梅：《论环境法典的"行政领域立法"属性》，《法学评论》2022 年第 4 期。

吕忠梅：《中国环境法典的编纂条件及基本定位》，《当代法学》2021 年第 6 期。

门中敬：《规章的"法源"地位：制度变迁、理论推演与现实关照》，《行政法学研究》2023 年第 2 期。

莫纪宏：《合宪性审查与合法性审查"制度分工"的几个尺度探寻》，《备案审查研究》2021 年第 1 辑。

聂资鲁：《论 1787 年〈美国宪法〉与 1947 年〈中华民国宪法〉之歧异》，《河北法学》2004 年第 3 期。

秦天宝：《习近平法治思想关于生态文明建设法治保障的重要论述：整体系统观的视角》，《政法论坛》2022 年第 5 期。

沈广明：《论中央与地方立法权限的划分标准——基于公共服务理论的研究》，《河北法学》2020 年第 4 期。

沈亚平、徐双：《赋权与限权：我国设区的市行政立法空间问题研究——以山东省设区的市政府规章为例》，《河北法学》2021年第12期。

孙波：《论单一制国家结构形式与立法分权》，《河北法学》2011年第8期。

孙波：《论地方专属立法权》，《当代法学》2008年第2期。

孙波：《试论地方立法"抄袭"》，《法商研究》2007年第5期。

谭波：《"税权"叩问与其发展进路》，《财政监督》2018年第5期。

谭波：《财税法定原则的宪法表达及其启示——以法国式与英国式的财税入宪模式为例》，《河南工业大学学报》（社会科学版）2016年第1期。

谭波：《党政合署办公后决策责任的定位与适用》，《党内法规理论研究》2021年第2辑。

谭波：《设区的市地方立法权运行现状及改进机制分析——以河南省为例》，《河南工业大学学报》（社会科学版）2018年第1期。

谭波：《我国立法事权的制度立论及其改革之基本原则》，《学习论坛》2015年第11期。

谭波：《行政授权与行政委托：衍生性权力的法律规制》，《当代法学》2022年第6期。

谭波、赵智：《论市场监管权与综合执法权之协调》，《西北大学学报》（哲学社会科学版）2023年第3期。

谭波、赵智：《损害海南自贸港营商环境行为追责机制体系化研究——基于类型化分析的视角》，《南海法学》2023年第1期。

谭波、赵智：《重大行政决策类规范性文件合法性审查研究》，《北京行政学院学报》2022年第4期。

童光政、赵诗敏：《论海南自由贸易港法规的开放属性》，《海南大学学报》（人文社会科学版）2023年第1期。

童卫东：《新〈立法法〉的时代背景与内容解读》，《中国法律评论》2023年第2期。

屠凯：《我国〈宪法〉第三条第四款的程序意蕴》，《政治与法律》2023年第2期。

王崇敏、王明：《海南自由贸易港立法研究——以营商环境为核心展开》，《河南财经政法大学学报》2019年第6期。

王慧：《环保事权央地分权的法治优化》，《中国政法大学学报》2021年第5期。

王建学：《改革型地方立法变通机制的反思与重构》，《法学研究》2022年第2期。

王建学：《论地方政府事权的法理基础与宪法结构》，《中国法学》2017年第4期。

王锴：《环境法典编纂的宪法基础》，《法学评论》2022年第5期。

王克稳：《地方性法规设定行政处罚的空间》，《法学研究》2022年第1期。

王利明：《论数据权益：以"权利束"为视角》，《政治与法律》2022年第7期。

王奇、刘蕾：《生态文明视角下多规合一的"合"与"分"》，《环境保护》2016年第9期。

王太高：《论地方性法规行政处罚补充设定权》，《苏州大学学报》（哲学社会科学版）2021年第6期。

王小萍：《协同：区域环境立法模式研究》，《环境保护》2018年第24期。

魏治勋：《市域社会治理视阈下设区的市城市管理权限界定》，《法律科学》2021年第5期。

吴凯杰：《历史视角下中国环境法典编纂的再体系化功能》，《荆楚法学》2022年第1期。

武志：《论先行性立法的权限范围》，《行政与法》2013年第10期。

夏文竹、杨仪楠：《德国联邦制改革与基本法修改》，《西南法律评论》2010年第1期。

向往：《论地方性法规"不重复上位法"原则的规则化》，《行政法学研究》2022 年第 2 期。

谢晖：《论法律预期能力的立法预设》，《四川大学学报》（哲学社会科学版）2023 年第 1 期。

谢贞发：《税收立法权的划分》，《税务研究》2006 年第 4 期。

邢斌文：《立法者如何讨论科技议题——以法律草案审议过程为例》，《北京科技大学学报》（社会科学版）2021 年第 6 期。

熊勇先：《论海南自由贸易港地方法规体系的建设》，《河南财经政法大学学报》2019 年第 6 期。

徐祥民、刘宏：《环境基本法：环境法治建设的必需品》，《中华环境》2014 年第 6 期。

许中缘、范沁宁：《法治化营商环境的区域特征、差距缘由与优化对策》，《武汉大学学报》（哲学社会科学版）2021 年第 4 期。

闫然：《立法法修改五周年设区的市地方立法实施情况回顾与展望》，《中国法律评论》2020 年第 6 期。

闫泽滢、李光龙：《中国税收立法权划分对政府间纵向财力的影响》，《经济体制改革》2009 年第 6 期。

杨登峰：《关于〈立法法〉修改的几点意见——以科学立法为中心》，《地方立法研究》2022 年第 6 期。

杨伟东：《行政处罚设定制度：变化、理解与控制重点转换》，《广东社会科学》2021 年第 4 期。

叶必丰：《论地方事务》，《行政法学研究》2018 年第 1 期。

叶依蕴、王志刚：《面向生态文明建设的广东省地方环境立法研究》，《环境生态学》2023 年第 3 期。

俞祺：《重复、细化还是创制：中国地方立法与上位法关系考察》，《政治与法律》2017 年第 9 期。

俞祺：《央地关系中的法律保留》，《中国法学》2023 年第 2 期。

臧昊、梁亚荣：《论海南自由贸易港立法权的创设》，《海南大学学报》（人文社会科学版）2021 年第 5 期。

张春生、林彦：《〈立法法〉修改前瞻——访中国立法学研究会会长张春生》,《交大法学》2014年第3期。

张文显:《习近平法治思想的政理、法理和哲理》,《政法论坛》2022年第3期。

张玉磊:《新型城镇化的法治视角:从政策之治到法治之治》,《长白学刊》2016年第3期。

张中秋、张明新:《对我国立法权限划分和立法权运行状况的观察与思考》,《政法论坛》(中国政法大学学报)2000年第6期。

张忠民:《环境法典的体系定位与规范结构——基于宪法与环境法立法交互逻辑的证成》,《法商研究》2022年第6期。

章剑生:《论地方差异性立法及其限定》,《法学评论》2023年第2期。

赵幸、刘健:《合久必分　分久必合——从区域文化遗产保护看京津冀区域协同发展》,《北京规划建设》2016年第4期。

郑磊、陈思言:《国务院地方性法规审查活动探究——基于"组织关系势能原理"的国家组织法规范分析》,《西南政法大学学报》2023年第1期。

郑毅:《规范视野下的地方性事务》,《中国法学》2022年第5期。

周迪:《论提高环境立法效益的可行路径:中央与地方环境立法事项合理分配》,《地方立法研究》2018年第4期。

周俊鹏:《税收立法权纵向划分的经济法理念》,《税务研究》2008年第3期。

周旺生:《关于地方立法的几个理论问题》,《行政法学研究》1994年第4期。

周振超、侯金亮:《市域社会治理法治化:理论蕴含、实践探索及路径优化》,《重庆社会科学》2021年第8期。

卓轶群:《地方立法权扩容的困局与优化》,《江西社会科学》2020年第9期。

(四) 报纸类

国家文物局:《中国长城保护报告》,《中国文物报》2016年12月2

日第 003 版。

刘康磊：《地方性法规行政处罚设定的权限及边界——以新修订的行政处罚法第十二条第三款为视角》，《民主与法制时报》2021 年 7 月 15 日第 06 版。

刘毅：《噪声污染防治法今年 6 月 5 日起施行标本兼治维护生活环境和谐安宁》，《人民日报》2022 年 1 月 24 日第 14 版。

巫鹏：《我市第一部地方性法规即将出台——〈"双违"查处条例（草案）〉完成专家评审》，《平顶山晚报》2016 年 3 月 1 日第 A03 版。

邢东伟、翟小功：《30 年制定 40 多件经济特区法规》，《法制日报》2018 年 4 月 6 日。

周亚军：《海南自由贸易港法出台一年来，海南省人大常委会制定 17 件自贸港法规——为自贸港建设夯实法治基础》，《人民日报》2022 年 6 月 23 日第 18 版。

（五）学位论文类

欧仁山：《联邦主义与民国宪法（1912—1923）》，博士学位论文，西南政法大学，2012 年。

后　　记

随着国家社科结项消息的到来，我的第八本专著又将提上日程。之前与中国社会科学出版社联系的时长，已经让我颇感焦急，此时第一时间与出版社联系，开启了出版之路。

这本书是我主持的第二项国家社科基金项目的成果。"央地立法权的事权配置思路与行使限度研究"（20BFX033），这个项目与个人主持的第一个国家社科研究周期相仿，大约都是三年多的时间。在这一过程中，首先要感谢各位评审专家对本书结项成果的宽容，以使得这本书能够及早面世。

这里，还是要感谢莫纪宏老师对我这个学生的关爱，他能够在百忙中为本书作序，让我再受鼓舞。我指导的研究生梁晨、丁南南、刘亚莉和余悦分别负责了本文稿中"历史文化保护""城乡建设与管理""生态文明建设（环境保护）""基层治理"方面的立法的收集与分析，为该项目成果的成形作出了不小的贡献，其内容分别在本书的第二章和第五章。同时也再次感谢中国社会科学出版社的许琳编辑及其团队。

四十五岁的年龄，让我更加认识到时间的宝贵，也倍加珍惜时间，希望自己可能更努力前行，也希望这本书的出版能够给自己更足的信心。在这条路上，唯有不断自我鼓励，才能走出更稳的步伐。

谭波海大社科楼

二零二四年三月